Harchina 哈中｜柏杜法考

U0748286

三国法攻略

2020 年国家统一法律职业资格考试·精讲卷 8

陆　寰◎著

中国民主法制出版社
全国百佳图书出版单位

图书在版编目（CIP）数据

2020年国家统一法律职业资格考试三国法攻略．精讲卷/
陆寰著．—北京：中国民主法制出版社，2019.12

ISBN 978-7-5162-2141-9

Ⅰ.①2⋯　Ⅱ.①三⋯　Ⅲ.①国际法-资格考试-自学参考
资料②国际私法-资格考试-自学参考资料③国际经济法-资
格考试-自学参考资料　Ⅳ.①D99

中国版本图书馆 CIP 数据核字（2019）第 271842 号

图书出品人：刘海涛
出 版 统 筹：乔先彪
责 任 编 辑：姜　华　贾永青

书名/2020 年国家统一法律职业资格考试三国法攻略·精讲卷
作者/陆寰　著

出版·发行/中国民主法制出版社
地址/北京市丰台区右安门外玉林里 7 号（100069）
电话/010-63292534　63057714（发行部）　63055259（总编室）
传真/010-63292534
Http：// www.npcpub.com
E-mail：mzfz@ npcpub.com
经销/新华书店
开本/16 开　787 毫米×1092 毫米
印张/13.5　字数/337 千字
版本/2019 年 12 月第 1 版　2019 年 12 月第 1 次印刷
印刷/三河市华润印刷厂

书号/ISBN 978-7-5162-2141-9
定价/68.00 元
出版声明/版权所有，侵权必究。

拉近距离，提高分数

陆老师，国际条约的缔结是什么鬼，以前从来没见过啊。

不是鬼，是考点。条约没见过还没见过合同吗，与比民法中的合同缔结来对比理解记忆，迅速搞定。缔结合同不能违反法律的强制性规定，要意思表示真实。国际条约也不能违反国际强行法，也不能有错误、欺诈、强迫啊。

寰哥，定性、公共秩序、先决好难记啊。

不着急，一个老头和两个老太太的故事帮助你们彻底的掌握和记忆冲突规范的基本制度，通过一个案例搞定法考所涉及的国际私法绝大部分基础理论问题。

寰寰，贸易术语快弄死我了，还出了个新版，咋弄啊。

咋弄？独创的口诀了解一下，只要你认识二十六个英文字母，爱考哪个考哪个。所有的国际贸易术语一次性搞定。另外，我二百斤，别叫寰寰了，甄嬛会爬出来揍人的。

……

类似的问题你有吗？这本书帮你解决。

首先，本书设计了大量的贴近生活的小案例帮助大家理解生僻的知识点。之所以有些同学反映三国法难、甚至看不懂，关键就在于过于抽象，离生活太远。咱们告别枯燥的纯理论，用具体的小案例帮助理解，最大限度的拉近大家和三国法的距离。

其次，本书争取用案例、谐音等方式对相关知识点进行串联，帮助大家实现迅速、简单的记忆。三国法高分的基础是记忆，但不是死记硬背，而是在理解的基础上进行有技巧的记忆。本书中总结了很多的记忆线索，可以帮助大家提高记忆的效率。

再次，本书深入总结考点和试题规律，实现重难点的专项突破。三国法的重点不少，难点实际上并不多。老师特别针对其中的几个"硬骨头"设计了专门的复习策略，帮助大家进行突破。

总而言之，管用和高效才是王道，这本书会在这两个方面给你极大的满足！

随时欢迎大家通过新浪微博与我交流。新浪微博：http：//weibo.com/sgflh，微博名为"三国法陆寰"。我一直陪着你。

陆寰

目　录

第一部分　国际法

第二部分　国际私法

第三部分　国际经济法

第一部分 国际法

国际法知识结构导图

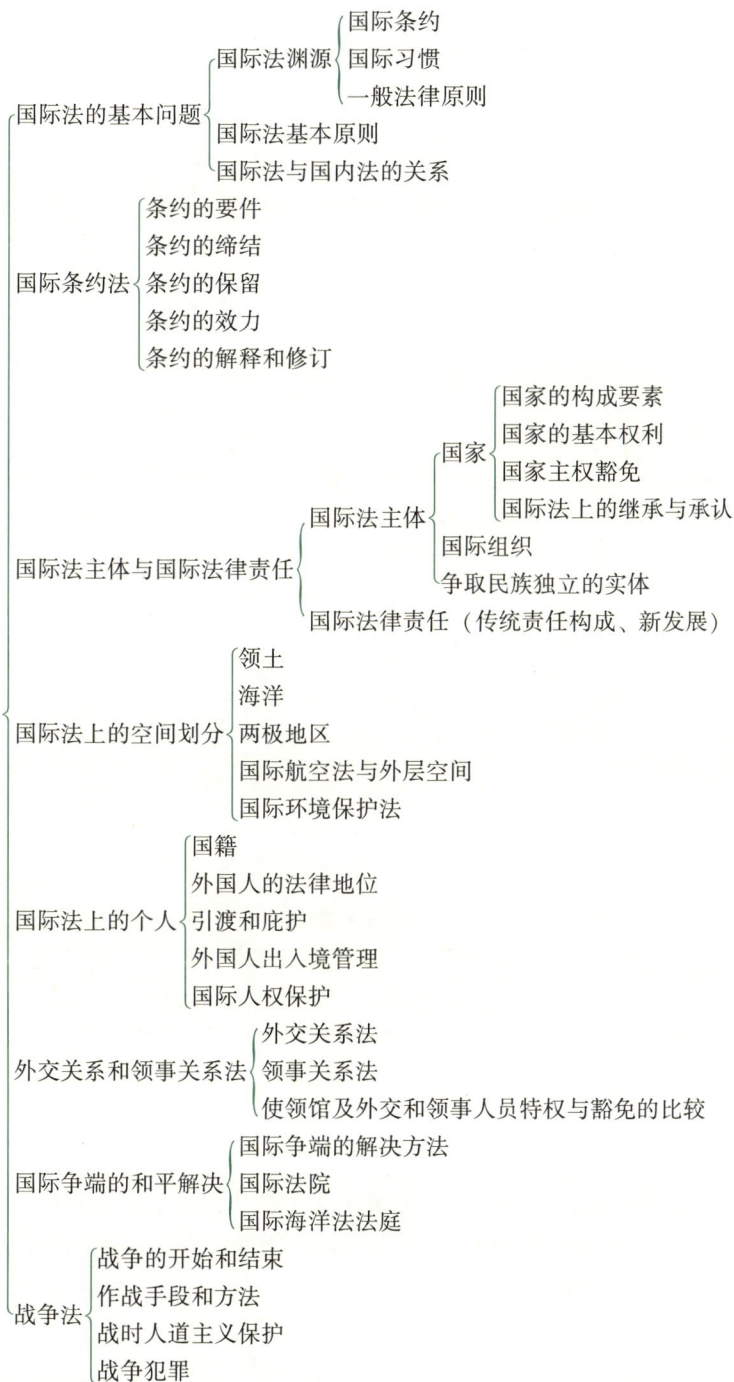

- 国际法的基本问题
  - 国际法渊源
    - 国际条约
    - 国际习惯
    - 一般法律原则
  - 国际法基本原则
  - 国际法与国内法的关系
- 国际条约法
  - 条约的要件
  - 条约的缔结
  - 条约的保留
  - 条约的效力
  - 条约的解释和修订
- 国际法主体与国际法律责任
  - 国际法主体
    - 国家
      - 国家的构成要素
      - 国家的基本权利
      - 国家主权豁免
      - 国际法上的继承与承认
    - 国际组织
    - 争取民族独立的实体
  - 国际法律责任（传统责任构成、新发展）
- 国际法上的空间划分
  - 领土
  - 海洋
  - 两极地区
  - 国际航空法与外层空间
  - 国际环境保护法
- 国际法上的个人
  - 国籍
  - 外国人的法律地位
  - 引渡和庇护
  - 外国人出入境管理
  - 国际人权保护
- 外交关系和领事关系法
  - 外交关系法
  - 领事关系法
  - 使领馆及外交和领事人员特权与豁免的比较
- 国际争端的和平解决
  - 国际争端的解决方法
  - 国际法院
  - 国际海洋法法庭
- 战争法
  - 战争的开始和结束
  - 作战手段和方法
  - 战时人道主义保护
  - 战争犯罪

01 第一讲
国际法的基本问题

特别提示

本讲主要包括国际法的渊源、国际法的基本原则和国际法与国内法的关系三个部分。这里的考察重点是国际法在我国的适用以及国际法渊源的认定。重点结合国际条约法的问题进行理解。

知识结构导图

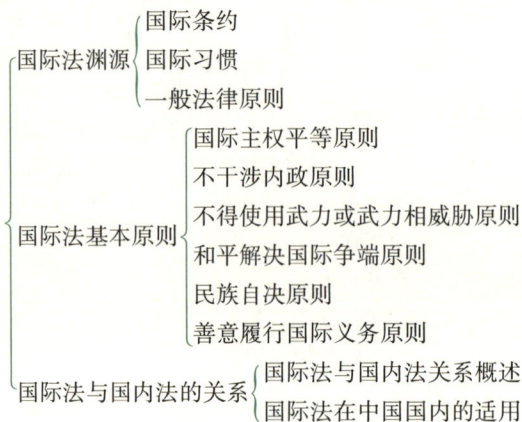

国际法渊源
- 国际条约
- 国际习惯
- 一般法律原则

国际法基本原则
- 国际主权平等原则
- 不干涉内政原则
- 不得使用武力或武力相威胁原则
- 和平解决国际争端原则
- 民族自决原则
- 善意履行国际义务原则

国际法与国内法的关系
- 国际法与国内法关系概述
- 国际法在中国国内的适用

考查频率梳理

频次	考点	真题
3	国际法渊源	2013/1/34；2008 川/1/31；2007/1/77
4	国际法基本原则	2013/1/75；2008 川/1/32；2007/1/30；2002/1/55
5	国际法与国内法的关系	2012/1/74；2007/1/32；2006/1/92；2005/1/29；2002/1/57

国际法（International Law）是与国内法相对应的法律体系，它是国家间交往形成的，以国家间协议制定的，主要用以调整国家（还包括政府间国际组织和某些属于国际法主体的政治实体）之间关系的，有拘束力的原则、规则和制度的总称。国际法虽然与国内法存在很多不同之处，但国际法仍旧是法律。

从广义的角度上讲，国际法包括国际公法、国际私法和国际经济法。从狭义的角度上则可被理解为"国际公法"，法考中的概念就是从狭义的角度理解，即"国际公法"。

一、国际法的渊源

国际法的渊源是指国际法规则的存在和表现形式，也是国际法院处理国际争端时所能直接援引的法律依据。根据《国际法院规约》第 38 条的规定，国际法的渊源包括国际条约、国际习惯和一般法律原则。

（一）国际条约

国际条约指国际法主体间依据国际法缔结的，确定其相互权利义务关系的书面协议。国际条约一经生效即对当事国产生拘束力，是国际法最为重要的渊源和表现形式。这里的条约是广义概念，包括条约、公约、协议等形式。

[注意]　国际条约的约束对象是条约当事国，对非当事国不产生约束力。

（二）国际习惯

国际习惯就是各国在长期的实践中所形成的被广泛接受为具有法律约束力的惯常做法。国际习惯是不成文的，一经证明即对所有国际法主体均具有法律约束力。国际习惯最重要的考点就是其构成要素、证明方式和效力。

1. 国际习惯的构成要素

国际习惯有两方面构成要素，一个是客观或物质构成要素，也就是指各国在实践中形成的一致性做法，简单理解为惯常做法即可。另一个是主观要素或心理要素，指各国认为上述惯常做法具有法律约束力，也就是所谓的"法律确信"。

简而言之，国际习惯＝惯常做法+法律确信。上述两个要素缺一不可，题目中往往重点考察第二个主观或心理要素。

例：甲国在国际法院庭审中认为，某项做法在整个国际社会都构成惯常做法，所以该做法应当被认定为国际习惯。这种说法是错误的，因为缺少了主观或心理要素。

2. 国际习惯的证明

由于国际习惯的不成文属性，所以国际习惯往往通过各种文件和实践做法被加以证明。具体包括：（1）国家间交往形成的实践做法和各种文件；（2）国际组织的各种决议、判决等文件；（3）一国国内的相关文件和实践。

3. 国际习惯的效力

国际习惯一经证明成立，即能够约束所有的国际法主体。注意国际习惯的约束对象远超国际条约。国际条约只能约束缔约国，而国际习惯可以约束所有的国际法主体。

记忆线索：越难获得的东西价值越高，国际习惯证明难度大，但证明后约束范围也广。

（三）一般法律原则

一般法律原则指各国法律体系中的共有原则，往往是前两种渊源缺位时的补充，很少被单独适用。但其中需要特别注意的考点是确定一般法律原则的辅助资料。

确定一般法律原则的辅助资料有三种：（1）学说；（2）司法判例；（3）国际组织决议。这三种资料都不是国际法渊源，但能够在国际法院被援引。

▊▍考点提要

考点 1：判例、学说和国际组织决议的性质	<u>不是国际法渊源</u>、但能够被援引。（渊源只有条约、习惯和原则）
考点 2：国际习惯的构成和效力	（1）构成方面特别注意法律确信这一心理要素。 （2）一经证明则能够约束所有的国际法主体。（越难证明，证明后价值也越高）

▊▍坑亲王驾到 [1]

1. 根据国际法，国际法学者奥本海的观点不是国际法渊源，所以不能够被国际法院援引。[2]

2. 如果一种行为能够被证明是绝大多数国家通常的做法且各国认为其具有法律约束力，则该行为能够被认定为国际习惯，能够约束所有的国际法主体。[3]

二、国际法基本原则

（一）国际法基本原则的概念和内涵

国际法基本原则是国际法规则体系中最核心的基础和规范。其具有以下特征：第一，各国公认，普遍接受；第二，适用于国际法律关系的所有领域，贯穿国际法的各个方面；第三，构成国际法体系的基础，如遭到破坏整个国际法体系会被动摇或坍塌。

当代国际法的基本原则主要体现在《联合国宪章》的宗旨和原则、和平共处五项原则等国际法律文件和实践中，仍在不断发展。目前公认的国际法基本原则主要有：国家主权平等原则、不干涉内政原则、不使用武力或武力威胁原则、和平解决国际争端原则、民族自决原则、善意履行国际义务原则。

（二）国际法基本原则和国际强行法

1969 年《维也纳条约法公约》正式提出了"国际强行法"的概念。公约第 53 条规定：一般国际法强制规律指国际社会全体接受并公认为不许损抑且仅有以后具有同等性质之一般国际法规律始得更改之规律。

这里的国际强行法比照民法的强制性规范理解即可，第一不能改，第二只有新的强制性规范可以取代旧的强制性规范。

<u>国际法基本原则具有国际强行法的性质，但并不是所有的国际强行法都是国际法基本原则。</u>

例：禁止酷刑是国际强行法，但不是国际法基本原则。

（三）几个重要的国际法基本原则

在上述 6 个国际法基本原则中，有些原则有着丰富的内涵和内容、有些则比较简单，本

---

[1] 本书中的"坑亲王驾到"是系列判断题，目的在于帮助大家躲避考试中的各种坑，加深对知识点的理解。"千读不如一判，百忆尚需一断"，希望大家能通过"坑亲王驾到"的判断题来实现对知识点的立体化记忆，找寻出题陷阱，建立起从记忆、做题到得分的顺畅路径。

[2] 错误。著名公法学家的学说虽然不是国际法的渊源，但能够被援引。

[3] 正确。本题揭示了国际习惯的两大考点：认定中的心理要素和认定后的约束对象。

书将对几个重要的国际法基本原则进行进一步的解析。

1. 国家主权平等原则

国家主权作为国家的固有权利，表现为对内的最高权和对外的独立权和自保权。各个国家不分大小，主权一律平等，国家主权在国际法面前处于平等的地位。

2. 不干涉内政原则

内政的实质是国家基于其管辖的领土而行使主权的表现。内政的判断标准有二：（1）该事项是否本质上属于国内管辖的事项（不与领土对应）；（2）该事项是否违背国际法。

例：二战时期德国在其境内疯狂屠杀犹太人。这不属于内政，因为违反了国际法。

3. 不使用武力和武力威胁原则

不得使用武力原则首先禁止侵略，不得威胁还包括禁止从事武力威胁和进行侵略战争的宣传。

[注意] 本原则并不是禁止一切武力的使用，合法使用武力的情形指符合《联合国宪章》和国际法规则的情形，具体包括自卫和联合国集体安全制度下的使用武力。注意：和平解决国际争端与合法使用武力并不矛盾。

4. 民族自决原则

民族自决原则的具体内容可以分为对内自决（决定政治、经济文化制度）和对外自决（独立权）。民族自决原则中独立权（对外自决）的范围，只严格适用于殖民统治下民族的独立，不适用于一国内部的民族分离主义活动。对内自决所有民族都适用。

例：港独分子绝不能够通过民族自决原则实现其肮脏丑陋的政治目的。

▌▌坑亲王驾到▷

> 甲国境内的民族分裂势力不能通过民族自决原则实现独立。①

三、国际法和国内法的关系

目前国际法中尚且没有关于国际法与国内法关系的具体、统一、完整的规则。大家重点关注的问题是国际法在国内的适用。从学术上讲，国际法在国内进行适用有"转化"和"并入"两种方式。"转化"即要求条约必须经过国内立法程序转化成为国内法才能适用，"并入"（或称"采纳"）即原则上认为所有国家缔结的条约都具有国内法的地位，可以直接适用。这只是学术上的简化模型，实际情况远比这复杂。

下面主要通过表格的形式对国际法在我国的适用做一个总结和梳理，方便大家理解和记忆国际法在我国的适用问题。

适用方式	条约的直接适用（需要国内法条文的指引，不需要转化）	《民事诉讼法》第260条："中华人民共和国缔结或者参加的国际条约同本法有不同规定的，适用该国际条约的规定，但中华人民共和国声明保留的条款除外。"

---

① 正确。民族自决原则中对外自决（独立权）的范围，只严格适用于殖民统治下民族的独立，不适用于一国内部的民族分离主义活动。要有政治立场。

续表

适用方式	条约与国内法平行适用（存在转化后的国内法规则，且平行）	（1）1961 年《维也纳外交关系公约》（中国 1975 年加入）与 1986 年《外交特权与豁免条例》。 （2）1963 年《维也纳领事关系公约》（中国 1979 年加入）与 1990 年《领事特权与豁免条例》。
	条约的转化适用（只能适用转化后的国内规则）	WTO 协议：<u>不能在中国法院直接适用</u>，需转化适用。
冲突的解决	民商领域	条约与国内法不同，条约可以优先适用（但知识产权领域的条约转化为国内法的除外）
	非民商领域	没有统一规定，能否直接适用，视法律的具体规定而定。宪法中也没有统一规定。

例：中国和美国签订了民商事国际司法协助条约，当该条约与我国国内法发生冲突时，该条约优先。注意"民商事"三个字。

▌▌坑亲王驾到〉

中国加入 WTO 后必须遵守 WTO 的相关协定，因此当事人可以直接在中国法院的审理过程中援引 WTO 的相关协定支持自己的主张。①

---

① 错误。WTO 协议在我国应该转化适用，如认为我国违反 WTO 义务，相关国家可以在 WTO 提起争端解决程序，但不能在我国法院诉讼中直接援引 WTO 规则。

02 第二讲 国际条约法

特别提示▶

这一讲的重点内容在于我国《缔约关系法》的主要内容，重点为条约的批准和谈判代表的证书。条约保留的理论问题也是考察的重点。

知识结构导图▶

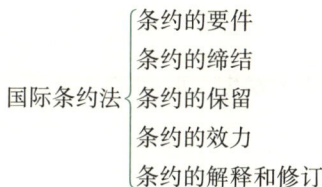

国际条约法 ┤
- 条约的要件
- 条约的缔结
- 条约的保留
- 条约的效力
- 条约的解释和修订

考查频率梳理

频次	考点	真题
5	条约缔结	2015/1/76；2013/1/74；2012/1/74；2008 川/1/30；2005/1/30
2	条约登记	2014/1/32；2010/1/32
3	条约保留	2014/1/76；2012/1/74；2009/1/29
5	条约效力（包括终止）	2015/1/76；2006/1/33；2005/1/29；2008/1/98；2008 川/1/98

条约，按照 1969 年《维也纳条约法公约》的定义，是指"国家间所缔结的，以国际法为准则的国际书面协定，不论其载于一项单独文书或两项以上相互有关的文书内，亦不论其特定名称为何"。1986 年《国家与国际组织间以及国际组织间的维也纳条约法公约》将条约的主体和相关规则扩展到了政府间国际组织。对于上述两个公约未规定的问题，仍旧继续适用国际习惯法规则。

一、条约的要件

一项书面条约，除必须具备条约文本以及对条约拘束力的接受等形式要件外，其有效性还必须具备三个实质性要件：

（一）缔约能力和缔约权

缔约能力指国家和其他国际法主体拥有的合法缔结条约的能力。缔约权是指国际法主体根据其内部规则赋予某个机关或个人对外缔结条约的权限。需要注意的是缔约权由内部规则赋予。根据《维也纳条约法公约》的规定，一国不能以本国机关违反国内法关于缔约权的规定为由而主张其所缔结的公约无效。

记忆线索：公司签订合同的能力类比国家的缔约能力，由法律规定。到底派谁去缔约类比缔约权，由内部决定。

（二）自由同意

缔约国自由地表示同意构成条约有效的基本要件之一。错误、欺诈、贿赂和强迫这四种情况不属于自由同意。可以比照民法中合同缔结的意思表示内容进行理解。

（三）符合国际强行法

条约在缔结时即与一般国际强行法规则相抵触的则无效，如缔结后遇到新的强行法规则并产生抵触的，抵触条约失效并终止。前者是自始无效，后者则是自与新的强行法规则发生抵触时起失效。

记忆线索：也可以类比合同进行记忆，合同不能违反法律的强制性规定。条约不能违反国际强行法。

▌▌考点提要

1. 意思表示自由	类比合同进行联想，不需要特别记忆。
2. 符合国际强行法	类比合同进行联想，协议不能违背强行法。

二、条约的缔结

条约的缔结一般经过约文的议定、约文的认证和同意接受条约约束三个表示步骤。其中约文认证的方式和同意接受条约约束的表示方式值得注意，其中以我国的相关规定最为重要。下面就几个重要问题进行讲解。

（一）签署

签署是谈判代表根据授权在条约文本上签名的行为。签署可能产生两种效果。第一种效果是表示对条约文本的初步同意，这也是通常的做法；第二种效果是表示接受条约的约束，这要求条约本身或缔约方有明确的规定。

（二）批准、核准

这两种行为均指一国内部的相关国家机关对谈判代表所签署的条约的确认。其法律效力为表示国家愿意接受条约的约束，其权限和程序通常由一国国内法进行规定。

（三）多边条约的加入和接受

加入和接受都针对已经缔结的条约，表示国家愿意接受该条约的约束。具体的方式由国家的内部规则进行规定。既可以在条约签署后生效前进行，也可以在条约生效后进行。

具体而言，加入指未对条约进行签署的国家表示同意接受约束。接受指国家在签署多边条约之后或针对无需签署的条约通过接受的方式表示愿意接受约束。

（四）条约的登记

《联合国宪章》第102条规定，任何成员国缔结的已生效条约应尽速在联合国秘书处登记，并由秘书处公布；未经登记的条约不得在联合国机关援引，但未经登记条约本身的法律效力不受影响。

记忆线索：类比民法中的登记对抗。效力不受影响，但不得被援引。

（五）我国有关条约缔结的相关规定

<table>
<tr>
<td rowspan="9">缔结
条约
程序法</td>
<td rowspan="2">条约的
批准</td>
<td>条约或重要协定的批准由全国人大常委会决定：
（1）友好合作条约、和平条约等政治性条约；
（2）有关领土和划定边界的条约、协定；
（3）有关司法协助、引渡的条约、协定；
（4）同中华人民共和国法律有不同规定的条约、协定；
（5）缔约各方议定须经批准的条约、协定；
（6）其他须经批准的条约、协定。
"重要" + "友好合作" + "司法协助" + "引渡"
例：中国和美国签订的民商事司法协助条约需要全国人大常委会的批准。因为有"司法协助"四个字。</td>
</tr>
<tr>
<td>上述条约由：全国人大常委会决定批准→国家主席根据常委会的决定予以批准并签署→全国人大常委会公报公布</td>
</tr>
<tr>
<td rowspan="2">条约的加
入和接受</td>
<td>条约的加入：加入多边条约和协定，分别由全国人大常委会或国务院决定。
（1）需批准的条约和重要协定：全国人大常委会决定，外交部长签署；
（2）其他协定：国务院决定，外交部长签署。</td>
</tr>
<tr>
<td>条约的接受：接受多边条约和协定，由国务院决定，外交部长签署。</td>
</tr>
<tr>
<td>全权证书和
授权证书
（代表的
身份证明）</td>
<td>（1）适用场合
①全权证书在以国家、中央政府或中央政府部门名义缔约时适用；
②授权证书仅在以中央政府部门名义缔约时适用。
（2）签署主体
①全权证书由国务院总理或外交部长签署；
②授权证书由部门首长签署。
（3）不需要出具全权证书的人员（下述人员均指正职）
①国务院总理、外交部长；（无条件不出具）
②谈判、签署与驻在国缔结条约、协定的我国驻该国使馆馆长，但是各方另有约定的除外；
③谈判、签署以本部门名义缔结协定的我国部门首长，但是各方另有约定的除外；
④我国派往国际会议或者派驻国际组织，并在该会议或者该组织内参加条约、协定谈判的代表，但是该会议另有约定或者该组织章程另有规定的除外。</td>
</tr>
<tr>
<td rowspan="2">条约的
登记</td>
<td>向联合国登记：外交部按联合国宪章的规定进行。</td>
</tr>
<tr>
<td>向其他国际组织登记：外交部或国务院有关部门按各个国际组织的章程办理。</td>
</tr>
</table>

▌▌**考点提要**▷

1. 条约和协定的批准	（1）批准的主体：全国人大常委会。 （2）需要批准的条约和协定："重要" + "友好合作、司法协助、引渡"。

2. 全权证书、授权证书	（1）部门名义缔约时，即可用全权证书，也可用授权证书。 （2）授权证书只能在部门名义缔约时用，由参与缔约的部门首长签署。 （3）不需出具全权证书的人员： ①无条件不需要出具：国务院总理+外交部长。 ②除非另有约定不需出具：馆长+部门首长+代表，一般不需出具，除非另有约定条件。

记忆线索：

1. 需要批准的条约和协定部分重点记忆"友好合作、司法协助、引渡"这十个字即可，其他的一看就"重要"。

2. "谁有权签，谁无条件不需出具。"总理和外交部长是无条件不需出具。其余则是出于方便的考虑有条件不需出具，包括大使、部门首长和驻国际组织代表。

3. 批准主体是全国人大常委会，全国人大一年就开一次会，代表们忙不过来，所以只能由常委会。

▌**坑亲王驾到**

1. 中国与法国缔结条约，如果中法双方有另行约定，则中国外交部长出席谈判时需要出具全权证书。①

2. 中国和英国之间的民商事司法协助条约需要经过全国人大的批准才能生效。②

三、条约的保留

条约的保留是指一国在签署、批准、接受、赞同或加入一个条约时所作的单方声明。无论措辞或名称为何，其目的在于排除或更改条约中某些规定对该国适用时的法律效果。总体而言，只有多边条约才存在保留的情形。单纯的解释性声明不构成保留。

（一）保留的禁止情形

根据《维也纳条约法公约》第 19 条的规定，下列三种情况不得提出保留：第一，条约本身规定禁止保留；第二，条约准许特定的保留，而有关保留不在条约准许的保留范围内；第三，保留与条约的目的和宗旨不符。

（二）保留的接受

根据《维也纳条约法公约》第 20 条的规定，保留的接受主要有以下四种情况：第一，条约明文准许保留，无需其他缔约国接受；第二，若谈判国有限数目以及条约的目的和宗旨表明该保留须经全体当事国同意，则必须经全体当事国接受；第三，如条约是国际组织的约章，则一般需经该组织的有权机关接受；第四，不属于上述情况，缔约国自主决定是否接受。

---

① 错误。根据《缔结条约程序法》规定，总理和外交部长无条件不需要出具全权证书。即使有约定，外交部长也不需出具全权证书。

② 错误。重要的条约和协定必须经批准才能生效。司法协助和引渡条约正是其中的主要类型，民商事对批准问题不产生影响。但要注意批准的主体是全国人大常委会而非全国人大。

（三）保留的效果

条约的保留视接受与否在不同国家间产生不同的效果。第一，在保留国与接受保留国之间适用保留后（修改后）的规定。我想改，你也同意；第二，在保留国与反对保留国之间保留所涉条款不予适用（该条款视为不存在）。我想改，你不同意，相当于没有意思表示一致；第三，在接受保留国与反对保留国之间适用原条约的规定。

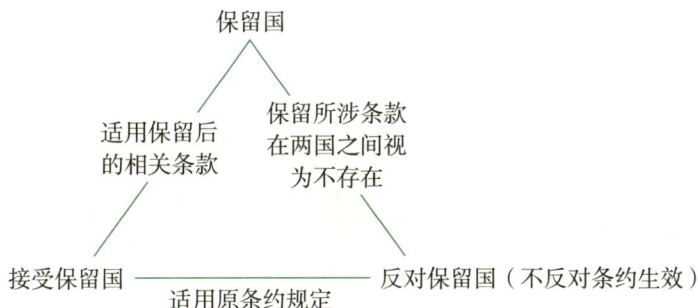

```
                        保留国
              适用保留          保留所涉条款
              后的相关条款       在两国之间视
                               为不存在

    接受保留国 ————————————————— 反对保留国（不反对条约生效）
                  适用原条约规定
```

考点提要

1. 保留的禁止	保留与条约的目的和宗旨不符（看条约的名称）。
2. 保留的效果	（1）在保留国与接受保留国之间：适用保留后（修改后）的规定。 （2）在保留国与反对保留国之间：保留所涉条款不存在（不予适用）。 （3）在未提出保留的国家之间：适用原来条约的规定。 （想想一身并双手，保留之后和没有）
只能在加入、批准时提出（加入后保留叫耍赖），不适用于双边条约（只有你俩，直接改不就完了）。	

例：甲乙丙三国签署了一项条约。条约总共10条，第10条规定解决争议的方法有仲裁和诉讼两种。甲国对该条提出保留，认为只接受诉讼一种争端解决方式。乙国接受，丙国不接受。

1. 在甲国（提出保留国）和乙国（接受保留国）之间，适用保留后或修改后的第10条，只有诉讼一种解决方式。

2. 在甲国（提出保留国）和丙国（不接受保留国）之间，第10条视为不存在。条约还在。前9条不受影响。

3. 在乙国和丙国之间适用原先的条约，即原先的10个条款。

坑亲王驾到

1. 甲国、乙国和丙国之间签署了《禁止核武器公约》，甲国可以对禁止核武器问题进行保留。[1]

2. 甲国、乙国和丙国三国签订《友好开发边境自然资源条约》。甲国对其中的争端解决方式条款的部分内容提出了保留。乙国表示接受该保留。丙国表示不接受该保留。则甲国与乙国之间适用保留后的争端解决条款内容。乙国和丙国适用原条约争端解决条

---

[1] 错误。保留不得与条约的目的和宗旨不符。目的和宗旨往往体现为条约的名字。

款。甲国和丙国之间涉及保留部分的条款视为不存在。①

　　3. 丁国意图加入上述甲乙丙三国的条约，丁国可在加入后对条约相关内容提出保留。②

四、条约的效力

　　条约的效力是一个较为宽泛的范畴，主要包括条约对第三国的效力、条约的冲突和条约的终止及暂停实施。

（一）条约对第三国的效力

　　条约为第三国创设权利，原则上须经过第三国的同意，但如果第三国没有相反的表示，应推断其同意接受这项权利，无须以书面形式表示接受。

　　条约为第三国创设义务，必须经第三国以书面形式明示接受，才能对第三国产生义务。其中的例外情形为《联合国宪章》，宪章规定在维持国际和平及安全的必要范围内，非联合国的会员有遵守宪章相关原则的义务。

　　条约意图取消或变更为第三国创设的权利、义务时，该义务一般必须经条约各当事国与第三国的同意方能取消和变更。条约使第三国享有权利时，如果经确定原意为非经第三国同意不得取消或变更该权利，当事国不得随意取消或改变。

　　记忆线索：

　　1. 给别人好处自然容易让别人接受，所以创设权利只要不反对就行；

　　2. 给别人找事当然不容易被接受，所以必须要他国书面明示；

　　3. 取消原则上需同意。

　▌▌坑亲王驾到▶

　　甲乙两国签署了一项条约，条约规定丙国可以享受条约权利，丙国未做任何表示，则丙国不能享受该条约规定的权利。③

（二）条约的冲突（新约和旧约）

　　条约的冲突是指一国就同一事项先后参加的两个或几个条约的规定互相冲突。除条约本身规定了相应的规则之外，具体规则可以通过下图进行说明：

甲、旧乙约、丙　　　　乙、新丙、丁约

乙丙之间：新约
甲乙、甲丙之间：旧约
乙丁、丙丁之间：新约
甲丁之间：没有条约关系

----

① 正确。条约保留的效力为：在保留国与接受保留国之间适用保留后的规定。在保留国与反对保留国之间，保留所涉规定视为不存在。在未提出保留的国家之间，适用原来条约的规定。

② 错误。保留只能在加入、批准或签署条约时提出。

③ 错误。条约对第三国设定权利时只要第三国没有反对即可推定第三国同意。对第三国设定义务时必须经第三国书面接受方有效。

坑亲王驾到

　　甲乙丙三国签署了一个条约，后来几国协议将该条约内容进行变更。甲国未加入变更后的条约，丁国加入了变更后的条约。则甲乙、甲丙之间适用旧约，乙丙、乙丁、丙丁之间适用新约，甲丁之间没有条约关系。[①]

（三）条约的终止和暂停实施

　　条约的终止是指一个有效的条约由于条约法规定的原因出现，不再继续对当事方具有约束力。具体方式有很多种，包括履行完毕、解约和共同同意等。这里只重点提及情势变更一种。

　　情势变更指条约缔结后，出现了缔结条约时不能预见的根本性变化，则缔约国可以终止或退出该条约。确定边界的条约不适用情势变更。如果情势变更是由于一个缔约国违反条约义务或其他国际义务造成的，则该国不得援引情势变更。

五、条约的解释与修订

（一）条约的解释

　　条约的解释是指对条约条文和规定的真实含义予以说明和澄清。《维也纳条约法公约》规定了条约解释应遵循的主要方法和规则。这些方法和规则可以分为一般规则和辅助规则两类。

条约的解释规则	一般规则	根据通常的含义和上下文，符合条约的目的和宗旨，进行善意的解释。
	辅助规则（一般规则难以实现目的时采用）	补充资料：谈判记录、历次草案和讨论纪要等。
		两种以上文字的解释： （1）共同认证，同样作准； （2）作准以外，仅为参考； （3）作准用语推定含义相同； （4）除非另有约定，作准约文分歧难消时则考虑目的及宗旨。

（二）条约的修订

条约的修订（只存在于多边条约中，全体缔约方通过协定改动部分内容）	条约修订后，凡有权成为条约当事国的国家，也应有权成为修订后条约的当事国。
	修订条约的协定对于是条约当事国而非协定当事国的国家无拘束力。
	对于修订条约的协定生效后成为条约当事国的国家，如果该国没有相反的表示，应视为修订后条约的当事国——在该国与不受修订条约协定拘束的当事国之间，适用修订前的条约。 [注意] 区别于条约冲突部分的旧约和新约规则。

　　注意条约冲突和条约修订的区别。冲突是指有两个条约，一个新的一个旧的。修订则是指一个条约有两个文本。

---

① 正确。参见条约冲突的图示。

03 第三讲
国际法主体与国际法律责任

特别提示

　　这一讲的要点主要是国家和联合国体系。其中国家包括国家的构成要素、国家的基本权利、国家主权豁免、国际法上的承认和继承等内容。联合国体系则主要包括联合国大会和安理会（国际法院在争端解决部分介绍），这两个机构都可以从职权、表决和决议效力三个方面进行理解。

知识结构导图

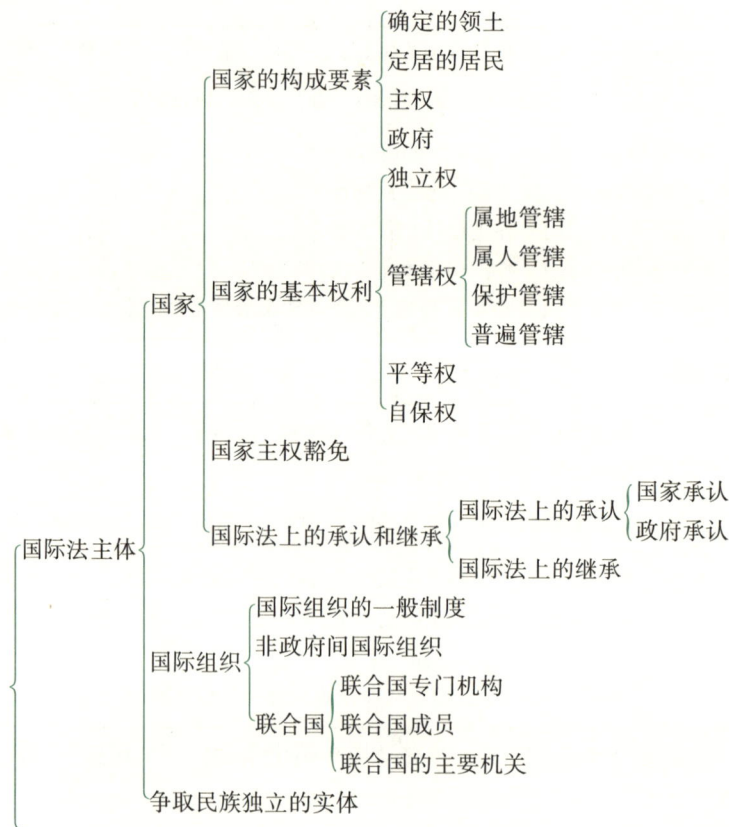

```
                                          ┌ 确定的领土
                          国家的构成要素 ┤ 定居的居民
                                          │ 主权
                                          └ 政府

                                          ┌ 独立权
                                          │                ┌ 属地管辖
                          国家的基本权利 ┤          管辖权┤ 属人管辖
                    国家┤                │                │ 保护管辖
                          │               │                └ 普遍管辖
                          │               │ 平等权
                          │               └ 自保权
                          │
                          │ 国家主权豁免
                          │
                          │                          ┌ 国际法上的承认 ┤ 国家承认
                          └ 国际法上的承认和继承 ┤                      └ 政府承认
  国际法主体┤                                        └ 国际法上的继承
                          ┌ 国际组织的一般制度
                          │ 非政府间国际组织
                  国际组织┤                ┌ 联合国专门机构
                          └       联合国 ┤ 联合国成员
                                          └ 联合国的主要机关
                          争取民族独立的实体
```

```
                                              ┌ 行为归因于国家
                              ┌ 责任构成 ┤
                              │           └ 违反国际义务
                              │ 国际法律责任的主要形式
         ┌ 传统国际法律责任 ┤ 行为不法性的排除
         │                    │                      ┌ 国际罪行
         │                    └ 国际法律责任的分类 ┤
国际法律责任 ┤                                          └ 国际不法行为
         │                                  ┌ 国际责任问题（国际法不加禁止行为的责任）
         └ 国际法律责任制度的新发展 ┤
                                          └ 国际刑事责任问题
```

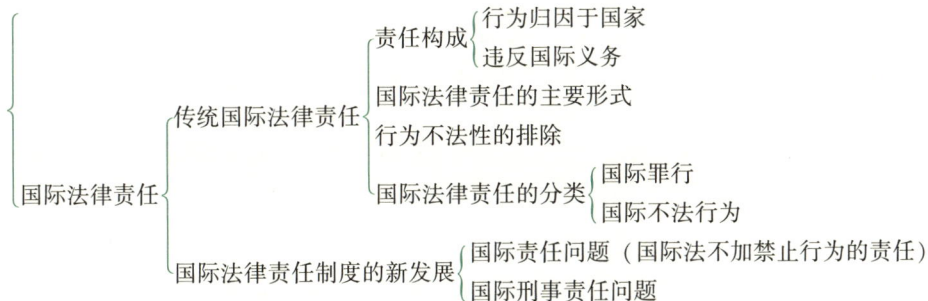

考查频率梳理

频次	考点	真题
2	国家管辖权	2011/1/33；2009/1/31
4	国家主权豁免	2018/1；2014/1/75；2010/1/30；2008/1/32
4	国际法上的承认	2014/1/32；2010/1/29；2007/1/30；2005/1/78
3	国际法上的继承	2014/1/32；2008/1/33；2002/1/15
6	联合国体系	2016/1/32；2015/1/32；2009/1/31；2008/1/31；2006/1/29；2006/1/31
1	非政府间国际组织	2006/1/78
2	国家赔偿责任	2011/1/32；2002/1/16
3	国际法律责任	2008/1/30；2008 川/1/32；2004/1/30

一、国家

国家是国际法的基本主体。公认的国际法主体包括国家、国际组织（主要是政府间）和特定的民族解放组织或民族解放运动。个人尚不是国际法的主体。

（一）国家的构成要素

在国际法中，国家的构成必须具备四个要素。定居的居民（不论数量和成分）、确定的领土（不论大小及边界是否完全划定）、政府（不论名称、组织和形式）以及主权（国家固有的根本属性，是国家区别于其他实体的根本标志）。

（二）国家的基本权利

国家的基本权利指根据国际法，国家所享有的必需的而又最为重要的权利，由于享有这些权利才被承认为国家。

独立权	国家依照自己的意志处理内外事务并不受他国控制和干涉的权利。
平等权	国家在参与国际法律关系时具有平等的地位和资格。
自保权（自卫权）	（1）国防权：国家在和平时期进行国防建设，防止外来侵略的权利； （2）自卫权：国家受到外国武力攻击时，有权采取单独或集体的武力反击措施。（前提是受到武力攻击，以必要性和相称性为条件）

管辖权 （以"犯罪分子为核心"构建）	属地 （在我的地盘上我要管）	国家对于其领土和领土内的一切人、物和事件，都有进行管辖的权利。 例外：不适用于领域内依法享有特权与豁免的外国人或外国财产。
	属人 （是我的人我要管）	国家对于具有其国籍的人，具有管辖的权利；其管辖对象还可包括具有该国国籍的法人、船舶、航空器等。
	保护性 （在别人的地盘上欺负了我的人，我要管）	国家对于在本国领域外对该国家或其公民实施犯罪行为的外国人进行管辖的权利。 实现方式： （1）行为人进入受害国被依法逮捕； （2）通过引渡实现受害国的管辖。
	普遍 （想把大家都干掉，我必须管）	根据国际法的规定，对于危害国际和平与安全及全人类利益的某些国际犯罪行为，不论行为人国籍和行为发生地，各国都有进行管辖的权利。 对象：战争罪、破坏和平罪、违反人道罪、海盗、灭绝种族、贩毒、贩奴、种族隔离、实施酷刑、劫机等。 行使区域：只能在本国领土或不属于任何国家管辖的区域行使（如公海）。

║ 考点提要〉

1. 保护性管辖的判定	管的是犯罪分子，管的是外国人。
2. 实现方式	只有普遍管辖可以去公海抓人。（为了公共的利益，就可以去公共空间抓人）

例：一个中国人在美国被法国人打了，美国可以行使属地管辖、法国可以行使属人管辖、中国可以行使保护性管辖。注意，以"罪犯"为核心构建管辖权，只有外交保护例外。

║ 坑亲王驾到〉

中国军舰在公海发现某国船舶从事贩毒行为，可根据保护性管辖对该船舶实施管辖。①

（三）国家主权豁免

国家主权豁免是指国家的行为及其财产不受或免受他国管辖。综合而言，国家的主权豁免制度主要涉及概念、分类、具体类型、国家豁免的放弃和我国的国家豁免立场等几个方面。下面用图表的形式将国家主权豁免的相关内容进行总结和梳理，方便大家理解和记忆。

记忆线索：简单理解就是"管不了"：甲国豁免于乙国的管辖＝乙国"管不了"甲国。

---

① 错误。此种管辖应该为普遍管辖。普遍管辖的对象为战争罪、破坏和平罪、违反人道罪、海盗、灭绝种族、贩毒、贩奴、种族隔离、实施酷刑、劫机等。只能在本国领土或不属于任何国家管辖的区域行使。

概念	国家的行为及其财产不受或免受他国管辖。
分类	（1）绝对豁免：国家的一切行为都享有豁免。 例外：主权豁免的放弃（自愿、特定、明确）——管辖豁免放弃不意味着执行豁免的放弃。 2004年《联合国国家及其财产管辖豁免公约》：①未生效；②目前绝对豁免是国际习惯；③在我国需经批准才能生效。 （2）限制豁免（相对豁免）：商业行为不享有豁免，非商业行为享有豁免。
具体类型	管辖豁免；程序豁免；执行豁免。各自为政，互不干涉。
国家豁免的放弃 （这里主要指管辖豁免的放弃）	（1）条件：自愿、特定和明确。 （2）形式： 明示：通过条约、合同、声明等方式表示放弃。 默示：①作为原告在外国法院起诉；②正式出庭应诉；③提起反诉；④作为诉讼利害关系人介入诉讼。 上述四种情形可以总结为"主动参与"，便于大家记忆。 （3）不构成放弃的情形： ①一国同意适用另一国的法律；法律适用≠法院的管辖权 ②国家或其代表出庭阐述立场或作证，或主张对有关财产的权利； ③一国未在另一国法院的诉讼中出庭； ④放弃管辖豁免≠放弃执行豁免；执行豁免的放弃必须另行明示作出。
中国对国家豁免的立场	（1）坚持绝对豁免，反对限制豁免和废除豁免； （2）国有公司和企业不应享受豁免； （3）通过协议消除分歧； （4）对等原则； （5）在外国法院出庭主张豁免的抗辩不得被视为接受外国法院的管辖。

▍考点提要

国家豁免的放弃	默示：（总结为"主动参与"） （1）起诉； （2）正式出庭应诉； （3）反诉； （4）作为诉讼利害关系人介入诉讼。
	不构成放弃的情形： （1）同意适用法律； （2）国家或其代表出庭阐述立场或作证，或主张对有关财产的权利（主要指对国家豁免立场的阐明）； （3）未出庭； （4）放弃管辖豁免≠放弃执行豁免。
中国对立场	（1）坚持绝对豁免，反对限制豁免和废除豁免； （2）国有公司和企业不应享受豁免； （3）在外国法院出庭主张豁免的抗辩不得被视为接受外国法院的管辖。

坑亲王驾到

1. 甲国政府向乙国银行借钱用于修建房屋。后因为甲国政府未归还该笔款项，乙国银行在乙国法院向甲国政府提起诉讼要求归还该笔款项。如乙国坚持绝对豁免理论，则乙国法院对该案件有管辖权。[①]

2. 甲国政府向乙国银行借钱用于修建保障房。后因为甲国政府未归还该笔款项，乙国银行在乙国法院向甲国政府提起诉讼要求归还该笔款项。如乙国坚持绝对豁免且双方在合同中约定适用乙国法律，则乙国法院对甲国具有管辖权。[②]

（四）国际法上的承认和继承

1. 国际法上的承认

国际法上的承认一般是指既存国家对于新国家或新政府或其他事态的出现，以一定的方式表示接受或同时表明愿意与其发展正常关系的单方面行为。国际法上的承认主要涉及承认的形式、类型、原因和法律后果等问题。下面用结构导图的方式对国际法上承认的上述问题进行梳理，方便大家记忆和学习。对新中国的承认属于对政府承认的范畴。

现代国际法中承认的主体除现存国家外还包括现存政府间国际组织，承认的对象除新国家和新政府之外还可以包括交战团体和叛乱团体。承认是一种单方面行为。

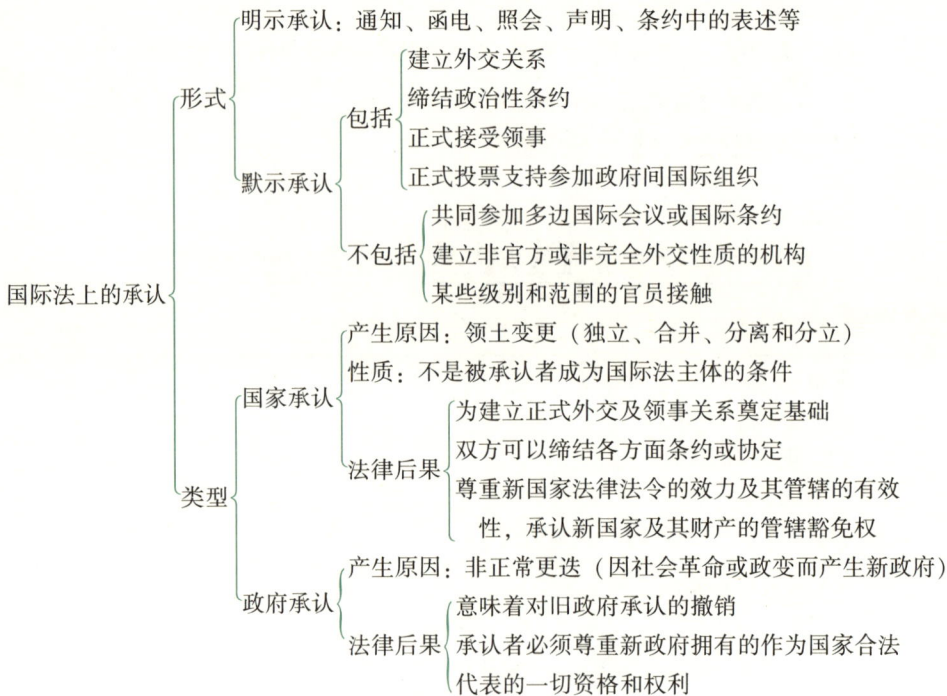

```
                    ┌ 明示承认：通知、函电、照会、声明、条约中的表述等
              ┌ 形式 ┤
              │     │        ┌ 包括 ┬ 建立外交关系
              │     │        │     ├ 缔结政治性条约
              │     └ 默示承认 ┤     ├ 正式接受领事
              │              │     └ 正式投票支持参加政府间国际组织
              │              │     ┌ 共同参加多边国际会议或国际条约
              │              └ 不包括┼ 建立非官方或非完全外交性质的机构
              │                    └ 某些级别和范围的官员接触
国际法上的承认 ┤
              │        ┌ 产生原因：领土变更（独立、合并、分离和分立）
              │        │ 性质：不是被承认者成为国际法主体的条件
              │  国家承认┤        ┌ 为建立正式外交及领事关系奠定基础
              │        │ 法律后果 ┼ 双方可以缔结各方面条约或协定
              │        │        └ 尊重新国家法律法令的效力及其管辖的有效
              └ 类型  ┤                 性，承认新国家及其财产的管辖豁免权
                      │        ┌ 产生原因：非正常更迭（因社会革命或政变而产生新政府）
                      │  政府承认┤        ┌ 意味着对旧政府承认的撤销
                      │        │ 法律后果 ┼ 承认者必须尊重新政府拥有的作为国家合法
                      │        │        └ 代表的一切资格和权利
```

---

① 错误。绝对豁免认为所有国家行为都不能被管辖，限制豁免理论则认为只有国家的主权行为才能豁免于一国法院的管辖。本题中由于乙国坚持绝对豁免理论，所以甲国的任何行为都不受其管辖。

② 错误。同意适用法律并不代表放弃管辖豁免。

考点提要

国际法上的承认	不能撤销、不是被承认者成为国际法主体的必要条件	国家承认	领土发生变化。
		政府承认	政权非正常更迭。
		默示	构成情形：（1）建立外交关系；（2）缔结政治性条约；（3）正式接受领事；（4）正式投票支持参加政府间国际组织。
			不构成情形：（1）共同参加多边国际会议或国际条约；（2）建立非官方或非完全外交性质的机构；（3）某些级别和范围的官员接触。
		上述承认都属于法律上的承认，不可撤销。	

记忆线索：

1. 承认是比较重要的事情，只有正式的、高级别的行为才构成承认。比如外交关系、领事、政治性条约和加入政府间国际组织等。其余低级别和非正式的行为都无法构成。

2. 除此之外还要注意法律上的承认和事实上的承认。法律承认是认定被承认者作为法律上的正式人格者，带来全面的法律效果。法律承认是正式和不可撤销的，上述承认都是法律承认。事实承认主要存在于英美的外交实践。事实承认比较模糊并可以随时撤销。

3. 对交战团体的承认是在一国发生内战时，其他国家为了保护自己的利益，承认反政府一方为交战团体的单方面行为。实践中，被承认为交战团体的反政府一方应满足下列条件：（1）其与政府已发生全面武力敌对行动，内战状态已经形成；（2）其已经控制了领土的相当大的部分；（3）其对控制的领土实施有效管理；（4）遵守战争法相关规则。对叛乱团体的承认是一种事实上的承认。

坑亲王驾到

　　1. 甲国是一个新成立的国家，乙国明确表示将参加包括甲国（在内）地区经济论坛。乙国的行为构成对甲国的承认。①

　　2. 甲国成立后乙国与甲国建立正式外交关系。一段时间后乙国因为边界争端宣布终止与甲国的外交往来。乙国的行为构成对甲国承认的撤销。②

2. 国际法上的继承

国际法上的继承是指在某些特定情况下，国际法上的权利义务由一个承受者转移给另一个承受者所发生的法律关系。国际法上继承包括国家继承、政府继承和国际组织的继承，其中最重要和基本的是国家继承。国家继承的起因为领土变更，内容主要包括条约继承、财产继承、档案继承和债务继承，具体内容用图示进行说明：

---

① 错误。国家承认有明示和默示两种类型，但不包括共同参加国际会议、建立非正式或非官方的关系、某些级别官员的接触。

② 错误。法律承认不能撤销。

与领土有关的非人身性条约：继承（领土边界、河流交通水利等）

条约继承：约定 —→ 无约定

与国际法主体人格有关的人身性条约：不继承（和平友好、同盟互助等）

国家
继承

非条约继承

财产继承

不动产：随领土一并继承

动产：领土实际生存原则（题目中看与所涉领土的联系）

档案继承：协议 —→ 无协议，领土实际生存原则；有权复制原始档案

债务继承

合并：全部转属继承

分离、分立：协议 —→ 无协议，公平地按比例继承

独立：不予继承，除非另有协议

国家非恶债（国家债务和地方化债务）

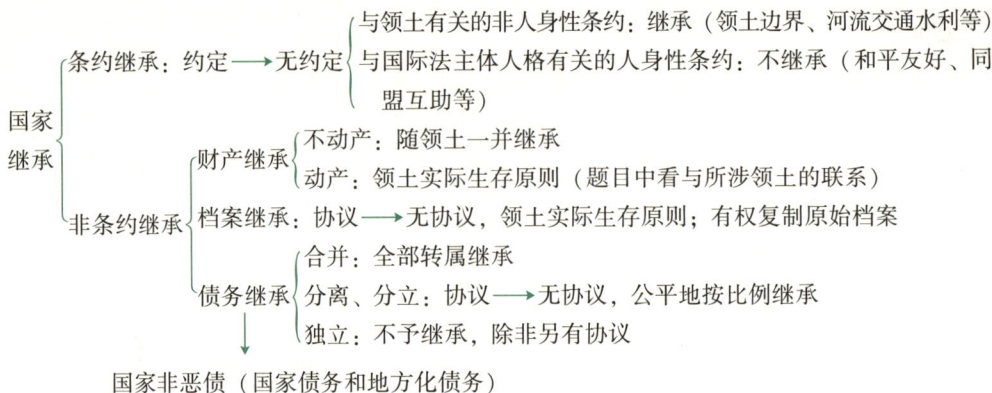

需要继承的债务包括不属于恶债的国家债务（国家名义借，用于国家）和地方化债务（国家名义借，用于地方）。地方债务（地方名义借，用于地方）是不需要继承的。

例：甲国分割成为乙丙两个国家。原甲国的一家飞机现在停在乙国机场。该飞机原先专门用于给位于现丙国地区的原始森林进行特种作业。由于该飞机和丙国联系更密切，所以应该由丙国继承。

▌▌▌坑亲王驾到

非洲某国独立后应该对其殖民地期间的所有条约予以继承。①

二、国际组织

国际组织亦称国际团体或国际机构，是具有国际性行为特征的组织，是两个或两个以上国家（或其他国际法主体）为实现共同的政治经济目的，依据其缔结的条约或其他正式法律文件建立的有一定规章制度的常设性机构。作为国际法主体的国际组织一般是指政府间国际组织，本部分也将重点讲授政府间国际组织的相关内容。其实就诸如成员、机构、表决制度等一般性问题来说，政府间国际组织和非政府间国际组织并没有本质的差异。

（一）非政府国际组织

非政府国际组织具有跨国性、非政治性和非政府性、非盈利性和志愿性的特点。非政府国际组织的成立及其活动，目前主要由各相关国家的国内法加以规范。联合国经社理事会可以通过赋予"咨商地位"与一些重要的非政府国际组织建立联系。"咨商地位"具体分为三种：（1）普遍咨商（一类咨商），其工作领域涵盖经社理事会管辖的大多数事物；（2）特别咨商（二类咨商），工作范围涉及理事会的某些领域并具有专门能力；（3）注册咨商（列入名册），对理事会的某一方面工作提供咨询。

大家注意，咨商地位不能改变非政府国际组织的国际法地位。非政府间国际组织的活动受各国国内法调整，相关国家没有义务许可非政府间国际组织的活动。

（二）联合国

1. 联合国专门机构

联合国专门机构是指根据特别协定同联合国建立固定关系，或根据联合国决定成立的负责

---

① 错误。不平等条约一般不予继承，与国际法主体人格有关的一般不继承。

特定领域事务的政府间国际组织。专门机构有其独立的法律地位，不是联合国的附属机构。它们按照自己的成立章程自主活动，与联合国的合作是通过与经社理事会的协商来协调完成。

2. 联合国成员

联合国的创始会员国为包括中国在内的 51 个国家，以后的成员国均是纳入会员国。创始国和纳入国的权利和义务是相同的。被接纳为新会员国的条件是：（1）被接纳的是一个爱好和平的国家。（2）其接受宪章规定的义务，愿意并能够履行宪章的义务。（3）经安理会推荐。申请国首先向秘书长提出申请，秘书长将其申请交由安理会，安理会审议并通过后向大会推荐。（4）获得大会准许。经大会审议并 2/3 多数通过。

3. 联合国的主要机关

联合国的主要机关由六个部门组成。这六个部门分别是联合国大会、安全理事会、经济及社会理事会、托管理事会、国际法院和秘书处。其中联合国大会和安全理事会是整个联合国体系中的重点。下面用图表的形式对大会和安理会的相关内容进行梳理和介绍：

联合国大会	职权	具有广泛的职权，可以讨论宪章范围内或联合国任何机关的任何问题，但安理会正在审议的除外。
	表决制度	（1）实行一国一票制。 （2）一般问题采用简单多数通过，重要问题采用 2/3 多数通过；上述"重要问题"包括： ①维持国际和平与安全； ②选举安理会、经社理事会和托管理事会理事国； ③接纳新会员国； ④中止会员国权利或开除会籍； ⑤实施托管问题； ⑥联合国预算及会员国会费的分摊。 "行为"（维持和平与安全）＋"人事"（理事国、新会员、终止会员或开除）＋"财产"（托管＋预算会费）。
	决议效力	大会不是一个立法机关，而主要是一个审议和建议机关。根据宪章，大会对于联合国组织内部事务通过的决议对于会员国具有拘束力；对于其他一般事项（外部事物）作出的决议具有建议性质，不具有法律拘束力。
安理会	职权	安理会是联合国在维持国际和平与安全方面负主要责任的机关，也是联合国中唯一有权采取行动的机关。安理会由 15 个理事国组成，其中，中、法、俄、英、美五国为常任理事国。其他理事国按照地域分配名额由大会选出，任期 2 年，不得连任。
	表决制度	程序性事项：9 个同意票即可通过。
		非程序性事项：9 个同意票＋"大国一致原则"： （1）同意票必须达到 9 票； （2）不得有常任理事国的反对票； （3）常任理事国的弃权或缺席不影响决议的通过。

续表

		非程序性事项	非程序性事项包括但不限于： （1）和平解决国际争端及采取有关行动； （2）向大会推荐接纳新会员国或秘书长人选； （3）建议中止会员国权利或开除会籍。
安理会	表决制度	特殊问题	（1）关于和平解决争端的决议：作为争端当事国的理事国不得投票； （2）关于采取执行行动的决议：作为争端当事国的理事国可以投票，并且常任理事国可以行使否决权； （3）对于国际法院法官的人选，没有否决权。
		双重否决权	（1）决定是否属于程序性事项，五大国拥有否决权； （2）对非程序性事项进行表决，五大国拥有否决权。
	决议效力		安理会的决议对当事国和所有成员国都具有拘束力。

记忆线索：

1. 联合国大会表决中的重要事项可以总结为"人事、财产、行为"。在一个机构中以"人事"、"财产"和"行为"最为重要。成员国相关的都是和"人事"（注意这里的人没有个人，都是国家）有关，会费和托管则涉及"财产"，维持国际和平与安全则可总结为"行为"。

2. 安理会的表决事项可以通过一个小例子进行记忆："你家里谁说了算？大事我说了算，小事太太说了算。但一件事是大事还是小事太太说了算。"你太太就好比常任理事国，这是对双重否决的经典描述。

3. 秘书长的人选在安理会是重要事项，在联合国大会是一般事项，在国际法院无权提请国际法院发表咨询意见。

┃┃┃坑亲王驾到

1. 联合国秘书长由安理会推荐，必须经联合国大会 2/3 以上多数同意才能当选。[①]

2. 安理会表决中对于程序性事项，只要有 9 个以上的理事国表示同意，即使有常任理事国表示反对依旧可以通过。常任理事国在决定某个事项究竟是程序性事项还是非程序性事项的表决中具有否决权。[②]

3. 安理会常任理事国对联合国国际法院的法官选举有否决权。[③]

三、国际法律责任

国际法律责任是指国际法主体对其国际不当行为或损害行为所应承担的法律责任。国际

---

① 错误。联合国秘书长需经安理会推荐，只需联合国大会普通多数通过即可。

② 正确。安理会常任理事国的表决是一种"双重否决"，即非程序性事项具有否决权，决定是程序性还是非程序性事项上也有否决权。

③ 错误。联合国国际法院的法官需要经过安理会和联合国大会的双重选举，但常任理事国对国际法院法官没有否决权。

法律责任可分为国家不法行为责任与国际损害行为责任。前者是由于国际法主体所作的违背其国际义务的行为所引起，也称为传统的国际法律责任；后者是国际法主体从事国际法不加禁止的活动造成损害的结果而引起，是国际责任制度发展的重要成果之一。下面通过图表的形式对主要内容进行总结，方便大家记忆和梳理：

国家不法行为的要件	行为归因于国家	下列行为，包括作为和不作为，被国际法认为是可以归因于国家的行为： （1）国家机关的行为； （2）经授权行使政府权力的其他实体的行为； （3）实际上代表国家行事的人的行为（包括越权和违法行为）； （4）别国或国际组织交给一国支配的机关的行为，在行使该支配权范围内的行为，视为该支配国的国家行为； （5）叛乱运动机关的行为，根据国际法不视为该国的国家行为。已经和正在组成新国家叛乱运动的行为，被视为已经或正在形成的新国家的行为。 <u>重点看行为是否体现国家权力</u> *例*：中国人甲某在美国开的超市遭到当地流氓的哄抢，报警后美国警察置之不理。警察的行为因为体现国家权力构成国家行为，流氓哄抢的行为不体现国家权力，不构成国家行为。 [注意] 国家元首、政府首脑、外交部长及外交使节，由于其在对外交往中的特殊地位，对于他们在国外以私人身份从事的国际不法行为，国家一般也承担责任。一个行为可以归因于几个国家时，相关国家承担单独或共同责任。
	违反国际义务	（1）违反一般国际义务：国际不法行为。 （2）违反国际社会根本利益的义务：国际罪行。
除外情形		不法性的除外情形一般有同意、对抗（反措施）与自卫、不可抗力和偶然事故以及危难或紧急状态。
责任形式		终止不法行为、恢复原状、赔偿、道歉、保证不再重犯和限制主权。 [注意] 道歉一般用于非物质性损害赔偿；限制主权是最严重的责任形式，一般用于国际罪行。
国际法律责任的新发展		国际赔偿责任问题（国际法不加禁止行为的责任）：①行为在领土内、②损害溢出边界、③国际法不禁止。 （1）外空行为由国家对外承担全部责任。 （2）核污染为双重责任制度。由营运人先行赔偿，国家承担补充责任。
		国际刑事责任问题：双罚制。同时追究国家和个人的责任。

　　记忆线索：国家行为的判定标准是看行为是否体现国家权力。题目中绝大多数情况下，公职人员的公务行为大多体现国家权力，能够被认定为国家行为。

▎**坑亲王驾到**▷

　　1. 中国人甲某在美国开设的工厂遭到当地黑帮的报复，甲某报警后警察迅速受案并采取行动。美国应对该事件承担国家责任。①

2. 甲国在本国领土内建设核电站，但因为技术问题导致泄漏，给乙国造成了损害。因为甲国的行为没有违反国际法，所以甲国不承担国际责任。②

---

① 错误。本题中有两个行为，当地黑帮的行为并不体现国家权利，不属于国家行为，不产生国家责任。美国警察的行为体现国家权力，可以被认为属于国家权力，但美国警察的做法并未违反国际义务，所以美国不应承担国家责任。

② 错误。国际责任的新发展认为虽然国家的行为不具有国际违法性，但如果越境造成别国的损害时仍旧要承担国际法责任，这种责任被称为国际法不加禁止行为的损害责任。主要体现在核污染、环境损害和外空领域中。

04 第四讲
国际法上的空间划分

特别提示▶

　　这一讲涉及的内容较多，包括领土、海洋、航空航天、两极地区及环境保护等内容。其中海洋和航空航天是考试的重点。海洋法部分可以通过区域范围+沿海国权利+其他国家权利+特殊制度的线索进行学习。航空部分特别注意管辖权和引渡制度，航天部分则从登记、救援和责任制度这三个方面进行学习。

知识结构导图▶

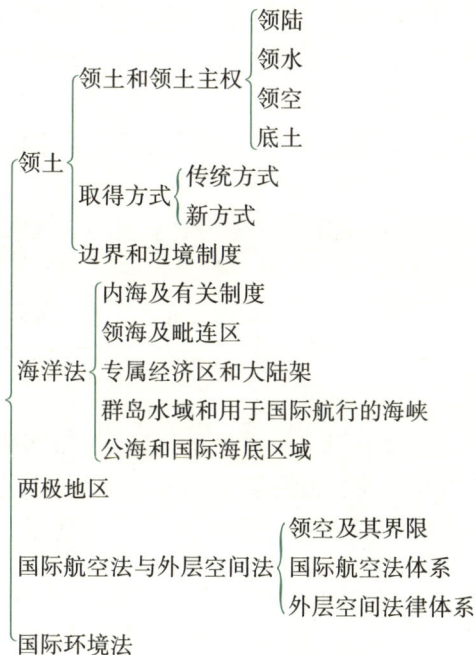

```
                                    ┌ 领陆
                          ┌ 领土和领土主权 ┤ 领水
                          │              │ 领空
                          │              └ 底土
                  ┌ 领土 ─┤ 取得方式 ┌ 传统方式
                  │        │          └ 新方式
                  │        └ 边界和边境制度
                  │
                  │        ┌ 内海及有关制度
                  │        │ 领海及毗连区
                  │ 海洋法 ┤ 专属经济区和大陆架
                  │        │ 群岛水域和用于国际航行的海峡
                  │        └ 公海和国际海底区域
                  │
                  │ 两极地区
                  │                          ┌ 领空及其界限
                  │ 国际航空法与外层空间法 ┤ 国际航空法体系
                  │                          └ 外层空间法律体系
                  └ 国际环境法
```

考查频率梳理

频次	考点	真题
4	领土范围	2016/1/33；2011/1/74；2007/1/34；2006/1/30
4	领土的取得方式	2016/1/75；2007/1/30；2006/1/79；2004/1/29

频次	考点	真题
9	国际海洋法律制度	2016/1/76；2014/1/33；2012/1/97；2011/1/97；2010/1/31；2009/1/30；2008/1/78；2008 川/1/33；2007/1/79
1	南极法律制度	2010/1/78
4	国际民航法律制度	2017/1/32；2013/1/33；2011/1/75；2008 川/1/34
3	外层空间法律制度	2009/1/98；2003/1/59；2004/1/31
2	国际环境保护	2008/1/34；2004/1/68

一、领土

（一）领土和领土主权

1. 领土的构成

国家领土是指国家主权支配下和管辖下的地球的特定部分及附属的特定上空，由领陆、领水、领空和底土四部分组成。

领陆指国家主权支配和管辖下的地球表面的陆地，包括大陆和岛屿。领陆是国家领土最基本、最重要的组成部分，决定着领水、领空、底土的存在。

领水指国家主权管辖下的全部水域，包括内水和领海两部分。内水包括国家领陆内的水域（内陆水）和沿海岸的内海。作为国家领土的组成部分，领海与内水的区别就在于国家在领海的主权受到外国船舶无害通过权的限制，外国船舶不经许可不得进入内水。

领空是领陆和领水上方一定高度的空间。领空完全受国家主权的支配。它的高度界限国际法中尚没有确定。

底土是领陆和领水下面的部分，理论上一直延伸到地心。国家对于底土及其中的资源拥有完全主权。

国家对其领土具有排他的领土主权，但是国家间可以通过国际法或国际条约对领土主权加以若干限制。

2. 河流制度

根据河流所处的地理状态和法律状态，可以将河流分成 5 种类型。分别是内河、界河、多国河流、国际河流和国际运河。可以根据范围+权属的线索进行总结如下：

	范围	权属
内河	从源头到入海口或终结地全部流经一国的河流。	国家对其内河拥有主权。国家对于内河资源的开发、环境保护、航运贸易等拥有完全的管辖权。外国船舶未经许可不得在内河航行。
界河	界河是流经两国之间并作为两国领土分界线的河流。（各管各的）	（1）分出地盘：多依主航道或河道中心线为界进行划分； （2）分出归属：相邻国家有平等的航行权，航行时应具有明显国籍标志； （3）分别停泊：一方船舶未经允许不得在对方靠岸停泊，紧急情况除外；

续表

	范围	权属
界河		（4）分别捕鱼：一般国民只能在界河本国一侧捕鱼； （5）建设意见：一方如欲在界河上建造工程设施，必须征得另一方的同意。
多国河流	流经两个或两个以上国家领土的河流。	（1）多国河流流经各国的河段分别属于各国领土，各国分别对位于其领土的一段拥有主权。沿岸国应顾及其他沿岸国利益，上游国家不得损害下游国家。 （2）多国河流一般对所有沿岸国开放，而非沿岸国船舶未经许可不得航行。
国际河流	通过条约规定对所有国家开放航行的多国河流被称为国际河流。	（1）国际河流的法律地位和制度由国际条约规定。 （2）流经各国领土的河段仍然是该国主权下的领土。国际河流一般允许所有国家的船舶特别是商船无害航行。
国际运河	虽然位于一国领土内，但其两端连通海洋，是由人工开凿的水道。	国际运河的地位和航行制度由有关的条约确立，一般对所有国家开放。

（二）领土的取得方式

就目前来说，可以将国际法上的领土取得方式分为传统方式和现代国际法新发展的领土取得方式。除了上述划分外，还必须重点考虑的是各种取得方式的合法性和适用性，所以本部分领土取得方式可以按照（传统/现代）+（合法性/适用性）的线索进行整理记忆。

传统的领土取得方式有先占、时效、添附、征服和割让。现代领土取得方式主要有殖民地独立和公民投票。下面用知识结构导图的方式进行总结，方便大家理解和记忆。

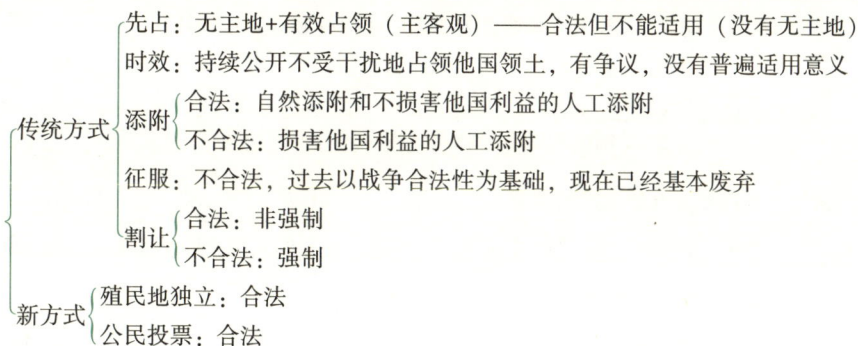

```
                先占：无主地+有效占领（主客观）——合法但不能适用（没有无主地）
                时效：持续公开不受干扰地占领他国领土，有争议，没有普遍适用意义
                添附 ┌合法：自然添附和不损害他国利益的人工添附
       传统方式 ┤     └不合法：损害他国利益的人工添附
                征服：不合法，过去以战争合法性为基础，现在已经基本废弃
                割让 ┌合法：非强制
                     └不合法：强制
       新方式 ┌殖民地独立：合法
              └公民投票：合法
```

考点提要

注意两可性：

先占	（1）合法； （2）不能用，没有可供先占的主体。

添附	（1）自然添附和不损害他国利益的人工添附合法； （2）损害他国利益的人工添附不合法。 例：可以围海造田，但不能把日本围起来。
割让	（1）强制性＝不合法； （2）非强制性＝合法（买卖、赠与、交换）。

▎▎坑亲王驾到▶

1. 甲国和乙国在平等自愿的基础上签订条约，约定将甲国的一个岛屿割让给乙国，乙国凭借该条约获得该岛屿的主权符合国际法的规定。[1]

2. 由于先占方式符合国际法，在当代国际社会，甲国可以通过先占的方式取得领土。[2]

（三）边界和边境制度

1. 边界

边界也称国界，是确定一国领土范围的界限。一国的边界将一国领土与他国领土，或将一国领土与公海（或专属经济区），以及一国领土与外层空间分隔开来。边界是一个由空中到地下的封闭曲面。

［注意］在协议划定地形边界时，如尚未形成更具体的传统习惯线，国际实践一般采取如下处理：以山脉为界时依主分水岭；以可航行河流为界的依主航道中心线，不可航行河流依河流中心线。

2. 边境制度

边境或边境地区是指边界线相邻的一定区域。由于边境地区的特殊性，各国一般通过国内法和双边协议建立特殊的管理制度，即边境制度。通常包括：边界标志的维护、边界资源的利用、边境居民的交往、边境事件的处理等。下面用图表的方式将上述几个问题进行总结和梳理，方便大家理解和记忆。

界标的维护	（1）"防止"：双方应采取必要措施防止界标被移动或损坏； （2）"通知"与"重建"：若发现上述情况，应尽快通知另一方，在双方代表在场的情况下修复或重建； （3）"惩罚"：国家有义务对移动或损坏界标的行为给予惩罚。
边境土地的使用	不得损害其他国家的利益。
界水的利用	参见界河部分，除界河外还可能有界湖。界湖的划定不同于界河，其余规则均相同。
边民往来	给予边民交往特殊便利。
边境事件的处理	一般事件（如：偷渡、违章越界、损害界标等）由双方代表成立的管理机构处理，重大事件由外交机关处理。

记忆线索：上述内容的重点在于界标、界水和边境事件的处理三个部分。

1. 关于界标和边境事件的处理可以归结为："共同" + "外交无小事"。界标修复必须共

---

[1] 正确。国际法中领土取得方式中自愿的割让是合法的，强迫性的割让是非法的。

[2] 错误。先占确实是取得领土的合法方式，但目前整个地球已经没有领土可供先占。

同在场，一般事件由共同成立的代表机构处理，重大事件交由外交机关处理。

2. 界水可以通过"各管各的"进行记忆。因为"各管各的"，所以不能去对方的一侧捕鱼和停靠，因为"各管各的"，所以要分出你我，船舶要有国籍标志。修建工程涉及双方，所以要双方同意。

(四) 领土主权的限制

领土主权的限制指国家对领土的管辖权和所有权由于国际法的约束，不能完全行使的情况，具体分为两种情况。

1. 一般性限制。此种限制基于互相尊重的要求和友好合作的宗旨由各国自愿承担。包括不损害邻国利益、特权与豁免等。

2. 特殊限制。此种限制以条约为依据，具体包括共管、租借、国际地役和势力范围等四种形式。其合法性取决于据以产生的条约是否合法。

二、海洋法

《联合国海洋法公约》将海洋划分为内海、领海、毗连区、专属经济区、大陆架、国际航行海峡、群岛水域、公海、国际海底区域等区域，并规定了各个区域的不同法律制度。

具体海洋水域划分如下图所示：

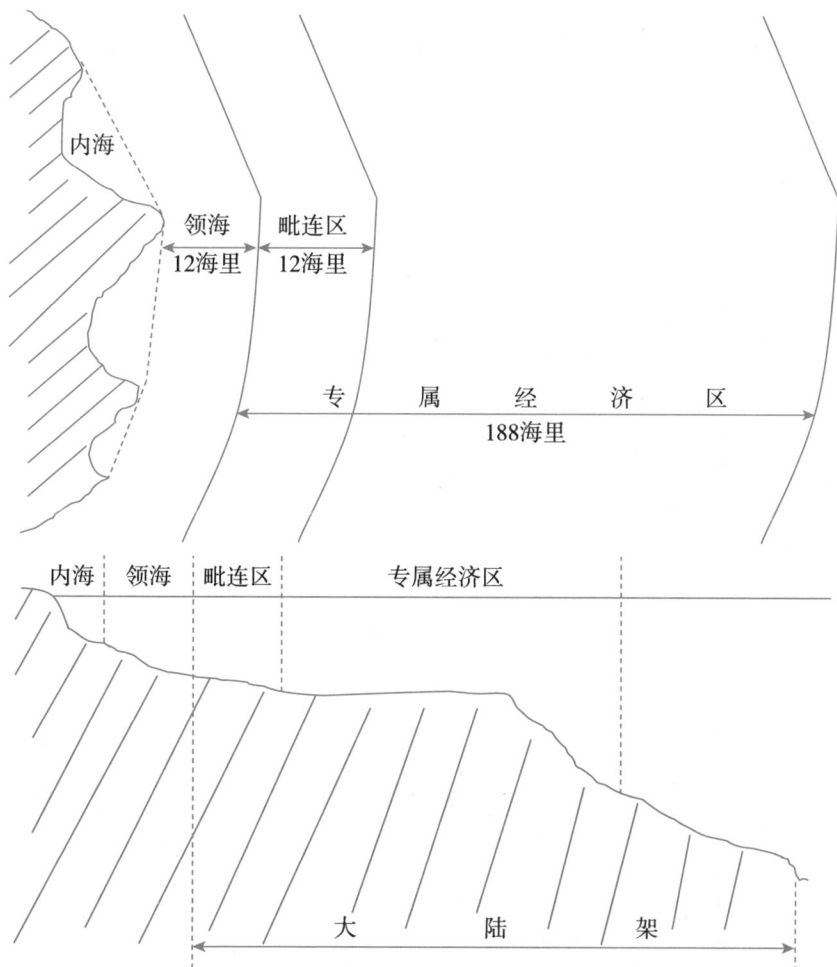

［注意］ 上述区域的划分起点是领海基线。

领海基线是一国领陆或内水与领海的分隔线，也是海洋法中划分其他海域的起算线。领海基线的划定方法可以有两种：正常基线（自然基线），即以落潮时海水退到离海岸最远的潮位线——低潮线作为测算领海的基线；直线基线（折线基线），指选取海岸和近岸岛屿的最外缘的若干适当基点，用直线连接而成的折线作为基线。我国采用的是直线基线。

（一）国家管辖下的水域（内海、领海、毗连区、专属经济区和大陆架）

内海、领海、毗连区、专属经济区和大陆架都是国家能够在某种程度上行使管辖权的区域，本部分的讲解分为两大部分，一部分是对各部分的总体内容通过表格进行总结，方便大家记忆。另一部分是对各个具体区域中的一些特殊制度进行说明。

1. 内海

范围	领海基线以内（向大陆一侧）的水域。
性质	领土，沿海国享有完全、排他的主权。
沿海国权利	对港口内外籍船舶的管辖：原则上都能管，但一般不管。 （1）刑事案件。原则上不管，只管辖下述四类： ①扰乱港口安宁； ②受害者为沿海国或其国民； ③案情重大； ④应船长或船旗国外交代表、领事请求。可以总结为"损害+重大+请求"。 （2）民事案件。原则上不管，除非涉及港口权利义务或沿海国国家及其国民义务。
他国权利	一般情况下，船舶内部案件由船旗国管辖。

2. 领海

（1）基本内容

范围	基线以外不超过 12 海里。
性质	领土，沿海国享有完全、排他的主权。
沿海国权利	对领海内外籍船舶的管辖。 刑事案件。原则上不管，只管辖下述四类： ①罪行及于沿海国； ②扰乱安宁或秩序； ③打击毒品所必需； ④应船长或船旗国外交代表、领事请求。可以总结为"损害+毒品+请求"。 注意和内海区别：内海是"重大"，领海是"损害"。
他国权利	无害通过权。

（2）无害通过权

概念	外国船舶在不损害沿海国和平安宁和正常秩序的条件下，拥有无须事先通知或征得沿海国许可而连续不断地通过其领海的权利。 四不：不得损害+不须通知+不须许可+不须缴费。 两种情形：①为驶入或驶出内水而通过领海；②仅穿越领海而不驶入内水。

续表

规则	通过	①船舶必须连续不停地迅速通过，除非发生不可抗力、遇难和救助； ②该制度只适用于船舶，不适用于飞机；（我国法律规定还不适用于军舰） ③潜水艇通过时要浮出水面并展示船旗； ④沿海国可制定有关无害通过的法规，指定海道或分道航行，为国家安全可在特定水域暂停实行无害通过。
	无害	通过必须是无害的，有下列行为即为有害： ①武力威胁或使用武力、军事演习、搜集情报、进行危害国防安全的宣传； ②在船上起落飞机或任何军事装置； ③违反沿海国有关法律规章以及上下任何商品、货币或人员； ④故意和严重的污染行为； ⑤捕鱼、研究或测量、干扰沿海国通讯系统； ⑥与通过没有关系的其他任何活动。 记忆线索：只记忆"起降飞机"＋"捕鱼研究测量"即可，其余一看就有害。

▌▌坑亲王驾到▶

1. 外国的船舶可以在沿岸国领海内连续不断地通过，只要不损害沿岸国的和平、安全和良好秩序，沿岸国不得拒绝，也不得指定海道或分航道航行。①

2. 无害通过中，船舶必须连续不断地通行，潜水艇应该露出水面并展示旗帜。根据我国法律和相关国际条约的规定，无害通过制度同样适用于军舰和飞机。②

3. 外国船舶在领海中进行无害通过的时候可以同时进行研究活动。③

3. 毗连区

范围	领海以外，从基线起不超过 24 海里，宽度为 12 海里。是专属经济区的一部分。
性质	非领土。沿海国根据本国法律划定。
沿海国权利	特定事项的管制权：海关、财政、移民、卫生等。 记忆线索：首字谐音"棺材移位"。可以联想"鬼吹灯"或"盗墓笔记"进行记忆。
他国权利	同专属经济区；无专属经济区的同公海。

4. 专属经济区和大陆架（牢记大陆架是水下的陆地）

（1）基本制度

范围	大陆架是水下的陆地，是沿海国陆地在水面下的自然延伸。 ①专属经济区：领海以外，从基线起不超过 200 海里，宽度为 188 海里，包括毗连区在内。 ②大陆架：基线起算不足 200 海里，补足超过 200 海里，最远不超过 350 海里或 2500 米等深线外 100 海里。200 海里以外为外大陆架。 注意区别：专属经济区最大 200 海里，大陆架最小 200 海里。

---

① 错误。前半部分关于无害通过的要求正确，但沿海国可指定海道或分航道航行。

② 错误。前半部分关于无害通过的要求正确，但根据我国立法和国际条约，无害通过制度不适用于军舰和飞机。

③ 错误。外国船舶在领海中进行无害通过时不得进行捕鱼、研究和测量行为。

性质	都不是领土。 ①专属经济区不是固有的，需要宣告； ②大陆架是固有的，不需要宣告。
沿海国权利	二者高度类似。 ①共同性：都是专属经济类权利：勘探开发自然资源；建设人工岛屿；科研环保等。 ②差异性： a. 沿海国在专属经济区内可以对外国船舶登临、检查、逮捕；大陆架不行。 b. 开发 200 海里外的外大陆架需要向国际海底管理局缴费。
他国权利	①共同性：都能铺设海底电缆和管道。（但线路的划定须经沿海国同意） ②差异性：a. 外国船舶在专属经济区内可以自由航行和飞越；b. 大陆架不能自由航行和飞越。

（2）在专属经济区行使管辖权的规则

在对于外国船舶违法行为采取措施时，应遵行以下规则：

①对于被捕的船只及其船员，在其提交保证书或提供适当的担保后，应迅速予以释放；

②沿海国对于在专属经济区内仅违反渔业法规的处罚，如有关国家间无相反的协议，不得包括监禁或任何形式的体罚；

③在逮捕或扣留外国船只时，沿海国应通过适当途径将所采取措施和随后进行的处罚迅速通知船旗国。

▌▌坑亲王驾到〉

1. 沿岸国在毗连区内有权对卫生方面行使管制权。①

2. 专属经济区和大陆架都不是沿岸国的领土，都需要进行宣告。②

3. 其他国家在专属经济区和大陆架中都有权铺设海底电缆和管道，但线路的划定需要经过沿岸国同意③

5. 内海湾和历史性海湾

沿岸属于一国的海湾，如果天然入口处两端的低潮标之间的距离不超过 24 海里，则可在两个低潮标之间划出一条封口线，该线所包围的水域应视为内水，该海湾即属内海湾。如果海湾天然入口处两端的低潮标之间的距离超过 24 海里，24 海里的直线基线应划在海湾内，基线以内的水域才是内水，该海湾属非内海湾。

历史性海湾是指海岸属于一国，其湾口宽度虽超过 24 海里，但历史上一向被承认是沿海国内海的海湾。（两个条件：沿岸国已长期将该海湾作为内海行使主权；其他国家对该项控制的事实已长期明示或默示地承认。）历史性海湾不论自然形态如何都是内海湾，如我国的渤海湾。

---

① 正确。沿岸国对防止和惩处在领土范围内违反海关、财政、移民、卫生的法律法规的行为有管辖权。

② 错误。确实都不是沿岸国的领土，但专属经济区需要宣告。大陆架不需要沿岸国的宣告。

③ 正确。这属于专属经济区和大陆架中其他国家的权利，注意线路的划定需要同意。

6. 外大陆架和"大陆架界限委员会"

200 海里之外的大陆架称为外大陆架。对于主张外大陆架的国家（提案国），该国需要把有关的科学信息和证据资料提交给依据《联合国海洋法公约》建立，由 21 名委员组成的"大陆架界限委员会"。对于提案国的外大陆架主张，如果有国家提出异议，则委员会不进入审议程序，而由相关国家首先解决争议。如不存在异议，委员会将从科学上界定大陆架的边界，这样提案国的外大陆架才能得到承认。沿海国根据委员会建议确定的大陆架界限应是具有约束力的最后界限。

记忆线索：大陆架界限委员会的权限可以总结为："外大陆架" + "纯技术支持"。

（二）群岛水域和用于国际航行的海峡

1. 群岛水域

群岛水域是群岛国的群岛基线所包围的内水之外的海域。群岛国可以连接群岛最外缘各岛和各干礁的最外缘点构成直线群岛基线。群岛国对其群岛水域包括其上空和底土拥有主权，同时作为《联合国海洋法公约》规定的一个特定区域，群岛国应尊重与其他国家间的现有协定，以及其他有关国家在该区域内的传统合法权益或现有情况。下面将通过图示对群岛水域作出说明：

下面将通过表格的形式对群岛水域的法律制度进行总结：

范围	群岛国群岛基线所包围的内水之外的海域。 群岛基线的确定： （1）应包括主要岛屿和一个区域，在该区域内，陆地面积：水域面积在 1∶1~1∶9（水陆面积比要求）； （2）超过 100 海里的线段，不得超过基线总数的 3%（基线长度要求）； （3）不能明显偏离群岛轮廓，不能将其他国家的领海与公海或专属经济区隔断（基本轮廓要求）。
群岛国 权利	性质：类似领海，但并非领海。 （1）群岛国对群岛水域（包括上空和底土）拥有主权； （2）外国船舶在群岛水域享有无害通过权； （3）群岛国应尊重其他国家在该区域的传统合法权益，如捕鱼。

续表

通过制度	通过方式	（1）无害通过。 所有国家的船舶享有通过群岛水域（不包括内水）的无害通过权。	（2）群岛海道通过。 群岛国可以指定适当的海道及其上空的空中航道（"群岛海道"），所有国家的船舶和飞机享有通过该海道和空中航道的权利。
	适用范围	群岛水域（不包括内水）	群岛国指定的适当的海道及其上空的空中航道
	对象	船舶	船舶和飞机

2. 用于国际航行的海峡

国际航行的海峡主要连接公海或专属经济区，构成世界航海的通道。由于地理位置、历史等方面的不同情况，不同的国际航行海峡可能适用不同的通过制度。通常有过境通行制度、公海自由航行制度、无害通过制度以及特别协定制度四种。下面将通过表格对国际航行海峡的几种制度进行总结：

概念		两端连接公海或专属经济区，用于国际航行的海峡。			
通行制度		公海自由航行	无害通过	特别协定	过境通行
	对象	船舶和飞机	船舶	船舶	船舶和飞机
	适用情形	海峡中存在公海或专属经济区。	海峡由一国大陆和该国岛屿构成，该岛屿向海一面有一条同样方便的海道。	如：博斯普鲁斯海峡、达达尼尔海峡、黑海海峡和麦哲伦海峡。	适用于位于公海或专属经济区一部分到公海或专属经济区另一部分之间的用于国际通行的海峡。
	要求	宽	严	由专门协定规定	类似无害通过但较为宽松

除上述内容之外，还必须特别注意过境通行制度：

适用区域	位于公海或专属经济区一部分到公海或专属经济区另一部分之间的用于国际通行的海峡。
适用对象	所有的船舶和飞机。
通行要求	连续不停、迅速通过。

▍坑亲王驾到▶

1. 群岛海道通过权指群岛国可以指定适当的海道（"群岛海道"），所有国家的船舶享有通过该海道的权利。这种权利和无害通过权没有区别。①

（三）公海和国际海底区域

1. 公海

公海是指内海、领海、专属经济区、群岛水域以外的全部海域。任何国家不得有效地声称将公海的任何部分置于其主权下。公海对所有国家开放，包括沿海国和内陆国。任何国家不得主张对公海本身行使管辖权。公海中的法律制度主要包括公海自由、管辖权、登临权以及紧追权。下面将公海的主要制度通过表格的形式总结如下：

---

① 错误。群岛海道通过权既适用于船舶也适用于飞机，既指定海道也指定空中航道。无害通过权只适用于船舶。

六大自由	（1）航行自由； （2）飞越自由； （3）铺设海底电缆和管道自由； （4）捕鱼自由； （5）建造人工岛屿和设施自由； （6）科学研究自由。	
挂旗规则	（1）必须悬挂国旗； （2）只能悬挂一国国旗； （3）悬挂两国或两国以上旗帜或视方便而换用旗帜的，视为无国籍船舶。	
管辖权	（1）船旗国管辖：船舶内部事务，一般由船旗国专属管辖； （2）普遍管辖：海盗、非法广播、贩奴和贩毒。	
管辖措施	登临权 （临检权）	定义：一国军舰、军用飞机或其他得到正式授权，有清楚标志可识别的政府船舶或飞机，对公海上的外国船舶（军舰等享有豁免权的除外），有合理根据认为其存在不法情况时，拥有登船检查并采取相关措施的权利。 （1）主体：军舰、军用飞机或其他得到授权并有清楚标志可识别的政府船舶和飞机； （2）对象：公海上的外国船舶、军舰等享有豁免权的除外； （3）适用情形：海盗，贩奴，非法广播，船舶无国籍，虽挂外国旗或拒不展示船旗，但实与登临军舰属同一国籍； （4）后果：如错误登临，造成损失，登临国承担国际责任。
	紧追权	定义：沿海国拥有的对于违反其法规并从该国管辖范围内的海域向公海行驶的外国船舶进行追逐的权利。 （1）主体：同登临权； （2）对象：违反本国法规，从本国管辖海域向公海行驶的外国船舶； （3）规则： ①始于：本国内水、领海、毗连区或专属经济区；止于：他国领海； a. 内海和领海违反任何法律都可以紧追；b. 毗连区违反专属管制权可以追；c. 专属经济区违反该区域或大陆架相关规则可以追； ②先警告，再紧追，必须在被紧追船舶的视听范围内发出停驶信号； ③在公海中可继续紧追，直至追上并依法采取措施，但必须连续不断。 [注意] 紧追必须"连续不断"，可以换船，如果中途更换紧追船舶或飞机，在先船舶或飞机必须在后继者到达后方可退出，否则视为中断，中断后不能再紧追。（交班）
	记忆线索："交班" （1）单位必须有人值班＝紧追必须连续不断； （2）单位可以换人值班＝紧追可以换船； （3）单位上一个值班的人必须等下一个值班的人来之后才能走＝先船等后船到达才能退出。	

▌坑亲王驾到▷

1. 一国军舰、军用飞机或其他得到正式授权、有清楚标志可识别的政府船舶或飞机，对公海上的外国船舶（军舰等享有豁免权的除外），有合理根据认为其存在不法情况时，拥有登船检查并采取相关措施的权利。①

2. 甲国军舰在本国的专属经济区内发现有一艘违反甲国专属经济区法律的船舶向外逃窜。该军舰遂对该船舶发起紧追，该船舶行驶到公海后紧追继续。在继续紧追中原追逐军舰另有重要任务需要执行，遂委托另一艘在公海内的甲国军舰继续紧追。另一艘军舰发现该船舶进入乙国的毗连区，遂按照国际法的规定停止紧追。上述甲国军舰的做法均符合国际法的规定。②

2. 国际海底区域

国际海底区域是指国家管辖范围以外的海床、洋底及其底土，即国家领土、专属经济区及大陆架以外的海底及其底土。国际海底区域是《联合国海洋法公约》确立的新的国际法概念和海洋区域。"区域"不影响其上覆水域及其水域上空的法律地位。

区域内资源开发采取"平行开发制"：一方面由海底局企业部进行；另一方面由缔约国有效控制的自然人或法人与海底局以合作的方式进行。具体做法是：在区域内的一个矿区被勘探后，开发申请者向海底局提供两块价值相当的矿址，海底局选择一块作为"保留区"，另一块作为"合同区"，与申请者签订合同进行开发。上述公约和协定还就开发中的生产政策、财政政策、审查制度、技术转让等方面作出了规定。

▌坑亲王驾到▷

国际海底区域属于全人类共同财产，各国可以自行开发。③

三、南极地区

1959 年，当时进行南极活动的 12 个主要国家，签署了《南极条约》，该条约于 1961 年生效。此后各国就保护南极动植物、保护海豹、保护生物资源及保护环境等问题相继缔结了一系列条约。它们构成南极条约体系，规范各国在南极的活动。

根据上述条约，目前南极地区法律制度的内容主要包括：

1. 南极只用于和平目的。禁止建立军事设施、进行军事演习和武器试验，禁止核爆炸和放置核废料。但是为科学研究或其他和平目的的使用军事人员或设施不被禁止。

2. 科学考察自由和科学合作。任何国家都有在南极进行科学考察的自由。同时各国应促进考察计划、人员和成果的交换和交流。

3. 冻结对南极的领土要求。包括对南极领土不得提出新的或扩大现有要求；《南极条约》不构成对任何现有的对南极领土主张的支持或否定；条约有效期间进行的任何活动也不

---

① 正确。要注意行使登临权的主体包括飞机，登临的对象只有船舶。

② 错误。紧追不能中断，紧追的行使主体可以更换但先船必须等后船到达之后再退出。紧追可以在公海中持续进行，截止到被追逐船舶进入他国领海。注意领海是最后底线，提前停止是可以的。

③ 错误。国际海底区域适用平行开发制度。在区域内的一个矿区被勘探后，开发申请者向海底管理局提供两块价值相当的矿址，海底管理局选择一块作为"保留区"，另一块作为"合同区"与申请者签订合同进行开发。

构成主张支持或否定对南极领土要求的基础。

　　4. 维持南极地区<u>水域</u>的公海制度。任何国家在南极地区根据国际法享有的对公海的权利不受损害或影响。

　　5. 保护南极环境与资源。在南极进行的任何活动不得破坏南极的环境或生态。

　　6. 建立南极协商会议。

┃┃ **坑亲王驾到**▷

　　南极和国际海底区域一样是全体人类的共同财产。①

四、国际航空法和外层空间法

（一）国际航空法

　　国际航空法通常是指国际民用航空法，主要包括三个部分。一是以《芝加哥公约》为核心的国际民用航空基本制度；二是以《华沙公约》为核心的国际航空民事责任制度；三是以三个反劫机公约为核心的国际民航安全制度。

国际民用航空基本制度	领空主权原则。各国可以指定外国航空器降停的机场并保留国内航线专属权。一国为安全及军事需要有权在其领空中划定某些区域。 通常规定一国飞机不经许可不得进入他国领空。如出现入侵，对于民航客机可以采取措施迫使其在指定机场降落接受检查，但不得使用武力。
	航空器国籍制度。航空器的国籍采用"登记主义"原则，即航空器的国籍取决于注册，它具有其登记国的国籍，而且它只能在一个国家进行有效登记。
损害赔偿责任	1929 年《华沙公约》规定了国际民航的损害赔偿责任，1975 年《蒙特利尔公约》进行了修改，目前采取推定过失原则。
国际民航安全制度	危害民用航空安全的行为： （1）在飞行中的航空器内使用暴力或暴力胁迫或其他胁迫方式，非法劫持或控制航空器；对飞行中航空器中的人实施暴力行为并足以危及航空器的安全。 （2）危害使用中的航空器，使其不能飞行或危及其飞行安全，包括：对使用中的航空器的破坏或损坏、在使用中的航空器内放置危及其飞行安全的装置或物质、传送明知是虚假情报。 [注意]"飞行中"是指航空器从装载完毕，其外部所有舱门都已关闭时开始，到其任一外部舱门打开卸货时止。"使用中"指自地面或机组人员为某一飞行进行飞行前准备时起，到飞机降落后 24 小时内止。
	下列国家能够对民航安全犯罪行使管辖权： （1）航空器登记国，即罪行是在该国登记的航空器内发生的； （2）降落地国，即在其国内发生罪行的航空器在该国降落时被指称的罪犯仍在该航空器内；

------

① 　错误。南极目前的状况是冻结各国的领土要求。

续表

国际民航安全制度	（3）承租人主要营业地或永久居所地国，即罪行是在租来时不带机组的航空器内发生的； （4）嫌疑人所在国； （5）嫌疑人国籍国或永久居所地国； （6）犯罪行为发生地国； （7）罪行后果涉及国，包括受害人国籍国或永久居所地国，后果涉及领土国，罪行危及其安全的国家，根据本国法行使管辖权的其他国家。 记忆线索：只记忆航空器、犯罪分子和罪行这九个字即可，相关国家有管辖权。 ①航空器所涉国家（登记、降落、承租人主营业地和永久居所地）； ②犯罪分子所涉国家（所在、国籍、永久居所）； ③犯罪行为所涉国家（发生、后果）。
	引渡规则： "或引渡或起诉"原则。劫机是可引渡的罪行，各国没有强制引渡的义务。国家可以依据引渡协议或国内法决定是否予以引渡。不起诉即引渡，只能二选一。

（二）外层空间法

国家从事外空活动的法律制度主要分为登记、救援和责任三个方面。下面用表格的形式进行总结，方便大家理解和记忆：

登记制度	（1）发射国发射空间物体应在本国登记，并向联合国秘书长报告； （2）空间物体由两个以上国家发射，应共同决定由其中的一个国家进行登记； （3）登记国对外空物体拥有所有权和管辖权； （4）若登记国知道登记物体已不在轨道上存在，应尽快通知联合国秘书长。
营救制度	（1）援助：对获悉或发现在一国领土内的宇航员，领土国应立即采取一切可能的措施，营救宇航员并给予必要帮助； （2）通知：各国在获悉或发现宇航员发生意外、遇难或紧急降落时，应立即通知其发射国及联合国秘书长； （3）送还：对于发生意外的空间物体和宇航员应送还其发射国，对于空间物体可以要求支付搜救费用。
责任制度	（1）责任制度。通过《责任公约》规定。 ①受损物体位于外层空间的，适用过错责任（同等地位）； ②受损物体位于空气空间和地面的，适用绝对责任（飞来横祸）。 （2）空间物体对下列人员造成的损害不适用《责任公约》： ①发射国国民； ②参加发射的外国公民； ③应邀留在发射区或回收区的外国公民。

记忆线索：

1. 救人是最高的道德义务，所以不能收费，这么神圣的事情收钱就俗啦。东西嘛，当然可以不白给。

2. 对不适用于《责任公约》的人员可以简单总结为"不是外人"，发射国国民当然不是外人，外国公民都能参加发射和留在发射区或回收区了，起码在发射卫星这件事情上也不是外人啦。

▐▌▌**坑亲王驾到**▷

1. 甲国和乙国共同发射了一枚人造卫星。可以由两个国家共同向联合国秘书长进行登记。[①]

2. 甲国的人造卫星坠落在乙国境内，乙国尽最大能力对卫星和人员进行了搜寻。随后乙国要求甲国支付搜寻该卫星的费用。遭到拒绝后乙国决定不将该卫星和人员归还给甲国。乙国的做法符合国际法规范。[②]

3. 甲国的人造卫星因为意外事故坠落地球，在坠落的过程中对乙国的人造卫星造成了损害，并对丙国的飞机造成了损害。根据国际法的规定，甲国对乙国人造卫星的损失不负赔偿责任，对丙国的飞机负赔偿责任。[③]

五、国际环境保护法

（一）国际环境法的原则

国际环境保护法领域中主要遵守以下原则：（1）国家环境主权和不得损害其管辖范围以外环境原则；（2）国际环境合作原则；（3）共同但有区别的责任原则；（4）可持续发展原则。

其中"共同但有区别责任"指环境作为全人类共同利益所在，保护环境需要所有国家的共同努力。各国对环境保护承担共同的责任。但由于发达国家和发展中国家的经济、科技发展水平等差异，发达国家和发展中国家在环境保护领域承担不同的义务，发达国家承担更重的义务，而且在某些领域应当为发展中国家提供资金和技术支持。

（二）国际环境保护的主要领域

国际环境保护可以分为大气环境保护、海洋环境保护、自然生态和资源保护以及控制危险废物的跨境转移四个方面。其中大气环境保护是考查的主要对象。

防止气候变化	主要措施	限制和控制温室气体排放。
	主要法律依据	《气候变化框架公约》和《京都议定书》。
	基本原则	"共同但有区别责任"，所有国家承担温室气体减排义务，但具体减排指标目前只针对发达国家。
	《京都议定书》规定采取四种减排方式	净排放量计算方式 可以从本国实际排放量中扣除森林所吸收的二氧化碳数量。
		排放权交易方式 两个发达国家之间可以通过排放额度的买卖来折抵排量。

---

① 错误。空间物体由两个以上国家发射，应共同决定由其中的一个国家进行登记。

② 错误。进行搜寻的行为符合国际法。拒绝归还人员的行为不符合国际法，人员应该无条件归还。空间物体可以请求搜救费用。

③ 正确。外空物体对空气空间物体和地面物体造成的损失承担绝对责任，对其他外空物体的责任承担过错责任。

	《京都议定书》规定采取四种减排方式	绿色交易方式	发达国家可以通过向发展中国家输入技术折抵排放量。
防止气候变化		集团方式	欧盟国家视为一个整体，可采取内部平衡抵消，但在总体上完成减排量的方式。
	巴黎协定	2015 年 12 月通过，2016 年 11 月生效。	
		2020 年以后的气候变化国际机制框架： （1）长远目标：确保全球平均气温升高控制在 2℃之内，推动各国以"自主贡献"的方式参与应对全球气候变化； （2）减排目标：该协定对发达国家的减排目标规定了绝对值要求； （3）透明度：该协定作出透明度规定，要求缔约方汇报各自的温室气体排放情况以及减排进展，但赋予发展中国家适度"弹性"； （4）资金援助：《巴黎协定》要求发达国家继续向发展中国家提供资金援助，没有具体数额规定。	
臭氧层保护	主要法律文件	《保护臭氧层维也纳公约》和《关于消耗臭氧层物质的蒙特利尔议定书》。	
	措施	包括对消耗臭氧层物质进行限制和管制的措施，将多种物质列入管制名单中，并且还规定了有关的报告制度、消费水平限制和淘汰时间表。	

除了大气保护之外，还需要注意的是海洋环境保护中的名单制度。海洋环境保护采用了物质分类名单和许可证制度，对于向海洋倾倒的废物分为三种名单进行管制。"黑名单"物质禁止倾倒，"灰名单"物质需要国家颁发特别许可证，"白名单"物质需要得到一般许可证。

▋▋坑亲王驾到

1. 《联合国气候变化框架公约》及其《京东议定书》中规定了"共同但有区别责任"。[①]

2. 按照《联合国气候变化框架公约》及其《京东议定书》，发达国家应当给予发展中国家资金和技术支持。[②]

---

① 正确。要注意具体减排目标只针对发达国家。
② 正确。要注意在气候变化框架公约中发达国家和发展中国家的义务是不同的。发达国家承担了更多的义务，其中就包括了对发展中国家的技术和资金支持。

05 第五讲
国际法上的个人

特别提示 ▶

本部分要特别注意我国法律的相关规定。很多同学都觉得三国法尤其是国际公法没有法条，这种看法一定要扭转。这一讲的主要内容都是我国法律的相关规定，分别是我国《国籍法》《出境入境管理法》和《引渡法》。

知识结构导图

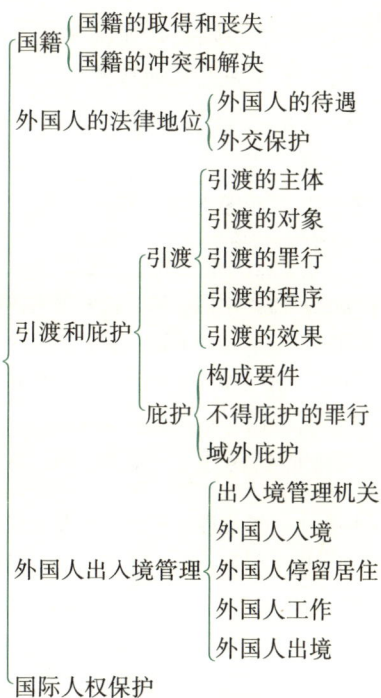

```
      ┌ 国籍 ─┬ 国籍的取得和丧失
      │      └ 国籍的冲突和解决
      │
      ├ 外国人的法律地位 ─┬ 外国人的待遇
      │                └ 外交保护
      │
      │              ┌ 引渡的主体
      │              │ 引渡的对象
      │       ┌ 引渡 ┤ 引渡的罪行
      │       │      │ 引渡的程序
      │       │      └ 引渡的效果
      ├ 引渡和庇护 ┤
      │       │      ┌ 构成要件
      │       └ 庇护 ┤ 不得庇护的罪行
      │              └ 域外庇护
      │
      │                 ┌ 出入境管理机关
      │                 │ 外国人入境
      ├ 外国人出入境管理 ┤ 外国人停留居住
      │                 │ 外国人工作
      │                 └ 外国人出境
      │
      └ 国际人权保护
```

考查频率梳理

频次	考点	真题
3	国籍的取得	2017/1/75；2015/1/75；2007/1/31
4	国籍的丧失	2010/1/80；2009/1/32；2006/1/32；2005/1/32

频次	考点	真题
6	出入境管理	2017/1/76；2014/1/34；2013/1/76；2012/1/75；2010/1/98；2009/1/80
3	外交保护	2018/1；2006/1/77；2004/1/32
9	引渡和庇护	2018/1；2015/1/33；2013/1/97；2012/1/76；2009/1/32；2007/1/78；2007/1/29；2005/1/31；2005/1/79

一、国籍

国籍是指一个人属于某一个国家的公民或国民的法律资格。有些法律文件中，出现了法人国籍、船舶国籍、航空器国籍等用语，这是一种借代用法。法人和物的国籍在其含义及取得方式上与这里所说的国籍都是不相同的，法人和物的国籍只是与自然人国籍的某个方面属性的类比或类推说法。

（一）国籍的取得和丧失

1. 基本理论

国籍的取得方式有因出生取得和因加入取得两种。因出生取得国籍称为原始国籍，具体可以分为三种原则：血统主义、出生地主义和混合原则。因加入取得的国籍称为继有国籍，具体有归化取得和事实取得两种。我国的原则是"血统为主、出生地为辅"。

国籍的丧失是指由于某种原因一个人失去其拥有的某个国家的国籍。各国立法对于国籍的丧失有各自不同的规定。一般可以分为自愿丧失和非自愿丧失两种。

2. 我国关于国籍取得和丧失的规定

我国《国籍法》中对国籍的取得和丧失进行了详细的规定，下面用表格的形式将我国的相关规定进行总结和梳理，方便大家理解和记忆。

国籍的取得	出生取得（血统主义兼出生地主义）	（1）父母双方或一方为中国公民，本人出生在中国，具有中国国籍； （2）父母双方或一方为中国公民，本人出生在外国，具有中国国籍； （3）父母双方或一方为中国公民，本人出生在外国，父母定居在外国，本人出生时即具有外国国籍的，不具有中国国籍； （4）父母无国籍或国籍不明，定居在中国，本人出生在中国，具有中国国籍。
	加入取得	外国人或无国籍人，愿意遵守中国宪法和法律，并具有下列条件之一的，可以经申请批准加入中国国籍：（1）中国人的近亲属；（2）定居在中国的；（3）有其他正当理由。
国籍的丧失	自动丧失中国国籍	定居外国的中国公民，自愿加入或取得外国国籍的，即自动丧失中国国籍。
	经批准丧失中国国籍	中国公民具有下列条件之一的，可以经申请批准退出中国国籍：（1）外国人的近亲属；（2）定居在外国的；（3）有其他正当理由。
		国家工作人员和现役军人，不得退出中国国籍。

续表

国籍的恢复	曾有过中国国籍的外国人，具有正当理由，可以申请恢复中国国籍；被批准恢复中国国籍的，不得再保留外国国籍。
受理批准机关	（1）受理国籍申请的机关，在国内为当地市、县公安局，在国外为中国外交代表机关和领事机关。 （2）加入、退出和恢复中国国籍的申请，由中华人民共和国公安部审批。经批准的，由公安部发给证书。

▌▌考点提要

1. 出生取得	父母双方或一方是中国人，出生不具有中国国籍必须同时满足三个情况： （1）父母定居国外； （2）出生在外国； （3）出生时具有外国国籍。 例：中国人张某和美国人汤姆缔结婚姻，二人婚后定居在上海。两年后两人在美国生下一子小汤，小汤出生时即具有美国国籍。由于没有定居国外，所以小汤出生时仍旧具有中国国籍。待其18岁时由其选择保留一个国籍。
2. 自动丧失	定居外国的中国公民，自愿加入或取得外国国籍的，自动丧失中国国籍。
3. 退出禁止	国家工作人员和现役军人，不得退出中国国籍。

▌▌坑亲王驾到

1. 中国人张某和中国人李某在美国生下一子小张，根据美国法律，小张出生时即具有美国国籍，则其不具有中国国籍。[①]

2. 张某加入美国国籍后仍旧在北京定居，则张某的中国国籍自动丧失。[②]

3. 李某是我国火箭军某旅旅长，则李某终身都不能放弃中国国籍。[③]

（二）国籍的冲突和解决

由于各国的国籍立法不同，在实践中，可能会出现两个或两个以上国家，根据各自国家的法律，同时都给予一个人其国家的国籍，则该人就会具有双重或多重国籍；反过来，也可能出现任何国家都不给予某个人国籍，则该人成为无国籍人。前一种情况称为国籍的积极冲突，后一种情况称为国籍的消极冲突。

我国《国籍法》中涉及国籍冲突的条款主要有二：一是规定中华人民共和国不承认中国公民具有双重国籍，这一规定主要针对国籍的积极冲突；二是规定父母无国籍或国籍不明，定居在中国，本人出生在中国，具有中国国籍，这一规定主要针对国籍的消极冲突。

[注意] 虽然我国不承认双重国籍，但是某些情况下可能出现一个人在一定时间段同时拥有中国国籍和外国国籍的情况。还要注意我国《国籍法》中不承认双重国籍这一原则只能

---

① 错误。父母双方或一方是中国人，出生时不具有我国国籍必须同时具备三种情况，题目中缺少定居这一条件。

② 错误。定居外国的中国公民，自愿加入或取得外国国籍的，即自动丧失中国国籍。自动丧失必须以定居国外为条件。

③ 错误。国家工作人员和现役军人，不得退出中国国籍。注意应当是现役。

管理多个国籍中有一个中国国籍的情况。对于一个外国人同时拥有两个外国国籍，我国《国籍法》无法适用。

二、外交保护

当某国国民的权益在居住国（非国籍国）受到侵害时，国籍国在某些情况下，有权采取某些措施提供帮助，其中重要的措施之一就是外交保护。外交保护制度主要包括外交保护的性质、外交保护的条件和范围两方面内容。

1. 外交保护的性质

外交保护主要是基于国家的属人管辖进行的，是国家属人管辖权的重要体现。外交保护制度本质上是处理国家间关系的制度。是否向外国提出外交保护，是国家的权利。国家行使外交保护权要尊重外国的主权和属地管辖权，要符合国际法的有关规则和外交保护的相关条件。

注意区别于保护性管辖。外交保护，保护的是"受害者"；保护性管辖，管辖的是"犯罪分子"。

2. 外交保护的条件和范围

国家行使外交保护一般应该符合三个条件：（1）一国国民权利受到侵害是由于所在国的国家不当行为所致，也就是说，该侵害行为可以引起国家责任；（2）受害人自受害行为发生起到外交保护结束的期间内，必须持续拥有保护国国籍，这称为"国籍继续原则"；（3）在提出外交保护之前，受害人必须用尽当地法律规定的一切可以利用的救济办法，包括行政和司法救济手段。在这些手段用尽之后仍未得到合理救济时，才可以提出外交保护。此为"用尽当地救济原则"。

外交保护原则上适用于一国的国家行为已经或必将侵害外国人合法权益的各种事项。实践中主要包括：（1）国民被非法逮捕或拘禁；（2）国民的财产或利益被非法剥夺；（3）国民受到歧视性待遇；（4）国民被"拒绝司法"等情况。

我国 2015 年颁布的《国家安全法》中第 33 条规定：国家依法采取必要措施，保护海外中国公民、组织和机构的安全和正当权益。这其中也包括了外交保护的运用。

三、引渡和庇护

（一）引渡

引渡是一国将处于本国境内的被外国指控为犯罪或已经判刑的人，应该外国的请求，送交该外国审判或处罚的一种国际司法协助行为。下面将从引渡的基本制度和我国《引渡法》的相关规定两个方面对引渡的内容进行梳理。

1. 引渡的基本制度

引渡的基本制度主要涉及引渡的主体、引渡的对象、可引渡的罪行、引渡的程序和引渡的效果五个方面。

引渡的 基本 制度	引渡的主体	引渡的主体是国家，引渡是国家之间进行的。在国际法中，国家一般没有引渡的义务。 （1）没有引渡条约：没有义务，但也可能实现引渡（被请求国同意即可）；

续表

	引渡的主体	（2）有引渡条约：有条约义务，没有强制义务。
引渡的基本制度	引渡的对象	引渡的对象是被请求国指控为犯罪或被其判刑的人。 "本国人不引渡"，这里的本国人指的是被请求引渡国人。
	可引渡的罪行	"双重犯罪原则"，指被请求引渡人的行为必须是请求国和被请求国的法律都认定的犯罪。
		"政治犯不引渡原则"，国际法规定了一些不应视为政治犯罪的行为： （1）战争罪、反和平罪和反人类罪； （2）种族灭绝或种族隔离罪行； （3）非法劫持航空器； （4）侵害包括外交代表在内的受国际保护人员罪行等。
	引渡的程序	引渡的程序一般根据引渡条约及有关国家的国内法规定进行。
	引渡的效果	（1）"罪名特定原则"，即必须以引渡请求中的罪名对被请求引渡人进行追诉和审判； （2）不对随意转引渡，如果将被引渡人转引给第三国，则一般应经原引出国的同意。

记忆线索：

1. 不得视为政治犯的罪行中应该重点记忆非法劫持航空器罪。其余均是比较严重的国际罪行。

2. 到此为止劫持航空器在国际公法中出现了三次。第一次涉及普遍管辖；第二次涉及民用航空安全领域中的"或引渡或起诉"原则；第三次涉及上述不得被视为政治犯的情形。

2. 我国《引渡法》的相关规定

我国《引渡法》对引渡问题进行了非常细致的规定。这些规定总结起来可以分为两个大的方面：一是外国向我国提出引渡请求的情形，具体包括引渡的条件、应当或可以拒绝引渡的情形、引渡的效果和引渡的程序要件。二是我国向外国提出请求的情形。这一方面比较简单，主要关注各个机构的权属即可。

途径和机关		（1）联系途径为外交途径； （2）联系机关为外交部，执行机关为公安机关。
外国向中国请求引渡	强制措施	引渡拘留、引渡逮捕、引渡监视居住。
	引渡的条件	（1）双重犯罪； （2）为了提起刑事诉讼而请求引渡的，根据中华人民共和国法律和请求国法律，对于引渡请求所指的犯罪均可判处1年以上有期徒刑或者其他更重的刑罚；为了执行刑罚而请求引渡的，在提出引渡请求时，被请求引渡人尚未服完的刑期至少为6个月； （3）罪名特定； （4）与中国有条约和互惠关系。

续表

外国向中国请求引渡	应当拒绝引渡	(1) 根据中华人民共和国法律，被请求引渡人具有中华人民共和国国籍的； (2) 在收到引渡请求时，我国的司法机关对于引渡请求所指的犯罪已经作出生效判决，或者已经终止刑事诉讼程序的； (3) 因政治犯罪而请求引渡的，或者中华人民共和国已经给予被请求引渡人受庇护权利的； (4) 被请求引渡人可能因其种族、宗教、国籍、性别、政治见解或者身份等方面的原因而被提起刑事诉讼或者执行刑罚，或者被请求引渡人在司法程序中可能由于上述原因受到不公正待遇的； (5) 根据中华人民共和国或者请求国法律，引渡请求所指的犯罪纯属军事犯罪的； (6) 根据中华人民共和国或者请求国法律，不应当追究被请求引渡人的刑事责任的； (7) 在请求国曾经遭受或者可能遭受酷刑或者其他残忍、不人道或者有辱人格的待遇或者处罚的； (8) 请求国根据缺席判决提出引渡请求的，但请求国承诺在引渡后对被请求引渡人给予在其出庭的情况下进行重新审判机会的除外。
	可以拒绝引渡	(1) 我国对于引渡请求所指的犯罪具有刑事管辖权，并且对被请求引渡人正在进行刑事诉讼或者准备提起刑事诉讼的； (2) 由于被请求引渡人的年龄、健康等原因，根据人道主义原则不宜引渡的。
	引渡效果	除非我国同意，否则必须罪名特定并不得转引渡。
	引渡请求的审查	(1) 形式审查：外交部； (2) 实质审查：最高院指定的高院，最高院复核； (3) 是否由我国起诉：最高检； (4) 外交部接到最高院不引渡的裁定后，应及时通知当事国； (5) 外交部接到最高院符合引渡条件的裁定后，应当报送国务院决定是否引渡； (6) 决定不引渡的，外交部应当及时通知请求国，人民法院应当立即通知公安机关解除强制措施； (7) 综合审查决定引渡顺序。
	当事人救济	法院裁定引渡的，当事人可以在宣读裁定之日起 10 日内，向最高法院提出意见。
我国向外国请求引渡		(1) 外交部代表中国政府作出承诺； (2) 限制追诉的承诺由最高检决定； (3) 量刑的承诺由最高院决定。 各司其职

▌▌考点提要

引渡部分作为具有司法实践意义的内容具有非常大的考察可能性。重点在于对我国制度的理解和记忆。其中主要内容参见下述记忆线索。

记忆线索：

1. 对引渡的条件而言重点记忆第2点。这里需要注意为判处刑罚而请求的，既有刑期也有刑种（1年以上有期徒刑及更重）；为执行刑罚而请求的，只有刑期没有刑种（6个月以上）。其余的"双重犯罪"、"罪名特定"和"条约和互惠关系"之前均有涉及。

例：美国人汤姆犯罪后潜逃至我国，美国向我国提出引渡申请，请求将汤姆引渡到美国接受审判。根据我国法律汤姆可能被判处1年拘役。上述情况不符合我国关于引渡的条件，为审判而请求引渡的，既有刑期要求，也有刑种要求。

2. 对应该和可以拒绝的理由分三个层次进行记忆。

（1）对比应当和可以，解决4种情形。程度重的为应当，程度轻的为可以。

我国已作出判决或终止的，为应当；正在进行或准备进行的，为可以。残忍不人道的为应当；根据人道主义不宜的为可以。这就解决了4个，并且所有的可以情形都解决完毕。

（2）结合基本制度解决3个应当情形。中国人不引渡、政治犯和庇护的不引渡、不应追究刑事责任的不引渡（不符合双重犯罪）。

（3）最特殊的3个。纯军事犯不引渡，政治、种族、宗教等原因的不引渡以及缺席判决的不引渡，但承诺给予公平审判机会的除外。

3. 实质审查是指定的高院审查，最高院复核。

4. 权限方面：如果最高院决定不引渡，则最高院说了算；如果最高院决定可以引渡，则还需报送国务院决定。可以说最高院和国务院都有一定的决定权。而要想将某人引渡出境，则最终取决于国务院的决定。

‖‖ 坑亲王驾到 ▷

1. 只有被请求引渡国和请求引渡国都认为被请求对象的行为构成犯罪，才有可能将被请求对象引渡给请求国。①

2. 甲国公民张某因涉嫌劫持航空器罪而逃到乙国，甲国向乙国请求引渡张某回国受审。乙国可以政治犯不引渡为理由拒绝将张某引渡回甲国。②

3. 根据我国引渡法的规定，外交部是有关引渡的联系机构，涉及将某人引渡到外国的，外交部审查形式要件，最高人民法院指定的高级人民法院审查实质要件，最高院复核。③

4. 中国公民李某（曾任某国有企业总经理）2004年携贪污的巨款逃往甲国。根据甲国法律，对李某贪污行为的最高量刑为15年。甲国与我国没有引渡条约。甲国表示，如果中国对李某被指控的犯罪有确凿的证据，并且作出对其量刑不超过15年的承诺，可以将其引渡给中国。最高人民检察院有权决定在请求引渡时是否作出量刑的承诺。④

---

① 正确。引渡必须满足双重犯罪原则。

② 错误。政治犯不引渡确实是一项基本原则。但犯有战争罪、危害人类罪、劫机罪和侵害外交代表罪的绝对不能视为政治犯。

③ 正确。注意审查主体的不同。

④ 错误。最高人民法院有权决定在请求引渡时是否作出量刑的承诺，最高人民检察院有权决定在请求引渡时是否作出限制追诉的承诺。

（二）庇护

庇护是指一国对于遭到外国追诉或迫害而前来避难的外国人，准予其入境和居留，给予保护，并拒绝将其引渡给另一国的行为。国家通常没有必须给予庇护的义务。国家对庇护问题通常在有关的国内法中加以规定。庇护会产生不引渡的效果，但不引渡并不等于庇护。简而言之：庇护＝不引渡；不引渡≠庇护。

［注意］庇护是基于领土的行为，关于领土以外的庇护，或称为域外庇护，最常见的是指利用国家在外国的外交或领事机构馆舍、船舶或飞机等作为场所进行的庇护。域外庇护没有国际法依据。

▌坑亲王驾到▷

甲国可以在其驻乙国大使馆或其飞机上对乙国公民提供庇护。①

四、外国人出入境管理

我国 2012 年颁布了《中华人民共和国出境入境管理法》（2013 年 7 月 1 日起施行，以下简称《管理法》），2013 年 7 月 12 日颁布了《中华人民共和国外国人入境出境管理条例》（2013 年 9 月 1 日起施行，以下简称《条例》），《管理法》对于外国人出入境、居留、交通工具的边检、相关调查和遣返等事项做了规范；《条例》则进一步对外国人的出入境和居留作出了细化规定。

上述立法的主要内容可以分为 5 个方面：出入境管理机关、外国人入境、外国人停留居住、外国人工作和外国人出境。下面将通过表格的形式对上述五方面的问题进行总结：

出入境 管理机关	（1）我国驻外使馆、领馆或者外交部委托的其他驻外机构（以下称驻外签证机关）负责在境外签发外国人入境签证； （2）出入境边防检查机关负责实施出境入境边防检查； （3）县级以上地方人民政府公安机关及其出入境管理机构负责外国人停留居留管理。		
外国人 入境	签证 办理	（1）外国人入境，应当向驻外签证机关申请办理签证，但依法免办签证、申请临时入境手续的除外。	
		（2）不予签证情形	①被处驱逐出境或者被决定遣送出境，未满不准入境规定年限的；（有前科的） ②患有严重精神障碍、传染性肺结核病或者有可能对公共卫生造成重大危害的其他传染病的；（有病的） ③可能危害中国国家安全和利益、破坏社会公共秩序或者从事其他违法犯罪活动的；（搞破坏的） ④在申请签证过程中弄虚作假或者不能保障在中国境内期间所需费用的；（弄虚作假和没钱的） ⑤不能提交签证机关要求提交的相关材料的； ⑥签证机关认为不宜签发签证的其他情形。 对不予签发签证的，签证机关可以不说明理由。

---

① 错误。所谓的外交庇护或领域外庇护没有国际法依据。

续表

外国人入境	签证办理	（3）免办签证情形	①根据中国政府与其他国家政府签订的互免签证协议，属于免办签证人员的； ②持有效的外国人居留证件的； ③持联程客票搭乘国际航行的航空器、船舶、列车从中国过境前往第三国或者地区，在中国境内停留不超过 24 小时且不离开口岸，或者在国务院批准的特定区域内停留不超过规定时限的； ④国务院规定的可以免办签证的其他情形。
	不准入境情形		（1）未持有效出境入境证件或者拒绝、逃避接受边防检查的； （2）具有前述不应签发签证第①至④项情形的； （3）入境后可能从事与签证种类不符的活动的； （4）法律、行政法规规定不准入境的其他情形。 记忆线索：凡是有问题的，统统不让进！ 对不准入境的，出入境边防检查机关可以不说明理由。
外国人停留居住	凭签证停留		外国人所持签证注明的停留期限不超过 180 日的，持证人凭签证并按照签证注明的停留期限在中国境内停留。
	申办居留证件		（1）申请：外国人所持签证注明入境后需要办理居留证件的，应当自入境之日起 30 日内，向拟居留地县级以上地方人民政府公安机关出入境管理机构申请办理外国人居留证件； （2）证件有效期：外国人工作类居留证件的有效期最短为 90 日，最长为 5 年；非工作类居留证件的有效期最短为 180 日，最长为 5 年。
	外国人停留居住管理		（1）一般要求：外国人在中国境内停留居留，不得从事与停留居留事由不相符的活动，并应当在规定的停留居留期限届满前离境； （2）证件查验：年满 16 周岁的外国人在中国境内停留居留，应当随身携带本人的护照或者其他国际旅行证件，或者外国人停留居留证件，接受公安机关的查验。 （3）住宿登记：外国人在中国境内旅馆住宿的，旅馆应当按照旅馆业治安管理的有关规定为其办理住宿登记，并向所在地公安机关报送外国人住宿登记信息。外国人在旅馆以外的其他住所居住或者住宿的，应当在入住后 24 小时内由本人或者留宿人，向居住地的公安机关办理登记。 例：美国人汤姆来华旅游，能否住在友人家中？可以，但必须汤姆本人或者留宿他的友人 24 小时内去公安机关办理相关手续。
外国人工作	工作许可		外国人在中国境内工作，应当按照规定取得工作许可和工作类居留证件。任何单位和个人不得聘用未取得工作许可和工作类居留证件的外国人。
	非法就业		（1）未按照规定取得工作许可和工作类居留证件在中国境内工作的； （2）超出工作许可限定范围在中国境内工作的； （3）外国留学生违反勤工助学管理规定，超出规定的岗位范围或者时限在中国境内工作的。
	勤工助学		（1）经学校同意+（2）公安机关出入境管理机构申请居留证件加注勤工助学或者实习地点、期限等信息。

外国人出境	不准出境情形	（1）被判处刑罚尚未执行完毕或者属于刑事案件被告人、犯罪嫌疑人的，但是按照中国与外国签订的有关协议，移管被判刑人的除外； （2）有未了结的民事案件，人民法院决定不准出境的； （3）拖欠劳动者的劳动报酬，经国务院有关部门或者省、自治区、直辖市人民政府决定不准出境的； （4）法律、行政法规规定不准出境的其他情形。
	遣送出境	（1）被处限期出境，未在规定期限内离境的； （2）有不准入境情形的； （3）非法居留、非法就业的； （4）违反管理法或者其他法律、行政法规需要遣送出境的。 外国人和其他境外人员有前款所列情形之一的，可以依法遣送出境。 被遣送出境的人员，自被遣送出境之日起 1 至 5 年内不准入境。
	限期出境和驱逐出境	外国人从事与停留居住事由不相符的活动，或者有其他违反中国法律、法规规定，不适宜在中国境内继续停留居住的，可以处限期出境。
		外国人违反《管理法》规定，情节严重，尚不构成犯罪的，公安部可以处驱逐出境。公安部的处罚决定为最终决定。被驱逐出境的外国人，自被驱逐出境之日起 10 年内不准入境。

［注意］在国外定居的中国人回国是不需要签证的，既可以凭借身份证也可以通过护照证明其身份。

记忆线索：

1. 不予签证情形可以进行一些简单的总结方便大家记忆。（1）有前科的；（2）有病的；（3）搞破坏的；（4）作假和没钱的；（5）没材料的；（6）其他。这些总结可能不那么准确，但只要能够帮助大家联想记忆就可以，不必深究。

2. 不准出境情形重点记忆不同情形下的决定机关。刑事案件不需决定；民事案件法院决定；拖欠劳动报酬的国务院部门和省级政府决定。

3. 非法工作重点记忆勤工助学即可：学校同意＋公安机关加注信息。

4. 外国人出境分为限期、遣送和驱逐。限期程度最轻，遣送较为严重，驱逐最为严重。两头的限期和驱逐没有具体情形，有具体情形的只有遣送。

五、国际人权保护

人权是一个历史和发展的概念，涉及政治、哲学、社会、文化等多方面的内容。人权被用作一个法律概念时，是泛指与人本身有关的所有法律权利的总称。国家合作通过国际法促进和保障人权主要是"二战"之后形成的，有关的原则和制度被认为构成了一个正在发展的国际法新分支，即国际人权法。生存权和发展权是最基本的人权。

人权主要通过国内法实现和体现，国家通过国际人权条约促进对人权的尊重和保护，是对国内法和国内措施的辅助。人权保护的国际合作必须符合国际法的基本原则，特别是不得将一国的政治模式或价值观强加给别国，不得将人权作为干涉他国内政的工具。

06
第六讲
外交和领事关系法

知识结构导图

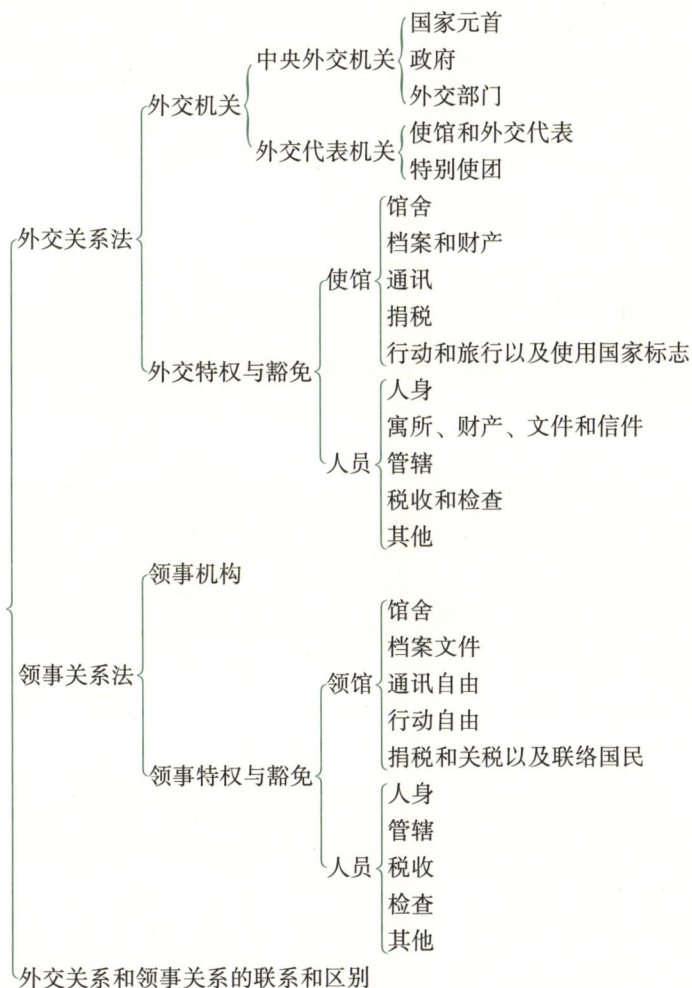

```
                                         ┌ 国家元首
                          ┌ 中央外交机关 ┤ 政府
                          │              └ 外交部门
              ┌ 外交机关 ┤
              │          └ 外交代表机关 ┌ 使馆和外交代表
              │                         └ 特别使团
              │                         ┌ 馆舍
              │                         │ 档案和财产
              │                         │
  ┌ 外交关系法┤              ┌ 使馆   ┤ 通讯
  │           │              │         │ 捐税
  │           │              │         └ 行动和旅行以及使用国家标志
  │           └ 外交特权与豁免┤         ┌ 人身
  │                          │          │ 寓所、财产、文件和信件
  │                          └ 人员   ┤ 管辖
  │                                     │ 税收和检查
  │                                     └ 其他
──┤
  │           ┌ 领事机构
  │           │                         ┌ 馆舍
  │           │              ┌ 领馆   ┤ 档案文件
  │           │              │         │ 通讯自由
  └ 领事关系法┤              │         │ 行动自由
              │              │         └ 捐税和关税以及联络国民
              └ 领事特权与豁免┤         ┌ 人身
                             │          │ 管辖
                             └ 人员   ┤ 税收
                                        │ 检查
                                        └ 其他
  外交关系和领事关系的联系和区别
```

考查频率梳理

频次	考点	真题
2	外交代表机关	2014/1/74；2009/1/79
2	使馆的特权与豁免	2010/1/79；2008 川/1/29
5	外交人员的特权与豁免	2018/1；2017/1/33；2012/1/32；2007/1/33；2005/1/95
4	领事特权与豁免	2015/1/34；2013/1/32；2010/1/79；2008 川/1/79

一、外交关系法

国际法上的外交一般是指国家之间通过外交机关以诸如访问、谈判、缔约、交涉、参加国际组织和国际会议等方式进行的交往活动。外交关系广义地说就是国家间在上述活动中所形成的并通过上述行为反映出来的一种相互关系。规范这种关系的国际法规则，称为外交关系法。它主要是外交程序、形式及相关制度的规范。

外交关系的规则，大多是长期实践形成的习惯国际法，有相当多的内容是从古老的使节制度演变而来的。1961 年《维也纳外交关系公约》将这些规则进行了系统的编纂和发展，包含了当今外交关系法的主要内容，包括外交关系的建立，外交代表机关派遣和接受的程序，外交代表机关的组成、等级及其职务，外交特权与豁免等，其中外交机关和外交特权与豁免是本部分的主要内容。

（一）外交机关

1. 外交机关的构成

外交机关是国家用于专门管理或开展外交工作的机关，不同国家外交机关的具体名称可能有所不同。外交机关一般分为国家中央外交机关和派出外交代表机关，前者通常在一国首都，后者大都位于国外。下面将主要的外交机关用导图的形式进行展现和说明：

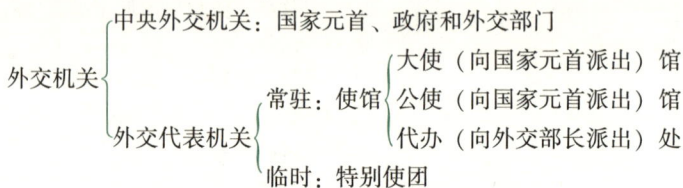

外交机关 ┬ 中央外交机关：国家元首、政府和外交部门
　　　　　└ 外交代表机关 ┬ 常驻：使馆 ┬ 大使（向国家元首派出）馆
　　　　　　　　　　　　　│　　　　　　├ 公使（向国家元首派出）馆
　　　　　　　　　　　　　│　　　　　　└ 代办（向外交部长派出）处
　　　　　　　　　　　　　└ 临时：特别使团

2. 使馆人员

使馆由使馆馆长、外交人员、行政技术人员及服务人员等组成。使馆馆长是使馆的最高首长，是一国派驻另一国的使节。根据《维也纳外交关系公约》，使馆馆长分为大使、公使、代办三级。以馆长的级别不同，使馆相应地分别称为大使馆、公使馆和代办处。下面用导图的形式将各类使馆人员进行总结，方便大家理解和学习：

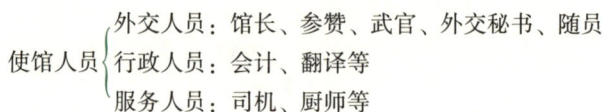

使馆人员 ┬ 外交人员：馆长、参赞、武官、外交秘书、随员
　　　　　├ 行政人员：会计、翻译等
　　　　　└ 服务人员：司机、厨师等

考点提要

1. 外交人员的范畴	注意随员，其属于外交人员，具有完全的特权与豁免。
2. 需要同意的人员	四类人员的派遣需要接受国的同意：（1）馆长；（2）武官；（3）第三国国籍或接受国国籍的人作为外交人员；（4）特别使团。 可以随时撤回同意。

接受国可以拒绝接受其所不同意的任何派遣国使馆人员，并无须向派遣国说明理由。对于派遣国的使馆馆长及外交人员，接受国可以随时不加解释地宣布其为"不受欢迎的人"。对于使馆的其他人员，接受国可以宣布其为"不能接受"。

［注意］代办是代办处的馆长。临时代办是临时代替任何一级馆长执行职务的人。

坑亲王驾到

1. 国家元首和外交部长都是外交机关。①

2. 代办处是使馆，临时设立的代办处可以称为临时代办。②

3. 随员是外交人员，厨师、司机和翻译均是使馆人员。③

4. 使馆参赞的派遣不需要经过接受国同意。但如果委任不具有派遣国国籍的人作为参赞则需要接受国的同意。④

5. 接受国一旦同意某人作为使馆馆长则不能撤回该同意，只能请求派遣国召回该人员。⑤

6. 使领馆馆长需要向接受国递交国书。⑥

3. 使馆的职责

根据《维也纳外交关系公约》，使馆的职务主要有以下五项：代表、保护、交涉、调查、促进。其中保护应当在国际法许可限度之内，调查必须以一切合法手段进行。

递交国书是接受国确认使馆馆长身份，接受其履行职务的依据。大使和公使将国书正本递交接受国的国家元首。代办将其委任书递交给接受国的外交部长。使馆馆长开始执行职务视为使馆职务的开始。除使馆馆长外，使馆的其他人员职务以其到达接受国担任使馆职务为开始。

外交代表的职务遇有下列情形之一即告终止：（1）派遣国通知接受国其外交代表职务业已终止；（2）接受国通知派遣国称该国拒绝承认该外交代表为使馆人员；（3）派遣国与接受国断绝外交关系或暂时中断外交关系；（4）派遣国或接受国主体资格灭失；（5）革命产生新政府等原因也会带来外交代表职务的终止。

---

① 错误。外交机关一般指机构，不包括人员。但需要特别指出的是，国家元首是一个国家机关而非个人。所以国家元首是外交机关，外交部长不是。政府和外交部以及使馆和使团可以被称为外交机关。

② 错误。前半部分正确，代办处确实是一个级别较低的使馆。但临时代办是在外交代表大使或公使缺位或因故不能执行职务时，被委派代理其职务的外交人员。

③ 正确。使馆人员包括外交人员、行政人员和服务人员。外交人员包括馆长、参赞、武官、外交秘书和随员。

④ 正确。必须经接受国同意才能派遣的人员：使领馆馆长、武官、特别使团、不具有派遣国国籍的人员。

⑤ 错误。接受国可随时撤销此项同意。

⑥ 错误。使馆馆长需要向接受国递交国书。领馆馆长则由接受国颁发领事证书。

▎坑亲王驾到

1. 使馆及其使馆人员可以以一切手段，调查接受国的各种情况，并及时向派遣国报告。①

2. 使馆应当在能力范围之内对其国民提供最大范围的保护。②

（二）外交特权与豁免

外交特权与豁免是指根据一般国际法或国家间的协议，接受国给予派遣国的使馆及其人员的某些特权和优遇。外交特权与豁免的内容主要是习惯国际法规则，1961 年《维也纳外交关系公约》对这些内容进行了系统的编纂，内容包括使馆和外交人员两方面。下面通过知识结构导图的形式将使馆和外交人员的特权与豁免进行梳理和总结，方便大家理解和记忆：

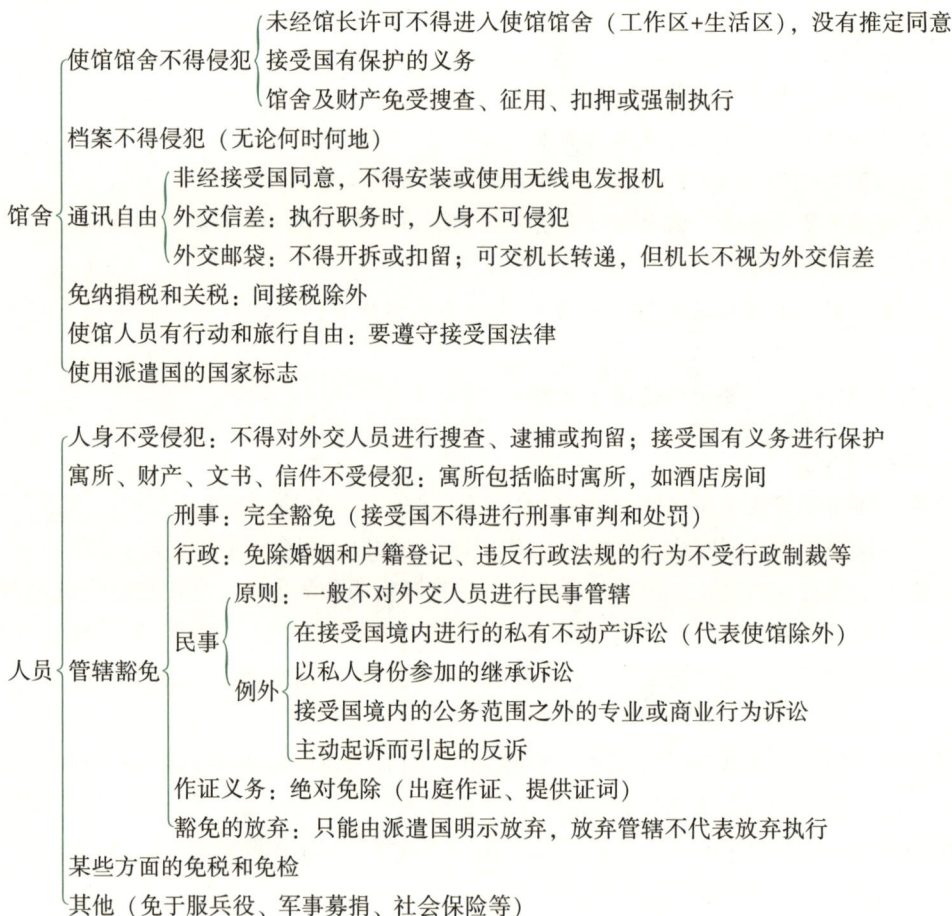

馆舍
- 使馆馆舍不得侵犯
  - 未经馆长许可不得进入使馆馆舍（工作区+生活区），没有推定同意
  - 接受国有保护的义务
  - 馆舍及财产免受搜查、征用、扣押或强制执行
- 档案不得侵犯（无论何时何地）
- 通讯自由
  - 非经接受国同意，不得安装或使用无线电发报机
  - 外交信差：执行职务时，人身不可侵犯
  - 外交邮袋：不得开拆或扣留；可交机长转递，但机长不视为外交信差
- 免纳捐税和关税：间接税除外
- 使馆人员有行动和旅行自由：要遵守接受国法律
- 使用派遣国的国家标志

人员
- 人身不受侵犯：不得对外交人员进行搜查、逮捕或拘留；接受国有义务进行保护
- 寓所、财产、文书、信件不受侵犯：寓所包括临时寓所，如酒店房间
- 管辖豁免
  - 刑事：完全豁免（接受国不得进行刑事审判和处罚）
  - 行政：免除婚姻和户籍登记、违反行政法规的行为不受行政制裁等
  - 民事
    - 原则：一般不对外交人员进行民事管辖
    - 例外
      - 在接受国境内进行的私有不动产诉讼（代表使馆除外）
      - 以私人身份参加的继承诉讼
      - 接受国境内的公务范围之外的专业或商业行为诉讼
      - 主动起诉而引起的反诉
  - 作证义务：绝对免除（出庭作证、提供证词）
  - 豁免的放弃：只能由派遣国明示放弃，放弃管辖不代表放弃执行
- 某些方面的免税和免检
- 其他（免于服兵役、军事募捐、社会保险等）

例：汤姆是美国驻中国大使馆的随员，为泄私愤开枪打死了我国公民张某。我国不能对其行使刑事管辖权，因为汤姆是外交人员，具有完全的特权与豁免。

［注意］特权与豁免适用的人员范围：

根据《维也纳外交关系公约》，外交人员及其构成同一户口之家属（系非接受国国民）

---

① 错误。使馆及其人员可以以一切合法的手段，调查接受国的各种情况，并及时向派遣国报告。
② 错误。使馆应当在国际法许可的范围内，保护派遣国及其国民的利益。

享有完全的特权与豁免。根据我国《外交特权与豁免条例》，享有特权与豁免的人员家属明确限定为"共同生活的配偶及未成年子女"。行政技术人员及其同户口家属（非接受国国民、非永久居留该国）享有有限的豁免，服务人员只享有某些优待（国籍和居留要求同行政技术人员）。

注意：有限的豁免也是享有豁免，只是程度不同。

特权与豁免从时间上来说自进入接受国就任时享有，自离境或离境之合理期间结束时止，不受武装冲突的影响。

权利必须和义务相配合才能形成一个完整的体系。使馆馆舍和外交人员在享有特权与豁免的同时也必须履行相应的义务：（1）尊重接受国的法律规章；（2）不得干涉接受国的内政。不得介入接受国的党派斗争，不得参加或支持旨在反对接受国政府的集会、游行示威活动等；（3）使馆馆舍不得用于与使馆职务不相符合的其他用途；（4）使馆与接受国洽谈公务，应经接受国外交部或另经商定的其他部门按照相关程序办理；（5）外交代表不应在接受国内为私人利益从事任何专业或商业活动。

二、领事关系法

领事关系是指根据国家间协议，互派执行领事职务的常驻机构而形成的一种国家关系。领事关系成为一种重要的官方关系，并且出现和形成了有关领事制度的一系列习惯法规则。1963年《维也纳领事关系公约》对这些规则进行了系统的编纂，构成了当今领事关系法的主要内容。除另有声明外，两国间同意建立外交关系亦即同意建立领事关系。但断绝外交关系并不当然断绝领事关系。

（一）领事机构

1. 领事机构的设立

根据《维也纳领事关系公约》规定：第一，领事馆须经接受国同意始得在该国境内设立；第二，领馆的设立地点、领馆类别及其辖区由派遣国与接受国商定；第三，领馆设立的地点、领馆类别及其辖区确定后，派遣国须经接受国同意才能变更；第四，总领事馆或领事馆如欲在本身所在地以外的地点设立副领事馆或领事代理处，亦须经接受国同意；第五，在原设领馆所在地以外开设办事处作为该领馆的一部分时，也须事先征得接受国的明示同意。

领馆可以分为总领事馆、领事馆、副领事馆和领事代办处四级。

2. 领事人员

领事馆组成人员可以分为三个部分，分别是领事官员、领事雇员和服务人员。其中领事官员又分为职业领事和名誉领事。下面通过表格的形式对上述三类人员进行总结：

领事馆 组成人员	领事官员	职业领事：派遣国任命，专职从事领事职务。
		名誉领事：非专职，从接受国中的本国侨民或当地的商人或律师中选任，从事某些职务。
	领事雇员	受雇担任领馆行政事务。 通常包括：议员、速记员、办公室助理员、档案员。
	服务人员	司机、清洁工、修理工、传达人员等。

馆长和非派遣国人和具有接受国国籍的人做领事官员须经接受国同意，其他人员无须同意。领馆馆长每次奉派任职，应由派遣国发给**委任证书**。在获接受国准许并颁发领事证书后，领馆馆长方可执行职务。接受国可以随时通知派遣国，宣告某一领事官员为"不受欢迎人员"或任何其他领馆馆员为"不能接受人员"。

3. 领事职务

领事职务主要包括以下事项：保护、促进、调查、护照及签证、帮助与协助、公证登记、死亡继承中的利益保护、未成年人利益保护及监护、诉讼代表、转送文书和调查证据、监督检查具有派遣国国籍的飞机和船舶、对具有派遣国国籍的飞机和船舶提供帮助以及其他不为接受国法律所反对的其他职务。

领事职务多为民事性，无权"代表"派遣国。

（二）领事特权与豁免

根据《维也纳领事关系公约》，接受国为了领事职务的工作需要而给予派遣国以领事特权与豁免。这种特权与豁免分为领馆和领事官员两类。下面通过知识结构导图的形式将领馆和领事人员的特权与豁免进行梳理和总结，方便大家理解和记忆：

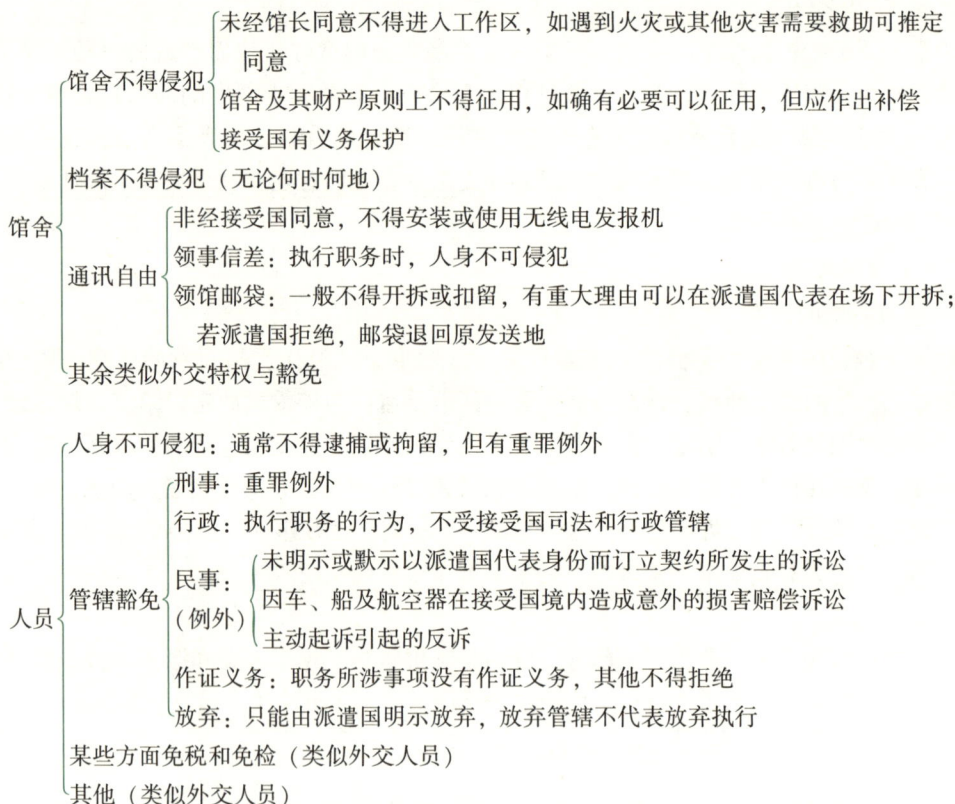

馆舍
- 馆舍不得侵犯
  - 未经馆长同意不得进入工作区，如遇到火灾或其他灾害需要救助可推定同意
  - 馆舍及其财产原则上不得征用，如确有必要可以征用，但应作出补偿
  - 接受国有义务保护
- 档案不得侵犯（无论何时何地）
- 通讯自由
  - 非经接受国同意，不得安装或使用无线电发报机
  - 领事信差：执行职务时，人身不可侵犯
  - 领馆邮袋：一般不得开拆或扣留，有重大理由可以在派遣国代表在场下开拆；若派遣国拒绝，邮袋退回原发送地
- 其余类似外交特权与豁免

人员
- 人身不可侵犯：通常不得逮捕或拘留，但有重罪例外
- 管辖豁免
  - 刑事：重罪例外
  - 行政：执行职务的行为，不受接受国司法和行政管辖
  - 民事：（例外）
    - 未明示或默示以派遣国代表身份而订立契约所发生的诉讼
    - 因车、船及航空器在接受国境内造成意外的损害赔偿诉讼
    - 主动起诉引起的反诉
  - 作证义务：职务所涉事项没有作证义务，其他不得拒绝
  - 放弃：只能由派遣国明示放弃，放弃管辖不代表放弃执行
- 某些方面免税和免检（类似外交人员）
- 其他（类似外交人员）

三、外交关系和领事关系的联系和区别

外交关系和领事关系的联系和区别一直是考试考查的重中之重，很多题目都将外交关系和领事关系结合起来考查，用两种关系中的细微差别设置陷阱。本部分将总结外交关系和领事关系的总体关系以及外交特权与豁免和领事特权与豁免的联系和区别。

（一）外交关系和领事关系的总体关系

		外交关系（使馆）	领事关系（领馆）
联系		都属于一国外交关系的范畴；都执行一定的外交职能；都受本国外交部门的领导。	
区别	成文法	《维也纳外交关系公约》。	《维也纳领事关系公约》。
	代表性	外交机关全面代表本国与驻在国中央政府进行交涉。	领事机构一般只与地方政府交涉。
	职能范围	全能、对外、驻在国全国。	商务、侨民、有一定辖区。
	特权豁免	较为全面。	弱于外交特权与豁免。

（二）外交特权与豁免和领事特权与豁免的联系和区别

	外交特权与豁免	领事特权与豁免
馆舍财产	（1）非经馆长同意绝对不能进（包括公务、休息区域和大使的私人官邸）； （2）接受国有保护义务； （3）免征用扣押。	（1）非经馆长同意不得进入工作区，如遇火灾或其他灾害需要保护时，推定馆长同意； （2）接受国有保护义务； （3）免征用扣押，确有必要时可以征用（给予补偿）。
档案	无论何时何地均不得侵犯。	无论何时何地均不得侵犯。
通讯	（1）非经接受国同意，不得安装或使用无线电发报机； （2）外交邮袋，不得开拆或扣留，可交机长转交，但机长不得被视为外交信差； （3）外交信差执行职务时人身不可侵犯。	（1）非经接受国同意，不得安装或使用无线电发报机； （2）领馆邮袋，一般不得开拆或扣留，有重大理由可以在派遣国代表在场并同意下开拆，若拒绝则发回原地； （3）领事信差执行职务时人身不受侵犯。
人身	不可侵犯、不得搜查、拘捕、监禁。可以正当防卫。	不可侵犯，不得限制自由，重罪例外。
寓所等	寓所、文书、信件、财产不受侵犯。	没有相关规定。
管辖	刑事完全豁免。	重罪例外。
	民事一般豁免，四种例外情形： （1）私有不动产物权诉讼； （2）以私人身份的继承之诉； （3）因职务行为外的专业或商务活动涉诉； （4）主动起诉被反诉。	职务行为民事管辖一般豁免，三种例外情形： （1）因非领事身份订立的契约涉诉； （2）因车船飞机意外事故致第三人受损之诉； （3）主动起诉被反诉。
	行政：免户籍、婚姻登记，行政违法不制裁。	职务行为行政管辖豁免。
	无作证义务。	职务行为所涉事项无作证义务。

续表

	外交特权与豁免	领事特权与豁免
管辖	放弃：只能由派遣国明示放弃，书面通知接受国。	放弃：只能由派遣国明示放弃，书面通知接受国。
适用范围	外交官同一户口、非接受国国民的家属的特权与豁免与外交官相同。 行政技术人员及其同户口家属（非接受国国民，非永久居留该国）享有有限的豁免，服务人员只享有某些优待。 （国籍和居留要求同行政技术人员）	领事雇员的职务行为享有与领事官员同等的司法和行政管辖豁免。
	时间上自进入接受国就任时享有，自离境或离境之合理期间结束时止，不受武装冲突的影响。	
中国	（1）持我国外交签证或互免签证国家外交护照的人，也享有相应的特权与豁免； （2）领馆不经允许不得进入（包括生活区）； （3）领事的寓所、文书、信件和财产不受侵犯。	

▌考点提要▷

外交特权和豁免与领事特权和豁免的区别。

1. 能否推定进入	领馆有灾害需要救助时可以，使馆不行。
2. 是否可以强制	领馆在补偿的情况下可以，使馆不可以。
3. 邮袋能否开拆	领事邮袋在有重大理由怀疑和见证的情况下可以，外交邮袋不行。
4. 人身保护和刑事管辖	外交人员完全豁免，领事人员重罪例外。
5. 作证义务	外交人员完全没有，领事人员职务所涉事项。
6. 行政处罚	外交人员完全不受处罚，领事人员职务行为不受处罚。

▌坑亲王驾到▷

1. 使领馆馆舍不得侵犯；档案不得侵犯；有通讯自由（可以使用无线电发报装置）；免纳捐税、关税；行动和接受国全境内的旅行自由。①

2. 使领馆的工作区域未经馆长允许不得进入，接受国可以去使领馆的私人区域进行检查。②

3. 使领馆的档案无论在何时何地都不受侵犯。③

4. 使领馆工作区域不经许可不能进入，但是如果遇到火灾或者其他灾害需要进行保

---

① 错误。使馆馆舍不得侵犯；档案不得侵犯；通讯自由（非经许可不得装置使用无线电发报机）；免纳捐税、关税；行动和旅行自由（禁区除外）。

② 错误。使馆馆舍不受侵犯是绝对的，包括工作区域和私人区域不经馆长允许都不许进入。领馆馆舍不受侵犯是相对的，只有工作区域不经馆长允许不许进入。

③ 正确。在档案保护方面，使领馆都是一样的。

护时，可以推定馆长同意。①

　　5. 使领馆馆舍及其财产免受搜查、扣押、征用及强制执行。②

　　6. 领事邮袋和外交邮袋在任何情况下均不得开拆、扣留。③

　　7. 外交人员和领事人员在任何情况下都不得被搜查、逮捕和拘留。④

　　8. 外交人员在任何情况下均享有刑事豁免，领事人员的刑事豁免则有重罪例外。⑤

　　9. 外交人员和领事人员只有在执行职务时的行为才有行政管辖豁免。⑥

　　10. 外交人员和领事人员在因主动起诉而产生的反诉中均不得享有豁免。⑦

　　11. 外交和领事人员在未明示或仅仅默示以派遣国代表身份订立契约而产生的诉讼中不享有豁免权。⑧

　　12. 外交人员和领事人员在任何情况下均享有作证义务的免除。⑨

　　13. 外交人员和领事人员均没有权利放弃其特权与豁免。⑩

---

① 错误。只有领馆馆舍的工作区域在遇到火灾或者其他灾害需要保护时才能推定馆长同意。
② 错误。使馆馆舍及其财产免受搜查、扣押、征用和强制执行。领馆馆舍及其财产则原则上不受征用，如有必要可以征用，但必须进行补偿。
③ 错误。外交邮袋在任何情况下均不得开拆和扣留。领事邮袋一般不能开拆和扣留，但如果有重大理由的情况下可以在派遣国代表的见证下开拆。若派遣国拒绝，则应该予以退回。
④ 错误。只有外交人员在任何情况下都不得被搜查、逮捕和拘留。领事人员一般不得搜查、逮捕和拘留，但犯有严重罪行的除外。
⑤ 正确。外交人员享有完全的刑事豁免。领事人员在犯重罪时不得享有刑事豁免。
⑥ 错误。领事人员仅有职务行为享受行政豁免。外交人员即使不从事职务行为也能享有免除户籍和婚姻登记，并且违法行为不受行政制裁。
⑦ 正确。在这一点上，外交人员和领事人员具有相同的豁免权。
⑧ 错误。外交人员和领事人员在民事管辖豁免中有很大不同需要特别注意。本题中，仅是领事人员在未明示或仅仅默示以派遣国代表身份订立契约而产生的诉讼中不享有豁免权。
⑨ 错误。只有外交人员在任何情况下均享有作证义务的豁免。领事人员只有对职务所涉事项能够免除作证义务。
⑩ 正确。只有派遣国有权利放弃外交人员和领事人员的特权与豁免。

07 第七讲
国际争端的和平解决

特别提示

　　这一讲虽然涉及仲裁、海洋法庭等多种争端解决机制，但国际法院是无可争议的重中之重。国际法院的管辖权、法官制度是其中的主要知识点。其他争端解决制度的要点可以结合对比国际法院中的相关内容进行学习。

知识结构导图

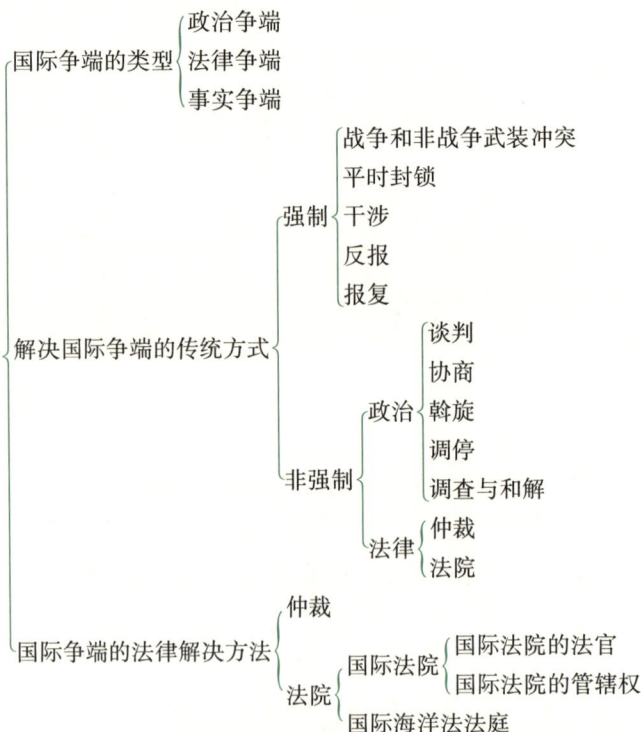

```
                  ┌ 政治争端
国际争端的类型  ┤ 法律争端
                  └ 事实争端

                                            ┌ 战争和非战争武装冲突
                                            │ 平时封锁
                              强制 ┤ 干涉
                                            │ 反报
                                            └ 报复

解决国际争端的传统方式 ┤
                                                              ┌ 谈判
                                                              │ 协商
                                            政治 ┤ 斡旋
                                                              │ 调停
                              非强制 ┤           └ 调查与和解
                                            │
                                            法律 ┤ 仲裁
                                                  └ 法院

                                    ┌ 仲裁
                                    │                      ┌ 国际法院的法官
国际争端的法律解决方法 ┤ 法院 ┤ 国际法院 ┤ 国际法院的管辖权
                                    │           └ 国际海洋法法庭
```

考查频率梳理

频次	考点	真题
1	国际争端的强制性解决方法	2011/1/76

频次	考点	真题
1	国际争端的政治性解决方法	2005/1/33
9	国际法院	2018/1；2017/1/34；2016/1/34；2014/1/97；2013/1/34；2012/1/33；2011/1/34；2008/1/29；2004/1/34
2	国际海洋法法庭	2014/1/97；2012/1/33

一、国际争端的类型

国际争端主要有三种类型，分别是政治性争端、法律性争端和事实性争端。政治性争端主要指涉及当事国主权独立等重大政治利益的争端；法律性争端指所涉事项当事国的要求是以国际法为依据提出的争端，这种争端也被称为"可法律裁判"的争端；事实性争端指国家间对某种情况或事项的事实真相发生争执的争端，需要的是对事实本身的澄清，而不是对其是非曲直作出判定。

二、解决国际争端的传统方式

传统国际法将解决国际争端的方法分为强制性和非强制性两种。

下面用表格的形式将上述方法的要点进行阐释和比较，方便大家梳理和记忆：

国际争端的强制性解决方法	战争和非战争武力解决方法	现代国际法确立了和平解决国际争端的基本原则，使用战争或武力解决争端是被禁止的。武力只能在符合《联合国宪章》的条件下才能运用。因此，战争不再成为解决争端的合法方式。	
	平时封锁	平时封锁只能是由安理会决定的，维持或恢复国际和平与安全所必要时采取的一种措施，而不能是一种国家解决争端采用的合法方式。	
	干涉	干涉是指第三方擅自或片面介入其他国家间的争端，并强迫按照干涉国的方式解决争端。这种方式在现代国际法中，也不能被认为是合法的。	
	反报	反报是指一国对于他国的不礼貌、不友好但不违法的行为，采取相同或相似的不礼貌、不友好但不违法的行为予以回报。	
	报复	报复是一国对于他国的国际不法行为，采取与之相应的措施作为回应。报复以前主要被认为是一种迫使对方接受对其国际不法行为引起争端的解决，现在更多地被认为是一种对于不法行为的对抗，因而在符合必要和成比例以及其他国际法规则的前提下，仍然可以使用。	
国际争端的非强制性解决方法	国际争端的政治性解决方法	谈判与协商	谈判与协商的当事国没有达成拘束力协议的义务。
		斡旋与调停	二者都是由第三方帮助争端当事方解决争端的方式。区别在于斡旋中第三方不直接参与谈判，调停中第三方则直接参与谈判。
		调查与和解	调查只解决事实问题，和解则提出解决问题的方案。

国际争端 的非强制 性解决方法	国际争端 的法律性 解决方法	仲裁解决	国际常设仲裁法院于 1900 年在荷兰海牙成立，由两个机构组成：“常设行政理事会”和“国际事务局”。
		法院解决	国际法院。
			国际海洋法法庭。

▌▌考点提要〉

区别三种相似方式

1. 报复和反报：报复听起来更严重，针对不法行为。反报针对不友好不礼貌但不违法的行为。

2. 斡旋与调停：调停时第三方参与谈判，但对谈判的结果不承担责任

3. 调查与和解：调查只解决事实，没有方案

▌▌坑亲王驾到〉

1. 甲国可以对乙国的不礼貌行为采取报复措施。①

2. 斡旋与调停都是第三方参与争端解决，都是第三方参与解决方案的制定。②

三、国际争端的法律解决方法

国际争端的法律解决方法是指用仲裁和法院判决解决国家之间争端的方式，其中法院判决解决又可以分为联合国国际法院判决解决和联合国海洋法法庭判决解决两种路径。其中联合国国际法院是重中之重。

（一）仲裁

仲裁或称公断，是指根据当事国之间的协议，将争端交于他们选定的仲裁人作出对仲裁当事方具有拘束力的裁决，从而解决争端的方法。目前在国际法领域，国际常设仲裁法院是专门受理国家间仲裁案件的常设仲裁机构。它是根据 1899 年《和平解决国际争端的公约》于 1900 年在海牙设立，由从事行政事务性工作的常设行政理事会和国际事务局以及一份“仲裁员名单”构成。

自 1900 年成立以来，常设国际仲裁法院共裁定了约 50 起案件，其中有 20 起是近 10 年完成的。近年来，国际社会司法方式解决争端的需求日益增强，常设仲裁法院的工作有了很大加强，1993 年召开了第一次全体仲裁员大会，1994 年被接纳为联合国大会观察员，并制定了一系列有关文件，对国际仲裁和有关的国际法规则的发展产生很大影响。

（二）国际法院

国际法院即联合国国际法院，根据作为《联合国宪章》一部分的《国际法院规约》，于 1946 年成立。国际法院是联合国的司法机关，也是当今最普遍最重要的国际司法机构，是用法律方法解决国家间争端的主要机构。国际法院的相关制度主要体现在国际法院的法官和国际法

---

① 错误。报复措施针对一国的违法行为，反报措施针对一国的不违法行为。

② 错误。斡旋和调停确实都有第三方加入争端解决，但斡旋的第三方不参与双方的争端解决，只负责促进双方的谈判协商。调停的第三方则更进一步，参与最终解决方案的制定。

院的管辖权两个方面，下面通过表格的方式对相关的内容进行总结，方便大家梳理和记忆。

国际法院的法官	法官的组成	15 名法官中，不得有 2 人为同一国家的国民。
	法官的产生	候选人同时在大会和安理会中获得绝对多数票时才能当选。常任理事国没有否决权。法官任期 9 年，可连选连任。
	法官的回避	法官对涉及其国籍国的案件，<u>不适用回避制度</u>，除非就任前曾参与该案件。 例：甲国和乙国诉至联合国，甲国发现一名乙国国籍的法官而没有甲国国籍的法官，则甲国不能申请该法官回避，除非其就任前曾参与该案件。
	专案法官	（1）在法院审理案件中，如一方当事国有本国国籍的法官，他方当事国也有权选派一人作为法官参与该案的审理；如双方当事国都没有本国国籍的法官，双方都可各选派法官一人参与该案的审理。 （2）这种临时选派的法官称为"专案法官"，他们和<u>正式法官具有完全平等的地位</u>。同案同权。
国际法院的管辖权	诉讼管辖权	管辖对象（只有国家） 有三类国家可以作为国际法院的诉讼当事国： （1）联合国会员国； （2）非联合国的会员国但为《国际法院规约》的当事国； （3）非联合国的会员国也非《国际法院规约》的当事国，但预先向国际法院书记处交存一份声明，表示愿意接受国际法院管辖、保证执行法院判决及履行相关其他义务的国家。 <u>国际组织、法人或个人都不能成为国际法院的诉讼当事方。</u> 例：甲国既非联合国成员国也不是《国际法院规约当事国》，国际法院是否有可能对其行使诉讼管辖权？有可能，只要交存声明，自愿接受即可。
		管辖类型 （1）自愿管辖：当事国在争端发生后，达成协议，将争端提交国际法院； （2）协定管辖：缔约各方在现行条约或协定中规定，各方同意将有关争端提交国际法院解决； （3）<u>任择强制管辖</u>：《国际法院规约》当事国，可以通过发表声明，对于接受同样义务的任何其他国家，承认国际法院的强制管辖权，而无须另行订立特别协议。（"任择"是指当事国自愿选择是否作出声明；"强制"是指一旦作出声明，在声明接受的范围内，国际法院就具有强制管辖权。） 如果国家不同意，国际法院就无法对其行使诉讼管辖权。
	咨询管辖权	（1）联合国大会、大会临时委员会、安理会、经社理事会、托管理事会等及经大会授权的联合国专门机构或其他机构，可以请求国际法院发表咨询意见；（机构） （2）<u>国家、团体、个人，包括联合国秘书长，都无权请求法院发表咨询意见；</u>

续表

国际法院的管辖权	咨询管辖权	（3）国际法院发表的咨询意见没有法律拘束力，但对有关问题的解决及国际法的发展具有重要影响。
判决的效力		（1）判决具有终局性，一经作出即对当事国产生拘束力，当事国必须履行； （2）如一方拒不履行判决，他方可向安理会提出申诉；安理会可以作出建议或决定采取措施执行判决； （3）当事国对判决的意义或范围发生争执，可以请求国际法院作出解释； （4）当事国在判决作出后发现能够影响判决的新事实，可以申请法院复核判决。

▌▌坑亲王驾到▷

1. 甲国和乙国既不是联合国的成员国，也不是联合国国际法院规约的当事国。则甲国和乙国不可能将其争端提交联合国国际法院解决。①

2. 甲国公民贾某是联合国秘书处的工作人员，因为联合国拖欠工资而申请甲国针对联合国提起了诉讼。联合国国际法院可以受理此诉讼。②

3. 甲国和乙国就双方领土争端向联合国国际法院提起诉讼。国际法院现任法官中有一位甲国国籍的法官，该法官就任前曾经参与涉争领土开发方案的制定。则乙国可以申请该甲国国籍的法官回避。③

4. 一方当事国有本国国籍的法官，他方当事国也有权选派一人作为法官参与该案的审理；如双方当事国都没有本国国籍的法官，双方都可各选派法官一人参与该案的审理。这种临时选派的法官称为"专案法官"，他们和正式法官相比在投票权方面有所欠缺。④

5. 当事国可以通过发表声明，对于接受同样义务的任何其他国家，承认国际法院的强制管辖权，而无须另行订立特别协议。⑤

6. 联合国国际法院做出的咨询意见没有法律拘束力。联合国国际法院所做的判决如果当事国拒不执行，则可以申请法院强制执行。⑥

（三）国际海洋法法庭

国际海洋法法庭是根据《联合国海洋法公约》设立的，它是海洋活动领域的全球性国际司法机构。海洋法法庭的建立，不排除国际法院对海洋活动争端的管辖，争端当事国可以自愿选择将海洋争端交由哪个机构来审理。

---

① 错误。非联合国的会员国也非《国际法院规约》的当事国，但预先向国际法院书记处交存一份声明，表示愿意接受国际法院管辖、保证执行法院判决及履行相关其他义务的国家可以将争端交国际法院管辖。

② 错误。国际组织、法人或个人都不能成为国际法院的诉讼当事方。

③ 正确。法官对涉及其国籍国的案件，不适用回避制度，除非就任前曾参与该案件。

④ 错误。最后一句表述不正确，这种"专案法官"和正式法官具有完全平等的地位和作用。

⑤ 正确。这是联合国国际法院的"任意强制管辖权"。此种意思表示可以撤回，但在撤回之前必须遵守。

⑥ 错误。后一句表达不正确，当事国不履行判决，可向安理会提出申诉，安理会可以作出建议或决定采取措施执行判决。

考点提要

1. 法庭与国际法院	海洋法法庭不排斥国际法院的管辖权。
2. 自然人和法人	自然人和法人可以成为海洋法法庭的管辖对象，不能成为国际法院的管辖对象。
3. 选择	只有各方都书面选择法庭，海洋法法庭才有管辖权。

08 第八讲
战争与武装冲突法

特别提示

　　这一讲的考查频率不高,分战争规则和人道主义保护两大方面。其中战争规则是考查的重点,具体包括战争的开始和结束、战争开始的法律后果、战时中立、禁止的作战方法等内容。

知识结构导图

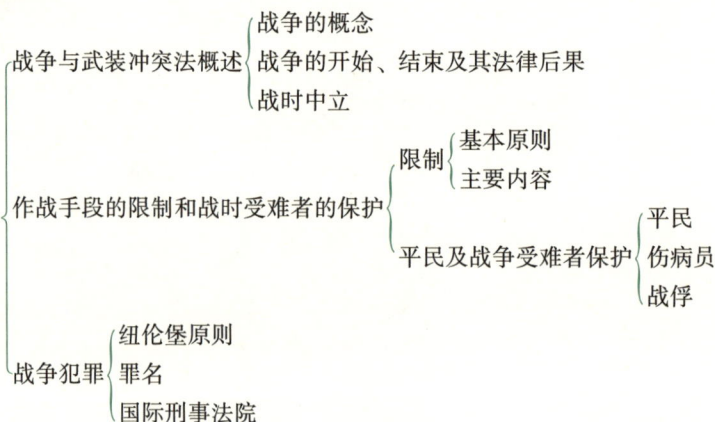

```
                            ┌ 战争的概念
            战争与武装冲突法概述┤ 战争的开始、结束及其法律后果
            │               └ 战时中立
            │
            │                              ┌ 基本原则
            │                       ┌ 限制┤
            │                       │     └ 主要内容
            │ 作战手段的限制和战时受难者的保护┤                        ┌ 平民
            │                       │                        │ 伤病员
            │                       └ 平民及战争受难者保护 ┤ 战俘
            │                                               └
            │      ┌ 纽伦堡原则
            └ 战争犯罪┤ 罪名
                   └ 国际刑事法院
```

考查频率梳理

频次	考点	真题
2	战争开始的法律后果	2008/1/79;2008 川/1/78
1	战时中立	2012/1/34
2	对作战手段和方法的限制	2005/1/34;2004/1/90
3	保护战争受难者	2009/1/78;2007/1/77;2006/1/34

一、战争的概念

　　国际法上的战争主要是指两个或两个以上的国家,使用武力引起的敌对或武装冲突及由此引起的法律状态。

　　作为战争的武装冲突,通常是具有一定规模、持续一定时间、波及范围较广的武装冲突。但作为国际法上的战争，不仅是这种敌对行为的事实，更主要的是一种法律状态。它依一定的程序开始，并产生相应的法律后果。确定国际法上战争状态是否存在，交战各方是否存在"交战意思"是决定性因素。

二、战争的开始、结束及其法律后果

（一）战争的开始和结束

战争的开始可以交战双方或一方的宣战为标志，也可因一方使用武力的行为被另一方、第三方或国际社会认为已构成战争行为而开始。（题目中主要看规模）

从国际实践看，战争的结束一般分两步，停止敌对行动和结束战争状态。停止敌对状态包含停战、无条件投降和停火与休战三种情形。战争状态的结束是交战各方停止战争行动，并全面解决了相关的政治、经济、领土和其他问题，从法律上结束战争状态，恢复彼此间的和平关系。实践中，结束战争状态的方式通常包含缔结和平条约、联合声明、战胜国单方面宣布结束战争。

记忆线索：其中要特别注意投降和战胜国单方面结束战争，注意只有战胜国才有权结束战争。道理很简单，打输了的说停不算数，只有打赢了的说停才算数。无条件投降只能停止敌对行动而不能结束战争状态。

（二）战争开始和结束的法律后果

战争开始和结束的法律后果	战争开始的法律后果	外交	外交和领事关系断绝：特权与豁免不因此减损。
		条约	（1）缔约方为交战国：领土条约有效，相互关系的政治条约废止，一般的政治和经济条约从约定，无约定的停止效力。 （2）交战国和非交战国为当事国的多边条约：有约定从约定、平时条约中与战争冲突的条款中止。 （3）涉及战争规范的条约有效并应予以适用。
		财产	（1）公产：看位置。 ①敌国在本国境内的：可没收（大使馆财产档案除外）； ②占领区的：可以征用但不得没收。 （2）对私产的影响：原则上可征用、限制，但不可没收。 （3）对敌国公民的影响：可以限制但应尊重其人身和财产。 （4）对敌国公海上的公私船货可以拿捕没收，探险、科学、执行医疗任务及宗教等船舶除外；对敌国公私航空器及其货物均可拿捕没收。
		经贸	经贸往来禁止。
	战争结束的法律后果		（1）两国的关系恢复为正常的和平关系。 （2）相应战争法的规则终止适用，在其国家关系中，恢复适用国际法中的平时法部分。 （3）恢复外交和领事关系。 （4）恢复经济贸易通商活动。 （5）因战争中止实施的条约恢复效力。 （6）取消对原交战国家或国民的财产及其他权利的限制等。

坑亲王驾到

1. 甲乙两国发生武装冲突，一个月后甲乙两国正式宣战。两个月后甲乙两国收缩兵力，撤出了冲突地区。则两国正式宣战可以被认为是两国战争的开始，两国将军队撤出冲突地区可以认为是两国战争的结束。①

2. 甲乙两国因边界冲突发生战争，战争开始后双方外交关系和领事关系断绝。双方外交人员和领事人员的特权与豁免也随即消失。②

3. 甲国和乙国发生战争，则甲国可以限制在其境内的乙国公民的人身自由，并且可以没收乙国及其公民的财产。③

三、战时中立

战时中立，是指在战争时期，非交战国选择不参与战争、保持对交战双方不偏不倚的法律地位。国家除事先负有条约义务，是否选择中立地位，是政治抉择，不是法律问题。

［注意］战时中立不同于永久中立。永久中立指永久中立的地位是根据国际条约确立的，它在平时和战时都必须履行其永久中立国的义务，不得任意选择或放弃其地位。

战时中立国的权利主要有：（1）领土主权应得到交战国的尊重；（2）人员的权益应得到保护；（3）有权与交战国的任何一方保持正常的外交和商务关系。

战时中立国的主要义务有：（1）不作为义务，即中立国不得直接或间接地向任何交战国提供军事支持或帮助，包括不得提供军队、武器、给养、贷款或向交战国军队提供庇护场所等；（2）防止义务，即中立国有义务采取一切可能的措施，防止交战国在其领土或其管辖范围内的区域从事战争，或利用其资源准备从事战争敌对行动以及战争相关的行动；（3）容忍义务，即中立国须容忍交战国根据战争法对其国家和人民采取的有关措施。

四、作战手段的限制

限制作战手段和方法的国际法规则，也被称作战争法中的"海牙体系规则"。它主要是以发端于 1907 年的一系列海牙公约为基础，并在以后不断发展而形成的。

对作战手段的限制（海牙体系规则）	基本原则	（1）"条约无规定"不解除当事国义务。 （2）"军事必要"不解除当事国义务，即不得以军事必要来对抗战争法赋予的义务。 （3）区分对象原则。 （4）限制作战手段和方法原则。

---

① 错误。战争的开始和结束均以是否存在相关意思表示为标志。宣战可以认为战争开始，但仅仅撤出冲突地区不能认为是战争的结束。

② 错误。战争会造成外交关系和领事关系的断绝。但外交和领事特权与豁免并不因此而受到减损。

③ 错误。战争对敌产的影响：原则上可征用、限制，但不可没收。对敌国公民的影响：可限制但应尊重其人身和财产。

续表

对作战手段的限制（海牙体系规则）	对作战手段和方法的限制	（1）禁止使用具有过分伤害力和滥杀滥伤作用的武器。禁止使用有毒、化学、生物武器，尚未明确禁止使用核武器。 （2）禁止不分皂白的战争手段和作战方法：不区分军事和民用目标。 （3）禁止改变环境的作战手段和方法。 （4）禁止背信弃义的战争手段和作战方法，但不禁止使用诈术。以下行为构成背信弃义：①假装有在休战旗下谈判或投降的意图；②假装因伤或因病而无能力；③假装具有平民、非战斗员的身份；④使用联合国或中立国家或其他非冲突各方的国家的记号、标志或制服而假装享有被保护的地位。

坑亲王驾到

　　甲国和乙国发生战争，甲国为了占领乙国的战略重镇兵分两路，分别部署。以空军一部对该城市进行大面积轰炸，另外派出陆军部队伪装成国际红十字会救援人员进入城市夺取控制权。甲国陆军和空军的做法均违反相关的交战规则。①

五、战时受难者的保护

　　本部分内容主要分为对战时平民的保护、伤病员待遇和战俘待遇三个方面。其中战时平民保护又分为对位于交战国或武装冲突国境内的平民的保护和对占领区平民的保护。主要规定在《日内瓦公约》及其议定书中。学习的时候特别要注意"人道主义原则"和几个容易理解错误的特殊规定。

　　1. 不得废除被占领国的现行法律，必须维持当地原法院和法官的地位并尊重现行法律。

　　2.（1）战俘应保有其被俘时所享有的民事权利；（2）对战俘的衣、食、住要能维持其健康水平；（3）尊重战俘的风俗习惯和宗教信仰；（4）准许战俘与其家庭通讯和收寄邮件；（5）战俘享有司法保障，受审时享有辩护权，还享有上诉权；（6）讯问战俘应使用其了解的语言；（7）不得歧视；（8）战事停止后，战俘应即予以释放并遣返，不得迟延。

六、战争犯罪

（一）纽伦堡原则

　　纽伦堡审判确立了一系列追究战争责任和惩治战争罪犯的原则。这些原则构成了现代国际法中有关战争犯罪和惩罚规则框架的基础。上述原则主要包括：（1）战犯承担个人责任；（2）符合战犯本国法不免责；（3）官职地位不免责；（4）政府和上级命令不免责；（5）公平审判权；（6）罪名主要是危害和平罪、战争罪和违反人道罪；（7）共谋者构成犯罪；（8）不适用法定时效和不庇护原则。

（二）战争犯罪的罪名

　　根据《欧洲国际军事法庭宪章》和《远东国际军事法庭宪章》规定，战争犯罪包括以下三类：危害和平罪、战争罪（违反战争法规和习惯的行为）和违反人道罪。

---

① 正确。国际法上禁止的作战方法包括禁止不分皂白的攻击（不区分平民和武装目标）、背信弃义的攻击。这两种禁止的攻击方法和一般意义上的文字意义有所不同。需要注意。

战后国际法的发展，不断确认了纽伦堡审判和东京审判原则和确立的罪名，并且对罪名下所包含的内容和范围加以明确和细化。在此领域中，迄今最为重要的发展是 1998 年《国际刑事法院罗马规约》。该规约对上述各项罪名的具体范围都作出了进一步的详细规定。例如，仅上述罪名中的战争罪一项，就包含了严重破坏 1949 年日内瓦公约的行为、严重违反国际法已确定的适用于国际武装冲突的法规和习惯行为等四大类共 40 个子类的行为。

（三）国际刑事法院

1998 年 7 月，在罗马举行的建立国际刑事法院外交大会上，通过了《国际刑事法院罗马规约》，该规约已于 2002 年 7 月生效。根据规约的规定，国际刑事法院已于 2002 年 7 月成立，法院所在地为荷兰海牙。我国目前尚不是《国际刑事法院罗马规约》的缔约国。

国际刑事法院作为对各国国内司法制度的补充，其管辖范围限于灭绝种族罪、战争罪、危害人类罪、侵略罪等几大类；所管辖的犯罪行为限于发生在规约生效后。法院只追究个人的刑事责任，其最高刑罚为无期徒刑。

该法院不管辖通常意义上的刑事案件，如贩毒等，只管辖上述战争犯罪。

第二部分 国际私法

国际私法知识结构导图

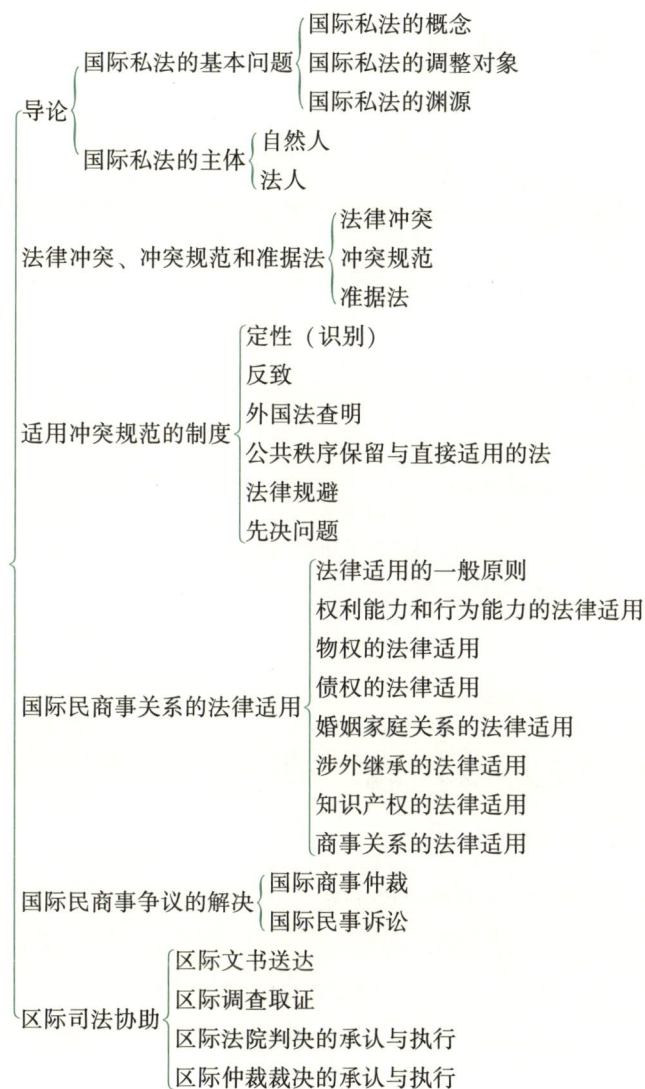

- 导论
  - 国际私法的基本问题
    - 国际私法的概念
    - 国际私法的调整对象
    - 国际私法的渊源
  - 国际私法的主体
    - 自然人
    - 法人
- 法律冲突、冲突规范和准据法
  - 法律冲突
  - 冲突规范
  - 准据法
- 适用冲突规范的制度
  - 定性（识别）
  - 反致
  - 外国法查明
  - 公共秩序保留与直接适用的法
  - 法律规避
  - 先决问题
- 国际民商事关系的法律适用
  - 法律适用的一般原则
  - 权利能力和行为能力的法律适用
  - 物权的法律适用
  - 债权的法律适用
  - 婚姻家庭关系的法律适用
  - 涉外继承的法律适用
  - 知识产权的法律适用
  - 商事关系的法律适用
- 国际民商事争议的解决
  - 国际商事仲裁
  - 国际民事诉讼
- 区际司法协助
  - 区际文书送达
  - 区际调查取证
  - 区际法院判决的承认与执行
  - 区际仲裁裁决的承认与执行

01 第一讲 导 论

知识结构导图

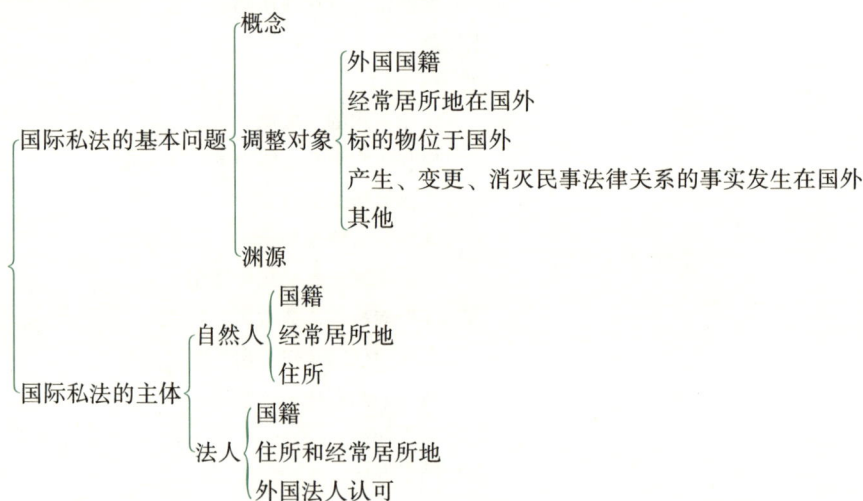

```
                      ┌ 概念
                      │              ┌ 外国国籍
                      │              │ 经常居所地在国外
          国际私法的基本问题 ┤ 调整对象 ┤ 标的物位于国外
          │           │              │ 产生、变更、消灭民事法律关系的事实发生在国外
          │           │              └ 其他
          │           └ 渊源
          ┤
          │                      ┌ 国籍
          │           ┌ 自然人 ┤ 经常居所地
          │           │          └ 住所
          国际私法的主体 ┤          ┌ 国籍
                      └ 法 人 ┤ 住所和经常居所地
                                 └ 外国法人认可
```

考查频率梳理

频次	考点	真题
1	涉外民事关系	2002/1/59
3	自然人的住所和经常居所地	2013/1/37；2009/1/99；2005/1/40
1	自然人的国籍	2004/1/91
2	法人的国籍和住所	2016/1/77；2006/1/35

一、国际私法的基本问题

　　法考中，大家对国际私法的概念的理解把握三个基本层面即可。首先，对于涉外民事案

件，中国法院和外国法院都可能行使管辖权。其次，对于涉外民事案件，中国法律和外国法律都有适用的可能性。最后，对于涉外民事案件，判决可能到世界上任何一个国家去执行。

（一）国际私法的概念

国际私法是指以直接规范和间接规范相结合来调整平等主体之间的国际民商事法律关系并解决国际民商事法律冲突的法律部门。国际私法作为一个独立法律部门，和其他法律部门区别开来的客观基础就是国际私法调整的社会关系是国际民商事法律关系，而且在调整国际民商事法律关系中解决国际民商事法律冲突，并同时使用直接规范和间接规范来实现这一点。

所谓直接调整方法，就是用直接规定当事人的权利与义务的"实体规范"来直接调整国际民商事法律关系当事人之间的权利与义务关系的一种方法。国内法、国际条约和国际惯例中均存在这种直接调整国际民商事法律关系的规范。在法律职业资格考试中这部分规范主要在国际经济法中进行规定。

所谓间接调整方法，就是在有关的国内法或国际条约中规定某类国际民商事法律关系受何种法律调整或支配，而不直接规定如何调整国际民商事法律关系中当事人之间的实体权利与义务关系的一种方法。这种方法主要通过冲突规范来实现，也是国际私法最重要的调整方法。

（二）国际私法的调整对象

一般认为，国际私法的调整对象就是具有国际因素的民商事法律关系，或称国际民商事法律关系，或称跨国民商事法律关系，或称国际私法关系。就一国而言，国际民商事法律关系可称为涉外民商事法律关系，也可简称为涉外民事关系，即具有涉外因素或外国因素的民商事法律关系。

我国最高人民法院通过《关于适用〈中华人民共和国涉外民事关系法律适用法〉若干问题的解释（一）》（以下简称《法律适用法司法解释（一）》）对涉外民事关系的认定进行了明确的规定。民事关系的涉外因素认定标准主要有五个方面，分别是：(1) 国籍；(2) 经常居所地；(3) 标的物；(4) 产生、变更和消灭民事法律关系的事实；[①] (5) 其他。另外值得一提的是我国《关于适用〈中华人民共和国民事诉讼法〉的解释》（以下简称《民诉法解释》）中也专门规定了涉外民事案件的判断标准，两部法律中的关于涉外因素的判断标准是一致的，我国立法中首次实现了冲突规范和程序规范在民事案件涉外因素判定标准问题上的统一。

[注意] 上述条文规定的是国际性的判定标准，这只是涉外民事关系的一个方面。另外一个要素是涉外法律关系的民事性，在进行判断的时候此点不应忽略。

另外要注意不要仅仅从主体、客体和内容加以记忆，这样记忆容易忽略上述标准的第4点。

例：定居在北京的中国人张某和李某于一次在美国旅游期间订立了一份购买位于北京的一批景泰蓝工艺品的合同。该民事关系属于涉外民事关系，因为产生该民事关系的事实发生在国外。

---

① 这里的事实应当是作为案件诉因的事实而不能扩大到任何与案件相关的事实。

▍▍考点提要

民事关系涉外性的判断标准：国籍，经常居所地，标的物，事实，其他。不要忘记事实。

▍▍坑亲王驾到

1. 王某在一次去欧洲的旅行中碰见了定居英国的中国人李某。李某和王某老乡相见，泪眼婆娑。在王某回国后通过电邮与李某签订了购买烟台苹果的一份合同。因为一方当事人的经常居所地在国外，所以本案应当被认定为是涉外民事法律关系。①

2. 法国甲公司的一批货物被厦门海关扣押，甲公司意图要回这批货物。甲公司和厦门海关之间的关系应当被认定为国际私法关系。②

（三）国际私法的渊源

国际私法的渊源指国际私法的主要表现形式，主要包括国内法渊源和国际法渊源两个方面。需要指出的是，不同于国际法，国际私法体系中国内法渊源比国际法渊源更为重要。但这一特点并不能否认国际私法是国际法的性质。

1. 国内法渊源

任何国家都在不同程度上把调整国际民商事法律关系的规范规定在国内法中，因此，国内法成为国际私法的一个主要渊源。国内法渊源主要包括国内立法、国内判例等。

（1）国内立法

在成文法国家，国际私法规范大都规定在国内立法中。即使在普通法系国家，国际私法规范在其国内立法中也多有反映。国际私法所包括的外国人的民商事法律地位规范、冲突规范、国际民事诉讼程序规范和国际商事仲裁规范，均可见于国内立法中。

注意，各国一般都只适用自己的国际私法规则。所以做题的时候凡是适用我国规则的都默认为在我国起诉。

（2）国内判例

一般而言，普通法系国家为判例法国家，大陆法系国家为成文法国家。然而，在国际私法上，判例作为一种法律渊源，无论是对普通法系国家来说还是对大陆法系国家来说，都具有重要的意义。

在我国，判例不是法律的渊源，当然也不是国际私法的渊源。不过，《最高人民法院公报》上刊载的国际私法案例是了解我国国际私法实践的一个重要途径。

（3）司法解释

在我国，司法解释是指国家最高司法机关根据法律的授权，就司法实践中具体应用法律的问题所作的解释。作为针对应用法律并对司法实践加以总结和升华的最高人民法院的司法解释，由于其对法院的审判活动具有约束力，实际上已成为我国法律的一种渊源。

2. 国际法渊源

国际私法的国际法渊源包括国际条约和国际惯例两方面。无论在中国还是在外国，国际

---

① 正确。相同国籍的人因为经常住所地处于不同国家也可能形成涉外民事法律关系。

② 错误。这个案例中的关系虽然具有涉外性，但不是民事关系。要判定一个法律关系是国际私法关系，必须同时具备涉外性和民事性。

法都是国际私法的一个重要渊源。这是由国际私法的调整对象——国际民商事法律关系的国际性所决定的。

值得一提的是我国立法在国际私法领域中专门规定了国际条约和国际惯例的适用规则。国际条约优先于我国国内法得到适用，国际惯例则在当事人没有选择的情况下补缺适用：我国缔结或者参加的国际条约同我国的民事法律有不同规定的，适用国际条约的规定；但是，我国声明保留的条款除外。中华人民共和国法律和中华人民共和国缔结或者参加的国际条约没有规定的，可以适用国际惯例。

[注意]　如果当事人根据法律选择了国际惯例，此时应当优先考虑当事人的选择，只有在当事人没有选择的时候才发生国际惯例补缺适用的效果。

二、国际私法的主体

国际私法的主体主要是自然人和法人，但国家和国际组织也可以成为国际私法的主体，这里对国家和国际组织不做论述。

（一）自然人

自然人是国际私法的基本主体。自然人作为国际民商事法律关系的主体资格取决于其所具有的权利能力和行为能力。自然人作为国际私法主体主要涉及国籍和住所两方面问题。在我国国际私法体系中，自然人的经常居所地作为住所的替代者在立法中被广泛使用。

自然人	国籍	积极冲突：自然人有两个以上国籍且在其中一个国籍国有经常居所地的，以该拥有经常居所地的国家作为其国籍国。如果多个国籍国中均没有经常居所地的，则以与自然人有最密切联系的国籍国作为其国籍国。 例：汤姆具有英美法德四国国籍。如在法国有经常居所地，则以法国作为案件中的国籍国，其他国籍仍旧存在，只是不用。如上述四个国家均没有经常居所地，则以四国中最密切联系的国家作为国籍国。
		消极冲突：自然人无国籍或者国籍不明的，适用其经常居所地法律。
	经常居所地	（1）连续居住 1 年以上； （2）作为其生活中心； （3）排除就医、公务和劳务派遣等。 例：定居在烟台的寰寰老师 2016 年公务到德国访学，历时两年。2018 年回国后到武汉大学攻读博士后，历时一年期间不断往返于武汉和烟台。寰寰老师的经常居所地一直在烟台，访学属于公务，不改变经常居所地。博士后期间不断往返，武汉并不是生活中心，也不改变经常居所地。
		经常居所地不明：适用其现在居所地法律。

考点提要

经常居所地=连续居住满 1 年+作为生活中心-（就医、劳务派遣和公务）。其中的排除情况是常考点。

（二）法人

在国际民商事交往中，一国法人要参加国际民商事活动，成为国际民商事法律关系的主体，除了其本国法的规定外，还需得到相关外国法的认可。所以相较于自然人，法人作为国际私法主体除了国籍和住所问题外还存在一个外国法人认可制度。

　　除了上述问题之外，法人的国籍、住所和经常居所地也是需要记忆的重点。下面通过表格的形式进行总结，方便大家理解和记忆：

国籍	法人的注册登记地为其国籍国。
住所	法人主要办事机构所在地为其住所。（题目中多为总部）
经常居所地	法人的主营业地为其经常居所地。（与案件有最密切联系的）

　　例：在美国登记设立的法人，其主要营业地在上海，总部在日本，住所在哪里？日本，因为日本是其主要办事机构所在地。

02 第二讲
法律冲突、冲突规范和准据法

知识结构导图

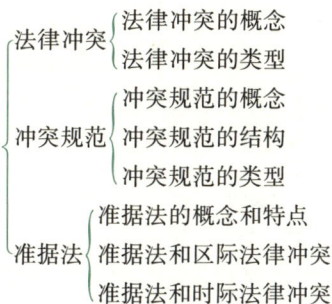

法律冲突 ┤法律冲突的概念 / 法律冲突的类型

冲突规范 ┤冲突规范的概念 / 冲突规范的结构 / 冲突规范的类型

准据法 ┤准据法的概念和特点 / 准据法和区际法律冲突 / 准据法和时际法律冲突

考查频率梳理

频次	考点	真题
1	冲突规范的概念和特点	2010/1/33
1	准据法的适用	2014/1/98
2	冲突规范的类型	2011/1/38；2003/1/21
1	准据法的概念和特点	2002/1/60；2014/1/98
4	区际法律冲突和准据法的确定	2015/1/77；2011/1/39；2007/1/40；2004/1/70

一、法律冲突

（一）法律冲突的概念

　　法律冲突是一种普遍存在的现象。从广义上讲，它是指调整同一社会关系或者解决同一问题的不同法律制度由于各自内容的差异和位阶的高低而导致相互在效力上发生抵触。一般来说，只要各国法律对同一问题作了不同的规定，而当某种法律事实又将不同的法律规定联系在一起时，法律冲突便会发生。

（二）法律冲突的类型

法律冲突既可能发生在法律的各个领域或各个法律部门里，也可能发生在法律的不同层次和结构中。因此，法律冲突的表现形式是多种多样的。国际私法所解决的国际民商事法律冲突主要是一种平面的、私法的、空间的法律冲突。与国际私法紧密相关的还有一种区际法律冲突，指一个国家内部不同法域之间的法律冲突，它经常和准据法的确定混合在一起进行考查。

二、冲突规范

冲突规范是由国内法或国际条约规定的，指明某种国际民商事法律关系应适用何种法律的规范。冲突规范是一种有别于其他法律规范的特殊法律规范，是法律适用规范，是间接规范，是具有独特结构的规范。

［注意］冲突规范的最大作用是一种指引和桥梁，即将所要调整的法律关系和最终适用于该法律关系的实体规范之间建立一种联系和通道，将待调整的法律关系指向最终可能适用的实体规范。

法院的管辖权规则决定法院能否受理案件，冲突规范决定受理案件后适用何种法律。二者完全不同。

例：

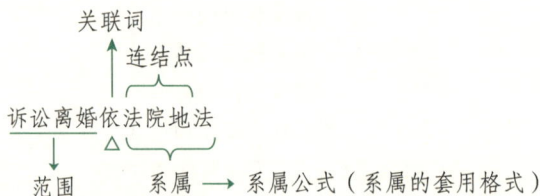

下面用表格将冲突规范的主要内容进行总结，帮助大家理解和记忆：

冲突规范	概念	由国内法或国际条约规定，指明某种国际民商事法律关系应适用何种法律的规范。冲突规范只负责法律的选择，不负责法院的选择。
	结构	范围+关联词+系属。 (1)"范围"或"连接对象"：冲突规范所要调整的民商事法律关系或所要解决的法律问题。 (2)"系属"或"冲突原则"：规定冲突规范中"范围"所应适用的法律。 (3)"关联词"：从语法结构上把"范围"和"系属"联系起来。 实在理解不了的话还有一个窍门，先找到关联词，关联词一边为带"法"的部分，即系属。另一边为不带"法"的部分，即范围。系属中"法"之前的部分为连结点。
		连结点：指冲突规范借以确定某一法律关系应适用什么法律的根据，分为静态、动态；主观、客观。连结点包含在系属中，是系属的一部分。
	类型	单边：直接规定适用某国法律的冲突规范。 例：中外合作开发自然资源合同适用中国法。

续表

冲突规范	类型	[注意] 只有直接从冲突规范的文字中能够明确看出来适用一个具体国家的法律时才构成单边冲突规范。
		双边：只规定可推定的系属，再根据这个系属并结合民商事法律关系的具体情况去推定应适用某法律的冲突规范。 例：结婚适用婚姻缔结地法。条文+案情才能确定的为"双边"。 [注意] 双边冲突规范=规定+案情，才能确定所适用的法律。
		重叠：多个系属，同时适用。
		选择：多个系属，择一适用。有先后顺序的，为有条件选择适用的冲突规范。没有先后顺序的，为无条件选择适用的冲突规范。
	系属公式	又称冲突原则，即指公式化和固定化的系属。 最常见的系属公式有属人法、物之所在地法、行为地法、当事人合意选择的法律、法院地法、旗国法、最密切联系地法等。

考点提要

冲突规范的种类：尤其注意单边和双边的区别。不需要考虑案情的是单边，有具体国家的是单边。

坑亲王驾到

诉讼离婚依法院地法是单边冲突规范。①

三、准据法

（一）准据法的概念和特点

1. 准据法的概念

所谓准据法，是指经冲突规范指定援用来具体确定民商事法律关系当事人的权利与义务的特定的实体法律。由于冲突规范的直接作用只是确定法律选择，或者说援引准据法，故它并不能直接调整民商事法律关系，它只有和它所指定的准据法结合起来才能发挥作用。准据法是经冲突规范援用的实体法律，它本身并不属于冲突规范范畴。

2. 准据法的特点

准据法作为国际私法上的一个特有概念，具有以下特点：（1）准据法必须是通过冲突规范所指定的法律；（2）准据法是能够具体确定国际民商事法律关系的当事人的权利与义务的实体法。

[注意] 正确理解准据法可以从两个要素着手：一是规范的实体性，二是必须经冲突规范援引。

（二）准据法和区际法律冲突

一般来说，一个国家内部具有独特法律制度的地区被称为法域。区际法律冲突，就是在

---

① 错误。仅从冲突规范本身不知道法院地在哪里，必须结合案情才能最终确定所适用的法律。所以应为双边冲突规范。

一个国家内部不同地区的法律制度之间的冲突，或者说，是一个国家内部不同法域之间的法律冲突。区际私法（又被称为区际冲突法或者准国际私法）则为解决区际法律冲突的法律。当国际私法中的冲突规范指定应适用某一外国的法律作准据法，而该外国的法制不统一，具有多个法域，存在着区际法律冲突时，就会提出究竟是适用该外国的哪一法域的法律作为准据法的问题。

我国法律中解决上述问题的规则是<u>直接适用与案件有最密切联系地区的法律</u>。

例：某涉外民事关系按照我国冲突规范应该适用美国法，但美国各州立法差异巨大。则应适用与案件有最密切联系州的法律。

▎▎考点提要 ▷

1. 准据法的要素	冲突规范的指引+实体法。
2. 准据法和区际法律冲突	最密切联系，不考虑区际私法。

▎▎坑亲王驾到 ▷

一个国际私法案件按照我国法律的规定应该适用美国法。美国每个州都有自己的法律体系。我国法院应当按照美国区际私法的规定解决相关法律的适用问题。①

记忆线索：一男一女吃晚饭的故事

通过一男一女吃晚饭的故事进行类比记忆。男生晚上想吃一种食物，女生晚上想吃另一种。二者有无冲突，如果一起吃饭，晚上到底吃什么？

首先，二者没有冲突，因为没有一件事情将两种不同的意愿结合在一起。如果两人要一起吃晚饭就属于冲突。类比而言国际私法上的法律冲突必须具备两个条件：不同内容+共同调整。

其次，如果一起吃饭，则有冲突，要想知道吃什么，就必须首先解决冲突。第一种方法，如果两个人一起吃饭就只能吃烤榴莲。这个方法即解决了冲突也得出了答案，属于直接解决方法。但很难被接受，也不是国际私法主要讨论的。第二种方法，如果两个人一起就女生说了算，因为女士优先。这种方法解决了冲突，但是没有答案，属于间接解决方法。类比国际私法中的冲突规范。冲突规范就是在相冲突的法律中选择一个"说了算"，也是一个间接的解决冲突方法。

最后，女生说了算，但还是不知道最终吃什么，必须找到女生的具体意见：吃臭豆腐。只有到这一步，才能得出最终的答案。类比国际私法就是光有冲突规范还不够，必须找到确定当事人权利义务的具体实体法规范即准据法才能解决案件。

---

① 错误。涉外民事关系适用外国法律，该国不同区域实施不同法律的，适用与该涉外民事关系有最密切联系区域的法律。

03 第三讲
适用冲突规范的制度

特别提示▶

这一讲是国际私法中的重点内容。虽然近两年的考查频率略有下降，但也不可忽视。很多同学都觉得正是这一讲的内容导致了大家对国际私法"难"的印象，其实大可不必如此。陆寰老师在这一讲采取了案例串联教学法，通过案例对相关的知识点进行串联，最大限度地降低了难度。"一个老头和两个老太太的故事"解决了定性、先决、外国法查明、公共秩序保留（外加直接适用的法），"咱们班男同学的故事"解决法律规避，反致已经被我国立法所否定，六大制度两个案例全部解决。建议基础好的同学先看最后［记忆线索］部分的案例。

知识结构导图▶

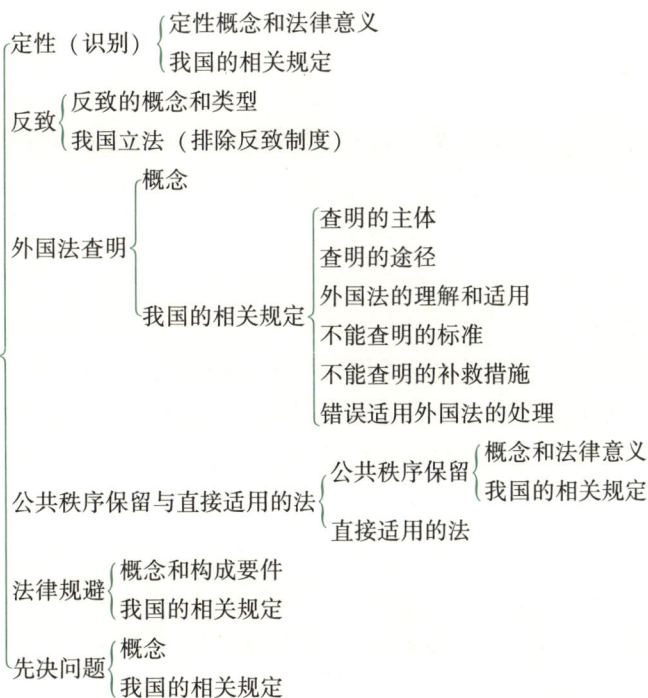

- 定性（识别）
  - 定性概念和法律意义
  - 我国的相关规定
- 反致
  - 反致的概念和类型
  - 我国立法（排除反致制度）
- 外国法查明
  - 概念
  - 我国的相关规定
    - 查明的主体
    - 查明的途径
    - 外国法的理解和适用
    - 不能查明的标准
    - 不能查明的补救措施
    - 错误适用外国法的处理
- 公共秩序保留与直接适用的法
  - 公共秩序保留
    - 概念和法律意义
    - 我国的相关规定
  - 直接适用的法
- 法律规避
  - 概念和构成要件
  - 我国的相关规定
- 先决问题
  - 概念
  - 我国的相关规定

考查频率梳理

频次	考点	真题
2	定性（识别）	2014/1/78；2002/1/20
3	反致	2015/1/77；2014/1/98；2002/1/21
3	外国法查明	2013/1/36；2011/1/35；2006/1/81
1	公共秩序保留	2006/1/39
3	法律规避	2018/1；2015/1/35；2010/1/81
4	直接适用的法	2015/1/35；2015/1/37；2014/1/77；2013/1/35

一、定性（识别）

（一）定性的概念和法律意义

定性，又叫识别或归类，是指在适用冲突规范时，依照某一法律观念对有关的事实或问题进行分析，将其归入一定的法律范畴，并对有关的冲突规范的范围或对象进行解释，从而确定何种冲突规范适用于何种事实或问题的过程。简单理解就是判断案件性质。

（二）我国的相关规定

根据我国的相关立法，应当依据法院地法（受理案件法院所在国的法律）解决案件的定性问题。如果案件涉及两个以上的涉外民事关系，则应该依据法院地法分别确定所应当适用的法律。

例：张某和美国人汤姆因为民事纠纷诉至我国法院，张某认为该案属于侵权案件，汤姆则认为该案属于合同纠纷。我国法院应当根据我国法律确定案件的性质。注意，这里的我国法律只用于判断案件性质。

▌**坑亲王驾到**▷

中国人甲某和日本人李某因为经济纠纷诉至我国法院。法院可以适用日本法律判断案件的性质。[①]

二、反致

（一）概念和类型

反致指法院根据本国冲突规范应该适用外国法，但根据该外国的冲突规范则应该适用法院地法或第三国法，法院最终适用了法院地法或第三国法的情形。反致有广义和狭义之分。一般讲的反致是广义的反致，是一个总括性的概念。具体包括直接反致、转致和间接反致。具体见下图：

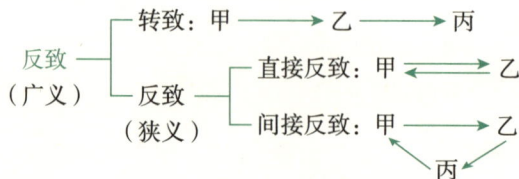

---

① 错误。只能适用法院地法，在本案中也就是中国法解决案件的定性问题。

（二）我国立法

我国《法律适用法》第 9 条："涉外民事关系适用的外国法律，不包括该国的法律适用法。"我国立法中排除了反致制度。

可以总结两句话：

1. 法院只适用法院地国的冲突规则和程序规则，反之法律冲突问题和程序问题不可能适用外国法；

2. 法院可能适用外国的实体规则，反之只有实体问题才能适用外国法。

例：在我国法院进行财产保全程序不能适用外国法，因为程序问题不可能适用外国法。

［注意］反致在法律职业资格考试中的考查方式主要有两种：一是反致的理论类型；二是我国对反致的态度。

三、外国法查明

（一）外国法查明的概念

所谓外国法的查明，又称为外国法内容的确定，在英、美等普通法系国家则称为外国法的证明。它是指一国法院根据本国冲突规范指定应适用外国法时，如何查明该外国法的存在和内容。"法官谙知法律"是一个古老而美好的格言，但事实上，由于世界各国的法律千差万别，纷繁复杂，任何法官都不可能通晓世界各国的法律。因此，当一国法官在审理国际民商事案件时，如依本国冲突规范的指定应适用外国法，就必须通过一定的方法来确定该外国法中有关规定的存在并了解其内容。

（二）我国的相关规定

我国立法中对外国法查明问题的规定可以分为六个方面，分别是：查明的主体、查明的途径、对外国法的理解和适用、不能查明的标准、不能查明的补救措施和错误适用外国法的处理等。下面用表格的方式对下列问题进行总结：

查明的主体	（1）没有选择的，人民法院、仲裁机构或者行政机关查明。题目中谁受案谁查明。 （2）当事人选择适用外国法律的，应当提供该国法律。 例：张某和美国人汤姆因民事纠纷诉至我国法院，双方未选择所适用的法律。则应由法院负责查明所适用的法律。
查明途径	（1）由当事人提供； （2）由与我国订立司法协助协定的缔约对方的中央机关提供； （3）由我国驻该国使领馆提供； （4）由该国驻我国使馆提供； （5）由中外法律专家提供。　　〉不完全列举，有"等"合理途径。
外国法的理解和适用	人民法院应当听取各方当事人对应当适用的外国法律的内容及其理解与适用的意见，当事人对该外国法律的内容及其理解与适用均无异议的，人民法院可以予以确认；当事人有异议的，由人民法院审查认定。 应当听，可以定。

不能查明的标准	（1）人民法院通过由当事人提供、已对中国生效的国际条约规定的途径、中外法律专家提供等合理途径仍不能获得外国法律的，可以认定为不能查明外国法律； （2）当事人应当提供外国法律，其在人民法院指定的合理期限内无正当理由未提供该外国法律的，可以认定为不能查明外国法律。
不能查明的补救措施	不能查明外国法律或者该国法律没有规定的，适用中华人民共和国法律。
错误适用	可以上诉，上诉审既包括事实审也包括法律审。

‖坑亲王驾到

1. 案件根据我国冲突法规范要适用外国法的，除双方当事人选择适用外国法外，应当由法院或仲裁机构查明该外国法。行政机关没有查明外国法的义务。[①]

2. 案件根据我国冲突法规范要适用外国法的，法院可以通过中外法律专家的途径进行查明。如果当事人对查明的外国法的内容没有异议的，人民法院可以予以确认；当事人有异议的，由人民法院决定。[②]

四、公共秩序保留与直接适用的法

（一）公共秩序保留

1. 概念和法律意义

所谓公共秩序，又称为公共政策，指一国国家和社会的重大利益，或法律和道德的基本原则。根据各国普遍的实践和许多国际私法公约的规定，一国在依内国冲突规范的指定应对某一国际民商事法律关系适用外国法时，如其适用将与本国的公共秩序相抵触，便可排除该外国法的适用。公共秩序制度的主要意义就是排除本应适用的外国法在内国的适用，而其实质在于维护本国国家及其人民的利益。因此，人们称公共秩序制度是国际私法中的"安全阀"。必须指出的是，虽然现在世界各国及其学者都承认公共秩序保留为国际私法上的一项制度，但在具体适用上需要谨慎，公共秩序保留可以说是排除外国法适用的最后手段，在司法实践中不应当被频繁地使用。

2. 我国的相关规定

我国《法律适用法》规定，外国法律的适用将损害中华人民共和国社会公共利益的，适用中华人民共和国法律。

例：共同定居在美国的中国女子李某和美国女子丽丽按照美国法律缔结了婚姻，双方后因婚姻效力问题诉至中国法院。虽然按照我国冲突规范应该适用外国法律，但由于美国法律的适用与我国公共利益相冲突，所以应该适用我国法律认定该婚姻无效。

---

① 错误。涉外民事关系适用的外国法律，由人民法院、仲裁机构或者行政机关查明。当事人选择适用外国法律的，应当提供该国法律。
② 错误。本题目涉及两个方面，一是外国法查明的方式，另一个当事人意见对查明的作用。双方当事人有异议的，由人民法院审查认定。

（二）直接适用的法

"直接适用的法"是晚近在欧洲发展起来的一种理论，在这种理论看来，"直接适用的法"指在国际民商事交往中，为了维护其国家和社会的重大利益，无须借助法律选择规范的指引而直接适用于国际民商事关系的强制性法律规范。我国立法中有两个条文对该内容进行规定。

首先是《法律适用法》第4条：我国法律对涉外民事关系有强制性规定的，直接适用该强制性规定。但该条文过于笼统，所以又通过《法律适用法司法解释（一）》第10条对直接适用的法进行了细化，有下列情形之一，涉及中华人民共和国社会公共利益、当事人不能通过约定排除适用、无需通过冲突规范指引而直接适用于涉外民事关系的法律、行政法规的规定，人民法院应当认定为《法律适用法》第4条规定的强制性规定：（1）涉及劳动者权益保护的；（2）涉及食品或公共卫生安全的；（3）涉及环境安全的；（4）涉及外汇管制等金融安全的；（5）涉及反垄断、反倾销的；（6）应当认定为强制性规定的其他情形。上述六个领域可总结为"两反一保三安全"。

▌▌**考点提要**▷

1. 首先判断题目所涉及的法律关系是否属于"两反一保三安全"；

2. 如果属于，则该法律关系只能适用中国法，不能通过当事人约定排除，也无需通过冲突规范确定所适用的法律。

▌▌**坑亲王驾到**▷

如果某个涉外案件涉及劳动者权益保护，则人民法院应该根据单边冲突规范的指引适用中国法。①

例：中国甲公司和美国乙银行在贷款协议种协议选择适用美国法，后双方因为纠纷诉至我国法院。如果我国法院认为该纠纷涉及我国的金融安全，则该纠纷只能适用中国法，当事人不能通过选择美国法来排除中国法的适用。

五、法律规避

（一）概念和构成要件

所谓法律规避，是指国际民商事法律关系的当事人故意制造某种连结点，以避开本应适用的对其不利的法律，从而使对自己有利的法律得以适用的一种行为。国际私法上的法律规避有四个构成要件：（1）从主观上讲，当事人规避某法律必须是出于故意；（2）从规避的对象上讲，当事人规避的法律是当事人本应适用的强制性法律规范；（3）从行为方式上讲，当事人是通过人为地制造或改变一个或几个连结因素来实现法律规避的；（4）从客观结果上讲，当事人的规避行为已经完成。

（二）我国的相关规定

我国法律规定，一方当事人故意制造涉外民事关系的连结点，规避中华人民共和国法律、行政法规的强制性规定的，人民法院应认定为不发生适用外国法律的效力。需要注意的

---

① 错误。涉及劳动者权益保护的案件应该不经过指引直接适用我国的相关法律或行政法规。本题考查的是直接适用的法，可以总结为："一保两反三安全"。

是规避的对象仅限于我国法律、行政法规中的强制性规定。排除外国法后应当适用我国法中被规避的、原本应当适用的强制性规定解决相关的涉外民商事法律纠纷。

▍考点提要〉

法律规避的要点在于当事人故意改变连结点和规避国内的强制性规则。不能和公共秩序保留并存。

▍坑亲王驾到〉

中国人甲某和中国人乙某意图结婚，但甲某已经有合法妻子丙某。甲某和乙某为了实现结婚的目的，将经常居所地变更为阿联酋，意图适用阿联酋婚姻法的规定实现两人的结合。后丙某就婚姻问题在中国法院向甲某和乙某提起诉讼。法院应该根据涉外婚姻法律适用的相关规定适用阿联酋法律解决甲某和丙某的婚姻效力问题。①

六、先决问题

（一）先决问题的概念

先决问题，又称附带问题，是指在国际私法中的争诉问题的解决，以首先解决另一个问题为条件。该争诉的问题称为"本问题"或"主要问题"，需要先行予以解决的问题称为"先决问题"。注意当事人的诉求对于先决问题和本问题的区分有至关重要的作用。

（二）我国的相关规定

我国法律规定，涉外民事争议的解决须以另一涉外民事关系的确认为前提时，人民法院应当根据该先决问题自身的性质确定其应当适用的法律。

▍坑亲王驾到〉

中国人甲某和日本人乙某就丙某遗留财产的继承纠纷诉至中国法院。法院经过审理发现如果要解决本案中的继承问题，必须先解决甲某和丙某的婚姻效力问题。本案中甲某和丙某的婚姻效力问题应该适用继承关系的准据法。②

记忆线索：

1. 一个老头和两个老太太的故事

中国公民张某和李某在中国于 1970 年结婚，婚后张某前往美国打拼，张某在北京留有一套房产。2017 年，张某死亡的消息传来，李某遂准备办理该套房产的继承手续。此时美国公民丽萨在北京市某中级人民法院向李某提起诉讼，认为自己是张某的合法妻子，要求继承张某在北京的房产。经查明，张某没有留下遗嘱。

（1）定性

具体案件中的定性包括三个方面内容：一是依照法院地法定性；二是如果有多个问题就分别定性；三是定性需要特别考虑案件的诉求。本案中应该按照中国法结合诉求将案件定性为涉外不动产继承纠纷。

---

① 错误。本题考查的是法律规避问题。当事人规避我国强制性或者禁止性法律规范的行为，不发生适用外国法律的效力。一夫一妻制显然是我国立法中的强制性规范。

② 错误。涉外民事争议的解决须以另一涉外民事关系的确认为前提时，人民法院应当根据该先决问题自身的性质确定其应当适用的法律。

（2）先决问题

定性后根据不动产法定继承的规则，本案中的继承问题应该适用中国法。我国《继承法》中规定第一顺位继承人包括父母、配偶和子女。根据上述规则本案无法继续进行审理，产生了国际私法上的先决问题。涉外民事争议的解决须以另一涉外民事关系的确认为前提时，人民法院应当根据该先决问题自身的性质确定其应当适用的法律。本案的先决问题是丽萨和张某的婚姻效力问题。

（3）外国法查明

根据我国结婚的法律适用规则，本案中丽萨和张某的结婚适用美国法。这里产生了国际私法中的外国法查明问题。

外国法查明	概念	一国法院根据本国冲突规范指定应适用外国法时，如何查明该外国法的存在和内容。
	查明的主体	①人民法院、仲裁机构或者行政机关； ②当事人选择适用外国法律的，应当提供该国法律。
	查明途径	当事人提供、已对中国生效的国际条约规定的途径、中外法律专家提供等合理途径。
	外国法的理解和适用	人民法院应当听取各方当事人对应当适用的外国法律的内容及其理解与适用的意见，当事人对该外国法律的内容及其理解与适用均无异议的，人民法院可以予以确认；当事人有异议的，由人民法院审查认定。
	不能查明的标准	①人民法院通过由当事人提供、已对中国生效的国际条约规定的途径、中外法律专家提供等合理途径仍不能获得外国法律的，可以认定为不能查明外国法律； ②当事人应当提供外国法律，其在人民法院指定的合理期限内无正当理由未提供该外国法律的，可以认定为不能查明外国法律。
	不能查明的补救措施	不能查明外国法律或者该国法律没有规定的，适用中华人民共和国法律。
	错误适用外国法的处理	可以上诉，上诉审既包括事实审也包括法律审。

（4）公共秩序保留和直接适用的法

如果根据上述规则所查明的美国法中的具体内容，张某和丽萨的婚姻为无效。则可以根据该结果继续进行继承部分的判决。如果根据美国法的具体内容，张某和丽萨的婚姻有效，则会产生国际私法中的公共秩序保留问题。外国法律的适用将损害中华人民共和国社会公共利益的，适用中华人民共和国法律。

与公共秩序保留效果类似的制度还有直接适用的法。这个制度包含三个考点：一是不用通过冲突规范的指引；二是不能约定排除；三是具体适用领域为"两反一保三安全"。

本案中如果张某和丽萨的婚姻根据美国法有效成立，则应利用公共秩序保留制度排除美国法的适用，转而适用我国婚姻法认定张某和丽萨的婚姻无效。从而认为丽萨对张某的房屋没有继承权。

2. 咱们班男同学的故事

培训班中有位男同学在指南针的帮助下顺利地通过了考试，经过 5 年的律师生涯家财万贯。在一次同学聚会的时候碰到了自己的初恋情人，此时该男同学已经结婚了。该同学想在不离婚的情况下再将初恋情人娶进门。苦思冥想之下想起陆寰老师在课堂上说涉外结婚适用共同经常居所地法，遂带着初恋情人一同在阿联酋生活了 3 年并根据阿联酋法律缔结了婚姻（根据阿联酋法律，男子最多可以娶 4 个妻子）。之后该男同学与初恋情人回到中国。问：能否让该男同学得逞？

本案中涉及国际私法中的法律规避问题。一方当事人故意制造涉外民事关系的连结点，规避中华人民共和国法律、行政法规的强制性规定的，人民法院应认定为不发生适用外国法律的效力。

各位同学，国际私法重点在记忆。上述［记忆线索］的目的就是通过这两个案例帮助大家对适用冲突规范的制度形成形象化的记忆。大家在考试的时候只要想想这两个案例，相信对这几个制度永远不会忘记。

04 第四讲
国际民商事关系的法律适用

特别提示

本讲是国际私法中的核心内容，国际私法 2/3 以上的分值都集中在本专题中。大家尽量利用本讲中的表格和知识导图帮助理解和记忆。本讲所有内容都是重点，除了《法律适用法》的规定之外，不要忽略《海商法》《民用航空法》和《票据法》中的法律适用规则。个别版块之后的［记忆线索］是老师为了方便大家记忆所作出的一些联想和串联，不一定贴切，但希望对大家有所帮助。

知识结构导图

法律适用的一般原则
权利能力和行为能力的法律适用
物权的法律适用
债权的法律适用
婚姻家庭关系的法律适用
涉外继承的法律适用
知识产权的法律适用
商事关系的法律适用

考查频率梳理

频次	考点	真题
5	意思自治原则	2015/1/37；2015/1/77；2014/1/77；2013/1/98；2011/1/77
9	民事主体的法律适用	2018/2；2016/1/35；2016/1/77；2014/1/35；2014/1/36；2012/1/35；2011/1/36；2009/1/36；2005/1/37
4	时效的法律适用	2017/1/79；2014/1/77；2005/1/35；2002/1/22
8	物权的法律适用	2018/2；2015/1/36；2011/1/98；2010/1/35；2008 川/1/80；2004/1/37；2004/1/71；2003/1/22
10	合同的法律适用	2018/2；2016/1/38；2015/1/77；2014/1/38；2010/1/34；2009/1/34；2008/1/37；2008 川/1/35；2008 川/1/39；2006/1/94
3	知识产权的法律适用	2016/1/79；2014/1/78；2012/1/98

频次	考点	真题
9	商事关系的法律适用（时效）	2017/1/36；2017/1/37；2017/1/77；2017/1/79；2010/1/38；2009/1/35；2006/1/41；2006/1/82；2005/1/39
1	不当得利的法律适用	2016/1/36
8	婚姻关系的法律适用	2018/2；2017/1/78；2016/1/37；2015/1/78；2013/1/77；2012/1/77；2007/1/81；2005/1/81
7	侵权的法律适用	2017/1/35；2015/1/37；2012/1/79；2011/1/78；2010/1/99；2009/1/83；2007/1/37
4	收养的法律适用	2014/1/37；2012/1/36；2008/1/46；2007/1/35
1	扶养的法律适用	2009/1/33
4	继承的法律适用	2016/1/78；2010/1/83；2008 川/1/40；2006/1/37

一、法律适用的一般原则

法律适用的原则性规定是指我国立法中有关法律适用的原则性、通用性问题。这些问题一般在《法律适用法》的总则部分进行规定，《法律适用法司法解释（一）》中也有所体现。此部分规则可以大致分为三个方面：（1）最密切联系原则；（2）意思自治原则；（3）《法律适用法》的适用问题。

（一）最密切联系原则

"最密切联系原则"在之后具体领域的法律适用规则中也有所体现，这里的最密切联系原则主要是指《法律适用法》第 2 条的规定："涉外民事关系适用的法律，依照本法确定。其他法律对涉外民事关系法律适用另有特别规定的，依照其规定。本法和其他法律对涉外民事关系法律适用没有规定的，适用与该涉外民事关系最密切联系的法律。"

这里规定的"最密切联系原则"是一种兜底条款，即在依据《法律适用法》分则部分的规则无法找到所适用的法律时，可以依照上述条款的规定确定所应适用的法律。

例：根据《法律适用法》第 21 条的规定："结婚条件，适用当事人共同经常居所地法律；没有共同经常居所地的，适用共同国籍国法律；没有共同国籍，在一方当事人经常居所地或者国籍国缔结婚姻的，适用婚姻缔结地法律。"夫妻二人既没有共同国籍国也没有共同经常居所地，也没有在一方的国籍国或经常居所地举行婚礼，则按照第 21 条的规定无法确定所应适用的法律。此时就可以依据第 2 条关于最密切联系原则的规定，结合案情确定所应适用的法律。

（二）意思自治原则

"意思自治原则"是指双方当事人可以选择适用于涉外民事法律关系的法律。作为法律适用一般原则的"意思自治"主要涉及两个问题：一是"意思自治"的一般性适用禁止；二是"意思自治"中的技术性环节。

1. "意思自治原则"的适用前提

《法律适用法司法解释（一）》第 6 条规定："中华人民共和国法律没有明确规定当事

人可以选择涉外民事关系适用的法律，当事人选择适用法律的，人民法院应认定该选择无效。"简而言之，只有法律明确规定可以选才能选。

例：共同定居在北京的中国人张某和美国人汤姆因侵犯人格权诉至法院，双方约定适用美国法。但我国法律明确规定侵犯人格权适用被侵权人的经常居所地法，所以双方的选择无效。

2. "意思自治原则"适用的技术性问题

"意思自治原则"要想顺畅地在具体案件中得以适用除了上述条文中规定的选择形式之外，还必须解决包括选择法律的范围、选择的时间和选择后法律的查明等技术性问题。下面用表格的形式将上述问题进行总结，方便大家顺畅地适用该原则。

	选择的前提	《法律适用法》分则或其他法律明确规定可以选择。
意思自治原则的技术性问题	选择法律的范围	不要求与争议的涉外民事法律关系有实际联系。
	选择的时间	一审法庭辩论终结前，可以选择或变更原选择。
	对未生效国际条约的选择	当事人在合同中援引尚未对中华人民共和国生效的国际条约的，人民法院可以根据该国际条约的内容确定当事人之间的权利义务，但违反中华人民共和国社会公共利益或中华人民共和国法律、行政法规强制性规定的除外。
	选择的方式	（1）明示选择。 （2）推定选择。各方当事人援引相同国家的法律且未提出法律适用异议的，人民法院可以认定当事人已经就涉外民事关系适用的法律作出了选择。
	选择法律的查明	当事人选择适用外国法的，当事人负责查明。其在人民法院指定的合理期限内无正当理由未提供该外国法律的，可以认定为不能查明外国法律。

▌▌坑亲王驾到▶

根据我国法律的规定，在合同法律适用问题上，当事人可以选择与合同没有任何联系的国家的法律，也可以无条件地选择对我国尚未生效的国际条约。[①]

（三）《法律适用法》的适用问题

《法律适用法》的适用问题主要包括以下几个方面：（1）《法律适用法》的溯及力；（2）《法律适用法》和商事特别法律的关系；（3）《法律适用法》和国际条约的关系；（4）《法律适用法》和国际惯例的关系。下面用表格的形式将上述四个方面的问题进行总结，方便大家记忆。

《法律适用法》的适用问题	溯及力	没有溯及力。涉外民事关系法律适用法实施以前发生的涉外民事关系，人民法院应当根据该涉外民事关系发生时的有关法律规定确定应当适用的法律，旧法没有规定的，可以参照《法律适用法》。

---

① 错误。选择法律不要求有联系，但选择对我国尚未生效的条约要求不违反我国法律、法规的强制性规定。

右上角：续表

《法律适用法》的适用问题	与商事特别法律的关系	《海商法》《票据法》《民用航空法》和知识产权领域的特别规定优先于《法律适用法》适用。
	国际条约	缔结或者参加的国际条约同本法有不同规定的，适用国际条约的规定；但是，我国声明保留的条款除外。
	国际惯例	中华人民共和国法律和中华人民共和国缔结或者参加的国际条约没有规定的，可以适用国际惯例。 [注意] 以上规则是在没有当事人选择的情况下适用，如果当事人选择了国际惯例，则国际惯例作为当事人合同的一部分或当事人选择的法律会得到优先适用。

二、权利能力和行为能力的法律适用

具体而言，权利能力和行为能力的法律适用可以从自然人和法人两个角度进行学习。法人的权利能力和行为能力的法律适用规则相对简单，且权利能力和行为能力具有同样的适用规则。自然人则较为复杂，行为能力和权利能力分别有不同的法律适用规则，而且除了一般规定外还有宣告死亡、宣告失踪和人格权方面的特殊规定。下面用表格的形式对上述问题进行总结，方便大家进行梳理和记忆。

权利能力和行为能力的法律适用	自然人	民事权利能力	经常居所地法。
		民事行为能力	首先适用经常居所地法，如果依照经常居所地法为无民事行为能力，依照行为地法为有民事行为能力，则适用行为地法。（婚姻家庭、继承除外）
		宣告死亡或宣告失踪	经常居所地法。
		人格权的内容	经常居所地法。 [注意] 侵犯人格权的法律适用在侵权部分进行规定。
	法人及其分支机构	权利、行为能力及组织机构和股东权利义务	（1）适用登记地法，该登记地为设立登记地。 （2）主营业地与登记地不一致的，可以适用主营业地法。法人的经常居所地为其主营业地。
	经常居所地		自然人在涉外民事关系产生或者变更、终止时已经连续居住 1 年以上且作为其生活中心的地方，人民法院可以认定为涉外民事关系法律适用法规定的自然人经常居所地，但就医、劳务派遣、公务等情形除外。

例：在美国登记成立的甲公司的主营业地在上海。该公司的分支机构因股东权利义务在我国涉诉。则根据我国法律其分支机构的股东权利义务可以适用美国法（登记地法），也可以适用中国法。(主营业地法)

▌▌考点提要

自然人相关	经常居所地+尽量使行为有效（行为能力）。
法人	既包括法人，也包括分支机构。
	调整对象四位一体：行为能力+权利能力+股东权利义务+组织机构。
	主营业地和登记地不一致时"可以"适用主营业地。

记忆线索：

1. 自然人的民事权利能力始于出生、终于死亡。而出生和死亡大多发生在经常居所地，所以适用经常居所地法。

2. 宣告死亡和宣告失踪是为了解决被宣告主体财产和人身关系的不确定状态。而这些关系主要集中于被宣告主体的经常居所地，所以适用经常居所地法。

3. 人格权主要涉及经常居所地，所以其内容和侵权责任都适用经常居所地法。你在我家门口骂我，我 Neng 死你。

4. 自然人的民事行为主要发生在经常居所地，所以其民事行为能力首先适用经常居所地法，另外要考虑到相对方，所以"尽量使行为有效"。

▌▌坑亲王驾到

1. 甲公司在美国注册成立后主要在日本开展业务。现在因公司的民事权利能力诉至上海法院，法院经审理查明，日本为甲公司的主要营业地，所以应该适用日本法确定甲公司的民事行为能力。①

2. 经常居住在北京的奥地利人杰克因为长期失踪，其妻子向北京市法院申请宣告杰克死亡。因为杰克是奥地利人，所以应当适用奥地利法律确定本案中的涉外死亡宣告问题。②

三、物权的法律适用

对于物权的法律适用问题，各国一般分为不动产和动产两方面进行规定。不动产方面大多以不动产所在地法作为其准据法。动产则较为复杂，除了动产法律适用的一般规则外，还有运输中的动产、权利质权和有价证券以及船舶和飞机等特殊动产的法律适用规则。下面用表格的形式对上述内容进行总结，方便大家进行梳理和记忆：

	不动产	不动产所在地法律。	
物权的法律适用	动产物权	一般规则	协议选择，未选择为法律事实发生时动产所在地法。（能动）
		运输中的动产	协议选择，未选择为运输目的地。（一直在动）
		权利质权	质权设立地法律。
		有价证券	权利实现地法或其他最密切联系的法律。

---

① 错误。是可以，而非应该。法人的主营业地与登记地不一致的，可以适用主营业地法律。法人的经常居所地，为其主营业地。

② 错误。宣告死亡和宣告失踪均适用自然人经常住所地法。

续表

			船舶所有权，适用船旗国法。
物权的 法律适用	动产物权	船舶物权 （《海商法》）	船舶抵押权适用船旗国法，光船租赁以前或期间设立的船舶抵押权适用原登记国法。 ［注意］海商法中的船旗国、登记国和国籍国都是一个意思，都指国籍国。 例：中国人张某有一艘船舶登记为中国籍，后来光船租赁给一个马来西亚商人并登记为马来西亚籍。该船舶光船租赁期间所设立的抵押权应该适用中国法。（原登记国法）
			船舶优先权适用法院地法。
	民用航空器 物权		所有权和抵押权适用登记国法。 优先权适用法院地法。

考点提要

规则并不难记，关键是做题的时候判断所考察的内容。例如，只有权利质权才适用质权设立地法，不是所有的质权都是如此。动产质权的话则应按照动产物权的法律适用规则加以判断。

记忆线索：物权法律适用的规则较为简单，这里主要介绍记忆的一些联想技巧。

1. 不动产。没说的，适用不动产所在地法是统一认知。

2. 动产。可以让当事人选，没有选择的适用法律事实发生时动产所在地法。动产之所以麻烦就是因为其位置容易移动，但我们可以从时间的角度进行限制。这里就选择了法律事实发生时这一因素。

3. 运输中的动产。也可以选择，理由同上。但由于其一直在移动，只有出发地和目的地与其的联系最为密切，二者之中目的地更胜一筹（人总是奔向前方滴）。所以没有选择时适用目的地法。

4. 有价证券。特殊的动产不能选择，实现地法至关重要。你家的股票要想收益就必须出卖和获得分红，这些就是权利的实现。所以适用权利实现地法和其他最密切联系地的法律。不要忘了其他哦。

5. 权利质权。也比较特殊，不能选择，并且有时候不需要实现（债务已经适当履行）。就只有权利设立地这一地方的法律最为合适了。

6. 船舶和飞机。优先权都适用法院地法，因为优先权只能通过法院扣押实现。所有权都适用国籍登记地法，属于飞机和船舶的特性所致。只有船舶的抵押权特殊一些，考虑到了光船租赁的因素。船舶抵押权适用船旗国法，光船租赁以前或期间设立的船舶抵押权适用原登记国法。飞机的抵押权适用登记国法。（这里的登记是国籍登记）

坑亲王驾到

根据我国《法律适用法》当事人可以选择一般动产和运输中动产所适用的法律。在当事人没有选择的情况下应适用法律事实发生时的动产所在地法。①

---

① 错误。一般动产和运输中动产双方当事人都能选择，但在未选择时运输中动产应该适用目的地法。

四、债权的法律适用

债权是一方当事人请求他方当事人为一定行为（作为或不作为）的私法上权利。债权的范围非常广泛，根据权利产生的原因可以分为合同之债、侵权之债、不当得利之债和无因管理之债。本部分债权的法律适用将分别从上述四个方面进行介绍。

（一）合同的法律适用

合同的法律适用是国际私法中一个非常重要的领域，是考试的常客。总体来说，合同法律适用以当事人意思自治和对意思自治的限制和补充为主要线索，杂之以特殊合同（消费者合同、劳动合同）和特殊领域合同（《海商法》和《民用航空法》）的法律适用问题。

合同的法律适用	一般合同的法律适用	当事人意思自治	当事人可以协议选择合同适用的法律。（技术问题见之前适用一般原则）
		意思自治的补充	当事人没有选择的，适用特征性履行方经常居所地法或其他与合同有最密切联系的法律。特征性履行方＝非金钱义务履行方。只有借款合同例外，特征性履行方为金钱义务履行方。
		意思自治的例外	在中华人民共和国领域内履行的下列合同，适用中国法律： （1）中外合资经营企业合同； （2）中外合作经营企业合同； （3）中外合作勘探、开发自然资源合同。
	特殊合同的法律适用	消费者合同	消费者合同，适用消费者经常居所地法律；消费者选择适用商品、服务提供地法律或者经营者在消费者经常居所地没有从事相关经营活动的，适用商品、服务提供地法律。其中的逻辑顺序可以理解为： （1）双方不能协议选择所适用的法律； （2）消费者可以单方面选择商品服务提供地法律（只能选这一个地方）； （3）消费者没有选择的：①在消费者经常居所地有经营活动的，适用消费者经常居所地法律；②在消费者经常居所地没有经营活动的，适用提供地法律。
		劳动合同	劳动合同，适用劳动者工作地法律；难以确定劳动者工作地的，适用用人单位主营业地法律。劳务派遣，可以适用劳务派出地法律。其中的逻辑关系为： （1）劳动者工作地和用人单位主营业地不能共存，只要能够确定工作地就不用主营业地； （2）有劳务派遣的，是或者的关系。 *例：张某通过北京的劳动服务公司派遣到美国工作。其劳动合同应该适用美国法（工作地）或中国法（派出地）。*

续表

合同的法律适用	特殊领域合同的法律适用	《海商法》	合同当事人可以选择合同适用的法律，法律另有规定的除外。合同当事人没有选择的，适用与合同有最密切联系的国家的法律。
		《民用航空法》	民用航空运输合同当事人可以选择合同适用的法律，但是法律另有规定的除外；合同当事人没有选择的，适用与合同有最密切联系的国家的法律。

▌考点提要▷

1. 做合同法律适用的题目，第一步就是判断题目考察的是特殊合同（消费者合同、劳动合同）的法律适用还是一般合同的法律适用。窍门很简单：不是特别就是一般。

2. 注意劳动合同和劳动者权益保护的竞合，题目中只要出现了"权益"二字，就按照"直接适用的法"处理。没有的，按照劳动合同法律适用规则处理。

▌坑亲王驾到▷

1. 定居北京的中国公民甲某通过网络购买了德国乌托邦公司的厨具。因双方的合同纠纷将德国乌托邦公司诉至北京法院。法院查明，乌托邦公司并未在中国境内有任何的经营活动，甲某也未对所适用的法律进行选择则该案应当适用德国法。①

2. 定居北京的中国公民甲某通过劳务公司派到美国从事建筑工作。后因为劳动合同诉至北京某法院。因本案中的劳动者工作地在美国，所以本案中劳动合同只能适用美国法。②

（二）侵权的法律适用

侵权行为之债是指不法侵害他人人身或财产权利，并造成损失而承担民事责任所构成的债。侵权行为的法律适用规则可以分为三个方面：一是侵权行为法律适用的一般规定；二是特殊侵权行为（产品责任、人格权）的法律适用；三是特殊领域（《海商法》、《民用航空法》）侵权行为的法律适用。下面用表格的形式将上述三个问题进行总结和梳理，方便大家理解和记忆：

侵权的法律适用	一般侵权的法律适用		（1）侵权行为发生后，当事人可以选择适用的法律。（只有时间限制，没有范围限制） （2）没有选择的，有共同经常居所地的，适用共同经常居所地法。 （3）没有选择的，没有共同经常居所地的，适用侵权行为地法。
	特殊侵权行为的法律适用	产品责任	产品责任，适用被侵权人经常居所地法律；被侵权人选择适用侵权人主营业地法律、损害发生地法律的，或者侵权人在被侵权人经常居所地没有从事相关经营活动的，适用侵权人主营业地法律或者损害发生地法律。逻辑结构为：

---

① 正确。消费者合同，适用消费者经常居所地法律；消费者选择适用商品、服务提供地法律或者经营者在消费者经常居所地没有从事相关经营活动的，适用商品、服务提供地法律。

② 错误。劳务派遣的，也可以适用派出地法。

续表

侵权的法律适用	特殊侵权行为的法律适用	产品责任	（1）不能协议选择； （2）被侵权人可以单方面选择侵权人主营业地或损害发生地法律（只能选这两个地方）； （3）没有选择的：①在被侵权人经常居所地有经营活动的，适用被侵权人经常居所地法；②没有经营活动的，适用主营业地法或损害发生地法。 ［注意］要注意损害发生地法。
		侵害人格权	适用被侵权人经常居所地法。 ［注意］人格权的内容和侵害人格权均适用经常居所地法。
	特殊领域侵权行为的法律适用	船舶碰撞	侵权行为地法（通常情况）；法院地法（在公海的碰撞）；共同船旗国法（同一国籍船舶不论在何地碰撞）。 例：两艘美国籍船舶在公海碰撞应该适用美国法。
		航空器对地面第三人	侵权行为地法（通常情况）；法院地法（公海上空）。

▌考点提要

1. 侵权题目的考试要点与合同高度类似。首先区分是一般侵权还是特殊侵权（产品质量、人格权），不是特殊就一般。

例：中国人张某因美国人汤姆侵犯其人格权将其诉至我国法院，双方可在侵权行为发生后选择案件所适用的法律。这种说法是错误的，因为本案是侵犯人格权，不是一般侵权，不能选择，只能适用被侵权人的经常居所地法。

2. 不存在网络侵权的规定，那一条规定的是网络等方式侵犯人格权的规则。

▌坑亲王驾到

1. 涉外侵权案件中，双方当事人可以事后选择所适用的法律。双方当事人没有选择，但当事人有共同经常居所地的，适用共同经常居所地法律。没有经常居所地的适用侵权行为地法。①

2. 定居北京的中国人甲某通过网络向德国乌托邦公司购买了一个微波炉。该微波炉在使用过程中发生了爆炸导致甲某受到伤害。甲某将乌托邦公司诉至北京法院要求乌托邦公司承担产品质量责任。经法院查明乌托邦公司在中国并没有任何经营活动。则本案只能适用德国法。②

---

① 正确。上述内容可以说是对侵权行为法律适用一般规则的逻辑解析。选择虽然发生在事后，但只要存在该选择就应该遵守。如果没有选择，有共同经常居所地就适用共同经常居所地法。如果前二者都没有，则适用侵权行为地法。

② 错误。本案既可以使用德国法也可以适用中国法。要注意产品质量的法律适用和消费者合同法律适用的区别。产品责任，适用被侵权人经常居所地法律；被侵权人选择适用侵权人主营业地法律、损害发生地法律的，或者侵权人在被侵权人经常居所地没有从事相关经营活动的，适用侵权人主营业地法律或者损害发生地法律。

（三）不当得利和无因管理的法律适用

《法律适用法》对不当得利和无因管理规定了同样的法律适用规则：适用当事人协议选择适用的法律。当事人没有选择的，适用当事人共同经常居所地法律；没有共同经常居所地的，适用不当得利、无因管理发生地法律。需要注意的是，该条规定的法律适用规则是顺序适用，只有根据前一个顺序的规定无法解决法律适用问题时才能依据后一顺位的规定解决法律适用问题。

▌坑亲王驾到▷

定居北京的中国公民甲某和德国公民汤姆是邻居，一天汤姆将一件工艺品遗留在门口，甲某以为是汤姆丢弃的，遂将其据为己有。汤姆为要回该工艺品向北京某法院提起诉讼。本案中甲某和汤姆可以选择所适用的法律；没有选择的，适用中国法。[①]

五、婚姻家庭关系的法律适用

婚姻家庭是自然人生活的重要方面，婚姻家庭法律冲突及其法律适用问题已经成为了国际私法领域一个日益重要的领域。具体而言，这一领域的法律适用问题也可以分为三个方面进行总结：分别是婚姻关系成立和消灭的法律适用，夫妻关系和父母子女关系的法律适用以及涉外监护、收养和扶养的法律适用问题。下面将通过表格的形式对上面的内容进行总结，方便大家进行梳理和总结：

婚姻家庭关系的法律适用	婚姻关系成立和消灭的法律适用	结婚	条件	首先共同经常居所地法，（没有的）共同国籍国法，（再没有的）在一方经常居所地或国籍国举行婚礼的适用婚姻缔结地法。 上述地点均为婚前相关地点。
			手续	符合婚姻缔结地法、一方当事人经常居所地法或国籍国法的均有效。
		离婚	协议离婚	（1）协议选择一方经常居所地或国籍国法。 （2）没有选择的，共同经常居所地，（没有的）适用共同国籍国，（再没有的）适用办理离婚手续机构所在地法律。
			诉讼离婚	适用法院地法。
	夫妻关系和父母子女关系的法律适用	夫妻	人身关系	适用共同经常居所地法，（没有的）适用共同国籍国法。
			财产关系	（1）可以选择适用一方经常居所地法或国籍国法或主要财产所在地法。 （2）没有选择的，适用共同经常居所地法，（没有的）适用共同国籍国法。

---

① 正确。本题考查的是不当得利的法律适用。要注意无因管理和不当得利有同样的法律适用规则。

续表

婚姻家庭关系的法律适用	夫妻关系和父母子女关系的法律适用	父母子女	人身关系和财产关系一并规定：共同经常居所地，（没有的）适用一方当事人经常居所地法或国籍国法中有利于保护弱者权益的法律。 [注意] 如果有共同经常居所地的，则不考虑有利于弱者保护的因素。
	涉外收养的法律适用	成立	条件和手续，适用收养人和被收养人经常居所地法。
		效力	收养时收养人的经常居所地法。
		解除	收养时被收养人经常居所地法律或法院地法。
	涉外监护		一方当事人经常居所地法或国籍国法中有利于保护被监护人的法律。
	涉外扶养		一方当事人经常居所地法或国籍国法或主要财产所在地法中有利于保护被扶养人的法律。 这里的扶养是广义的＝抚养+扶养+赡养。
	[注意] 如果根据上述规则无法确定适用的法律，可根据前述最密切原则决定。（《法律适用法》第2条）		

▌▌考点提要

几个易混易错的点。

1. 监护、扶养和父母子女人身财产关系	关键看题目的设问，如果题目和答案中没有提到监护和扶养并且又涉及父母和子女，才按照父母子女人身财产关系处理。 例：中国人张某和美国人汤姆喜结良缘，二人对孩子的起名问题发生争议。该争议应适用何种法律？该题目中没有特别提及监护和扶养，并且涉及父母和子女，所以应该按照父母子女人身和财产关系确定所适用的法律。
2. 离婚时一并处理财产如何适用法律	原则：必须先解除婚姻关系后分财产。 离婚的法律适用规则只处理婚姻关系的解除，财产关系适用夫妻财产关系的法律适用规则。 例：中国人张某和美国人汤姆在我国法院起诉离婚，关于二人的财产分割问题，他们可以协议选择所适用的法律。这种说法是正确的，法院地法只解决能否离婚，财产分割按照夫妻财产关系的法律适用规则确定所适用的法律。
3. 夫妻人身关系和离婚	这里的夫妻人身关系不是指婚姻关系解除，其涉及的问题是姓名权和忠贞义务等。

记忆线索：

1. 两共同。以"共同"为内核，结婚就是为了共同生活，所以婚姻家庭关系中的法律适用规则以共同为基础。经常首先适用共同经常居所地法，没有的适用共同国籍国法律。

2. 两选择。特殊情形中的"选择"。只有在协议离婚和夫妻财产关系中可以允许双方当事人进行选择，这两种情况都和当事人的意思联系密切，并且这种选择是有限制的（毕竟依附于基础的人身关系）。协议离婚只能在当事人经常居所地和国籍国法中进行选择，财产关系的选择范围则还包括主要财产所在地。

3. 两个半。法条的文字中明确体现"有利于"的："两个半"＝监护＋扶养＋没有共同经常居所地的父母子女人身和财产关系。

4. 考虑到保护对象。收养中主要保护中国小孩，所以收养的成立需要在两国都有效，适用收养人和被收养人的经常居所地法。该小孩将来在外国生活，所以收养的效力适用收养时收养人的经常居所地法。最后我们不想随便解除收养关系，所以尽量适用中国法，即收养时被收养人的经常居所地法，再以法院地法进行补充。

5. 考虑到行为的特殊性。诉讼离婚必须由法院宣告，所以适用法院地法。协议离婚最终还有一个办理离婚手续机构所在地，所以最后还可能适用该地的法律。结婚程序要件的价值取向是尽量使婚姻有效，所以符合一方当事人经常居所地法、国籍国法和婚姻缔结地法的均为有效。

另外需要注意外国人来我国收养子女的一些规定：

《外国人在中华人民共和国收养子女登记办法》

第八条 〔外国人亲自办理收养手续〕外国人来华收养子女，应当亲自来华办理登记手续。夫妻共同收养的，应当共同来华办理收养手续；一方因故不能来华的，应当书面委托另一方。委托书应当经所在国公证和认证。

第九条 〔收养程序〕外国人来华收养子女，应当与送养人订立书面收养协议。协议一式三份，收养人、送养人各执一份，办理收养登记手续时收养登记机关收存一份。

书面协议订立后，收养关系当事人应当共同到被收养人常住户口所在地的省、自治区、直辖市人民政府民政部门办理收养登记。

▌坑亲王驾到

1. 经常居所在汉堡的德国公民贝克与经常居所在上海的中国公民李某打算在中国结婚。关于贝克与李某结婚手续可以适用中国法。①

2. 夫妻双方可以选择夫妻财产关系适用的法律，且这种选择没有限制。没有选择的，适用共同经常居所地法律；没有共同经常居所地的，适用共同国籍国法律。②

3. 我国《法律适用法》在父母子女关系、监护和扶养的法律适用规则中均要求适用对弱者较为有利的法律。③

4. 我国对涉外收养法律适用的规定非常特殊，分收养的成立、收养的效力和收养的解除三个方面进行了规定。其中收养的成立要重叠适用收养人和被收养人的经常居所地法；收养的效力适用收养人经常居所地法律；收养的解除适用被收养人经常居所地法律或者法院地法律。④

---

① 正确。结婚手续的法律适用是一种选择适用。结婚手续，符合婚姻缔结地法律、一方当事人经常居所地法律或者国籍国法律的，均为有效。

② 错误。要特别注意夫妻财产关系的法律适用中双方当事人的选择是有范围限制的。夫妻财产关系，当事人可以协议选择适用一方当事人经常居所地法律、国籍国法律或者主要财产所在地法律。

③ 错误。监护和扶养都是直接适用对被监护人或被扶养人有利的法律，但父母子女关系中首先适用共同经常居所地法，没有共同经常居所地的才适用一方当事人经常居所地法律或者国籍国法律中有利于保护弱者权益的法律。还要注意这些备选法律也是有范围的。

④ 错误。要注意收养效力和收养解除的法律适用规则中均有"收养时"这一时间限制。

六、涉外继承的法律适用

继承是指继承人依法承受死者生前遗留的合法财产或和财产有关权利义务的制度。结合我国继承法的相关理论，在涉外继承的法律适用领域可以分为法定继承的法律适用和遗嘱继承的法律适用两大方面。除此之外还有遗产管理和无人继承财产的处理这两个技术性问题。下面用表格的形式将上述问题进行总结，方便大家梳理和记忆。

法定继承	不动产：不动产所在地法。
	动产：被继承人死亡时经常居所地法。
遗嘱继承	遗嘱方式：符合立遗嘱时或者死亡时经常居所地法、国籍国法或者遗嘱行为地法均可。
	遗嘱效力：立遗嘱时或者死亡时经常居所地法或者国籍国法。
遗产管理	遗产所在地法。
无人继承的遗产	被继承人死亡时遗产所在地法。

▌坑亲王驾到

经常居所在上海的瑞士公民李德未留遗嘱死亡，李德在上海银行存有 100 万元人民币，在苏黎世银行存有 10 万欧元，且在上海与巴黎各有一套房产。现其继承人因遗产分割纠纷诉至上海某法院。依中国法律规定，上海银行的 100 万元存款和苏黎世银行的 10 万欧元均适用中国法，上海的房产适用中国法，巴黎的房产适用法国法。①

七、知识产权的法律适用

知识产权是指个人或组织对其在科学、技术、文学艺术等领域创造的精神财富或智力成果享有的专有权或独占权。它主要包括专利权、商标权和著作权。知识产权的法律适用包括知识产权的归属和内容的法律适用、知识产权转让的法律适用和知识产权侵权责任的法律适用。下面用表格的形式将上述问题进行总结，方便大家理解和记忆。

涉外知识产权的法律适用	知识产权的归属和内容	被请求保护地法。
	知识产权的转让和许可	可以协议选择，没有选择的，适用关于合同适用的有关规定。
	知识产权的侵权责任	（1）侵权行为发生后可以协议选择法院地法（只能选法院地法）。 （2）没有选择或选择不符合条件的，适用被请求保护地法。
	[注意] 这里的被请求保护地理解为权利授予地。	

▌考点提要

1. 被请求保护地应该理解为第一次请求对相关智力成果进行知识产权保护的地方。如李先生将其发明的一项技术在英国申请专利，则英国是李先生第一次请求将其发明作为专利保护的地方，即被请求保护地。这一概念是从条约的外文表述中翻译而来，大家要特别注意对这一概念的理解。

---

① 正确。要注意继承法律适用中动产和不动产有不同的法律适用规则。

例：中国人张某在美国申请了专利并获得批准，后张某和美国人汤姆就该专利的归属问题发生争议。则该争议应该适用美国法。

2. 做题的时候第一步需要做的工作就是区分考点，知识产权的三个方面具有不同的法律适用规则。

坑亲王驾到

美国汤姆公司为其产品在中美两国注册了商标。中国杰瑞公司擅自使用该商标生产了大量仿冒产品并销售至中美两国。现美国汤姆公司将杰瑞公司诉至中国某法院，要求其承担商标侵权责任。关于杰瑞公司在中美两国侵权责任的法律适用，依中国法律规定，美国汤姆公司和中国杰瑞公司可以协议选择中国法，没有选择的应该分别适用中国法和美国法。[①]

八、商事关系的法律适用

商事关系是平等的商事主体基于持续的营业活动建立起来的社会经济关系。本主题中的商事关系这一用词有特殊的出处。根据《法律适用法司法解释（一）》第 3 条第 1 款的规定："涉外民事关系法律适用法与其他法律对同一涉外民事关系法律适用规定不一致的，适用涉外民事关系法律适用法的规定，但《中华人民共和国票据法》《中华人民共和国海商法》《中华人民共和国民用航空法》等商事领域法律的特别规定以及知识产权领域法律的特别规定除外。"

商事关系这一用词即出自该条文的规定，按照该条文的内容，国际私法中的商事领域包含海商、民用航空和票据三个方面。但作者认为除此之外，《法律适用法》中关于信托和代理的法律适用的规则也可以归入商事领域的范畴。（时效的法律适用问题实在难于归类，所以一并放在本部分进行规定，如有不当，还请大家多加指正。）

（一）海商法中的法律适用规则

《海商法》中的法律适用规则包括物权、合同、侵权以及几个特殊制度的法律适用规则。由于物权、合同和侵权的法律适用规则在之前的部分已经有过介绍，这里只介绍共同海损和海事赔偿责任限额的法律适用规则。

根据《海商法》的规定，共同海损理算，适用理算地法律；海事赔偿责任限制，适用受理案件的法院所在地法律。

（二）民用航空法中的法律适用规则

民用航空中的法律适用规则包括物权、合同、侵权三个主要方面。所有的规则均在之前相关专门领域的法律适用规则中有所介绍，所以这里不再赘述。

（三）票据法中的法律适用规则

《票据法》中的法律适用规则有其特殊的地方，不便于在之前相关领域的法律适用规则中进行介绍。这些规则主要涉及：票据当事人的行为能力、票据行为、票据追索权行使期限、持票人责任和票据丧失时失票人请求保护的程序五个方面。下面将通过表格的形式对上

---

① 正确。要注意法条中措辞的含义。被请求保护地指权利授予地，是相关智力成果第一次请求作为知识产权保护的地方。本题目中的被请求保护地分别是中国和美国。

述五个问题进行总结，方便大家进行梳理和记忆。

涉外票据关系的法律适用	票据当事人的行为能力	依照其本国法，如依照其本国法为无行为能力或者为限制行为能力而依照行为地法为完全行为能力的——行为地法。 [注意] 区别于自然人的民事行为能力："经常居所地+行为地"。
	出票时的记载事项	汇票、本票出票时的记载事项，适用出票地法律。 支票出票时的记载事项，适用出票地法律，经当事人协议，也可以适用付款地法律。
	票据行为	行为地法。
	票据追索权行使期限	出票地法。
	票据的提示期限、有关拒绝证明的方式、出具拒绝证明的期限	付款地法。
	票据丧失时权利保全程序	付款地法。

记忆线索：

1. 票据行为能力。和自然人的行为能力法律适用规则类似，但将其中的经常居所地换成了本国法。如依照其本国法为无行为能力或者为限制行为能力而依照行为地法为完全行为能力的适用行为地法。

2. 票据行为（出票、保证、背书、承兑）。票据作为要式行为当然是适用行为地法啦。唯一的例外是支票，有效期太短，拿钱最重要。支票出票时的记载事项，经当事人协议也可以适用付款地法律。

3. 票据追索权的行使期限。既然最终追索到出票人，自然应该适用出票地法啦。

4. 票据的提示期限、有关拒绝证明的方式和出具拒绝证明的期限。这些都是在付款地发生，当然适用付款地法。

5. 票据丧失时的权利保全程序。这一程序的目的就是使丢失的票据丧失效力从而阻却付款，当然适用付款地法。

（四）代理、信托和诉讼时效的法律适用

诉讼时效	与基础法律关系的准据法一致（将其识别为实体问题）。
代理	（1）代理的外部关系（第三人和本人）：适用代理行为地法。 （2）代理的内部关系（代理人和本人）：意思自治优先，（没有选择的）适用代理关系发生地法。
信托	意思自治优先，（没有选择的）适用信托财产所在地法或者信托关系发生地法。

▌▌▌ 坑亲王驾到 ▶

　　中国公民张先生长期居住在美国，他在美国委托美籍华人赵先生到北京代理其推广自己的美术作品。张先生在某次去北京处理事务的时候发现了自己失散多年的私生子小

张。张先生为了小张今后的生活考虑，用北京的一套房产为小张在北京设立了信托。本案中当事人对代理和信托问题所适用的法律均未选择。本案中的代理问题应当适用中国法，委托代理合同应当适用美国法，信托问题应当适用中国法。①

---

① 正确。本题考查了代理和信托的法律适用。尤其要注意代理的法律适用问题。代理关系包含内外部两个方面，这两个方面分别规定了不同的法律适用规则。而且信托方面财产所在地和信托关系发生地均在北京。

05 第五讲
国际民商事争议的解决

特别提示

　　这一讲涉及国际商事仲裁和国际民事诉讼两大领域。仲裁中主要关注仲裁协议和裁决的承认与执行部分。国际民事诉讼主要关注管辖权和国际司法协助以及判决的承认与执行制度。这一讲的内容较为枯燥，有很多程序法方面的内容，大家学习的时候以记忆为主。

知识结构导图

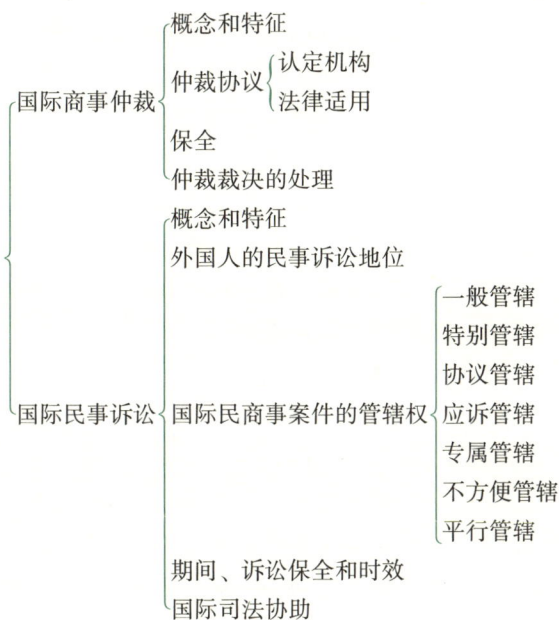

```
                         ┌ 概念和特征
                         │            ┌ 认定机构
              国际商事仲裁 ┤ 仲裁协议 ┤
                         │            └ 法律适用
                         │ 保全
                         └ 仲裁裁决的处理
                         ┌ 概念和特征
                         │ 外国人的民事诉讼地位
                         │                        ┌ 一般管辖
                         │                        │ 特别管辖
                         │                        │ 协议管辖
              国际民事诉讼 ┤ 国际民商事案件的管辖权 ┤ 应诉管辖
                         │                        │ 专属管辖
                         │                        │ 不方便管辖
                         │                        └ 平行管辖
                         │ 期间、诉讼保全和时效
                         └ 国际司法协助
```

考查频率梳理

频次	考点	真题
6	仲裁协议	2014/1/79；2012/1/78；2009/1/38；2007/1/39；2007/1/82；2006/1/80
1	仲裁中的财产与证据保全	2008 川/1/37
5	外国仲裁裁决的承认与执行	2017/1/38；2015/1/38；2013/1/38；2010/1/39；2008 川/1/99

频次	考点	真题
2	涉外仲裁裁决的撤销	2008/1/38；2005/1/36
5	外国人的民事诉讼地位	2015/1/39；2012/1/38；2008/1/99；2008/1/39；2005/1/83
1	涉外民商事争议的解决方式	2006/1/38
10	涉外民商事案件的管辖权	2016/1/38；2013/1/78；2008/1/36；2008 川/1/36；2008 川/1/38；2007/1/38；2007/1/94；2006/1/36；2006/1/40；2005/1/38
5	域外文书送达	2016/1/39；2013/1/39；2008 川/1/82；2007/1/80；2005/1/96
3	域外调查取证	2014/1/39；2010/1/36；2008/1/82
4	外国法院判决的承认与执行	2012/1/39；2008/1/40；2008/1/80；2007/1/41

一、国际商事仲裁

（一）国际商事仲裁的概念

国际商事仲裁是含有国际因素或涉外因素的仲裁，是解决国际、跨国或涉外商事争议的仲裁，有时也称为国际经济贸易仲裁、涉外仲裁、国际仲裁或跨国仲裁。理解国际商事仲裁的概念重点在"国际"和"商事"两个方面。

我国对何谓"国际（涉外）仲裁"并无明确的规定和解释。一般来说在我国，凡仲裁协议的一方或双方当事人为外国人、无国籍人或外国企业或实体，或者仲裁协议订立时双方当事人的住所或营业地位于不同的国家，或者即使位于相同的国家，但仲裁地位于该国之外，或者仲裁协议中涉及的商事法律关系的设立、变更或终止的法律事实发生在国外，或者争议标的位于国外等，都应视为涉外仲裁。此外，在仲裁实践中，中国仲裁机构对涉及香港、澳门和我国台湾地区的仲裁案件，比照涉外案件处理。

至于"商事"的含义，我国最高人民法院《关于执行我国加入的〈承认及执行外国仲裁裁决公约〉的通知》第 2 条作了一个解释："根据我国加入该公约时所作的商事保留声明，我国仅对按照我国法律属于契约性和非契约性商事法律关系所引起的争议适用该公约。所谓'契约性和非契约性商事法律关系'，具体是指由于合同、侵权或者根据有关法律规定而产生的经济上的权利义务关系，例如货物买卖、财产租赁、工程承包、加工承揽、技术转让、合资经营、合作经营、勘探开发自然资源、保险、信贷、劳务、代理、咨询服务和海上、民用航空、铁路、公路的客货运输以及产品责任、环境污染、海上事故和所有权争议等，但不包括外国投资者与东道国政府之间的争端。"

（二）国际商事仲裁协议

仲裁协议是指双方当事人愿意将他们之间将来可能发生的争议或者已经发生的争议交付仲裁解决的一种协议。具体可以表现为"仲裁条款"或"仲裁协议书"以及其他形式。

本部分主要涉及仲裁协议效力的认定，具体可以分为三个方面：分别是仲裁协议效力认定的机构、仲裁协议的法律适用以及我国判断仲裁协议效力的法律规定。

1. 仲裁协议效力的认定机构

（1）有权认定的机构

仲裁机构和人民法院都有权力认定仲裁协议的效力，但一方请求仲裁委员会作出决定，另一方请求人民法院作出裁定的，由人民法院裁定。仲裁机构对仲裁协议的效力作出决定后，当事人向人民法院申请确认仲裁协议效力或者申请撤销仲裁机构的决定的，人民法院不予受理。

（2）请求认定的时间

当事人在仲裁庭首次开庭前没有对仲裁协议的效力提出异议，而后向人民法院申请确认仲裁协议无效的，人民法院不予受理。

（3）具体的管辖法院

根据最新的司法解释，国内仲裁协议效力案件和涉外仲裁协议效力的案件，均由仲裁协议约定的仲裁机构所在地、仲裁协议签订地、申请人或者被申请人住所地的中级人民法院管辖。法院认为仲裁协议无效的，需要逐级报核，具体参见下面的考点提示。

涉及海事海商纠纷仲裁协议效力的案件，由仲裁协议约定的仲裁机构所在地、仲裁协议签订地、申请人或者被申请人住所地的海事法院管辖；上述地点没有海事法院的，由就近的海事法院管辖。

▋ 考点提要

1. 管辖法院	管辖法院（统一国内国际一起规定）： 涉外仲裁协议效力的案件，由仲裁协议约定的仲裁机构所在地、仲裁协议签订地、申请人或者被申请人住所地的中级人民法院管辖。海事中如上述地点没有，就近。
2. 逐级报核	逐级上报（否定性结论：协议无效、撤销裁决、不予承认与执行裁决）： （1）涉外或涉港澳台的，层报至最高院。 （2）国内案件报至高院，符合下列特殊情况的，层报最高院： ①仲裁司法审查案件当事人住所地跨省级行政区域； ②以违背社会公共利益为由不予执行或者撤销我国内地仲裁机构的仲裁裁决。

▋ 坑亲王驾到

1. 申请确认涉外仲裁协议效力的案件，由仲裁协议约定的仲裁机构所在地、仲裁协议签订地的中级人民法院管辖。涉及海事海商纠纷仲裁协议效力的案件，由仲裁协议约定的仲裁机构所在地、仲裁协议签订地海事法院管辖；上述地点没有海事法院的，由就近的海事法院管辖。[①]

2. 仲裁协议适用的法律

我国《法律适用法》及其《法律适用法司法解释（一）》对该问题进行了详细的规定。第一，当事人可以协议选择仲裁协议适用的法律。第二，当事人没有选择的，适用仲裁机构所在地法律或者仲裁地法律。第三，当事人没有选择涉外仲裁协议适用的法律，也没有约定仲裁机构或者仲裁地，或者约定不明的，人民法院可以适用中华人民共和国法律认定该仲裁

---

① 错误。涉外和海事的还可以由申请人或者被申请人住所地的中级人民法院管辖。

协议的效力。最新的司法解释对上述三条内容进行了细化。

▌考点提要

1. 专门明示	对仲裁协议所适用法律的选择必须专门明示。（点出"仲裁条款"或"仲裁协议"） 例：本合同适用中国法（不够专门）； 本合同及本合同中的仲裁条款均适用中国法。（够专门）
2. 仲裁地和仲裁机构所在地不一致	无约定时，仲裁机构所在地的法律与仲裁地法律对仲裁协议的效力作出不同认定的，人民法院应当适用确认仲裁协议有效的法律。
3. 根据仲裁规则的推定	仲裁协议未约定仲裁机构和仲裁地，但根据仲裁协议约定适用的仲裁规则可以确定仲裁机构或者仲裁地的，应当认定。 例：中国甲公司和美国乙公司就合同纠纷申请仲裁，双方在协议中只约定适用北京仲裁委员会的仲裁规则，根据该规则，如无特别约定，凡选择适用该规则，即视为向北京仲裁委提交仲裁。这里能够推定出来仲裁机构是北京仲裁委，法律应该承认这种推定。
4. 不适用我国法律适用规则的情形	法院适用《纽约公约》审查当事人申请承认和执行外国仲裁裁决案件时，被申请人以仲裁协议无效提出抗辩的，法院应当依照该公约第5条第1款（甲）项的规定，确定确认仲裁协议效力应当适用的法律。（外国裁决+协议无效=纽约公约） 例：美国甲公司拿着在美国做出的仲裁裁决请求我国法院承认与执行，被执行人中国乙公司则向美国公司提出抗辩，认为该仲裁协议无效。则本案应该按照《纽约公约》的规定而非我国法律确定所适用的法律。

▌坑亲王驾到

中国公民甲某和美国公民杰克约定将他们之间因合同产生的纠纷提交仲裁解决。但在仲裁协议中没有约定仲裁地点和仲裁机构，也没有约定仲裁协议适用的法律。则中国法院可以适用中国法或美国法确定该仲裁协议的有效性。[①]

（三）国际商事仲裁程序中的财产保全与证据保全

国际商事仲裁程序涉及财产保全的，由被申请人住所地或其财产所在地的中级人民法院作出裁定。情况紧急的，可以在提起仲裁前提出保全申请。仲裁前的保全除上述两地的法院外，还可以由对案件有管辖权的法院作出裁定。保全必须提供担保，不提供担保的，法院驳回申请。

国际商事仲裁程序中的证据保全由证据所在地的中级人民法院作出裁定，证据保全申请经人民法院审查认为不需要提供担保的，可以不提供担保。

▌坑亲王驾到

涉外仲裁中请求人民法院进行保全，法院裁定保全的应当责令当事人提供担保，当事人不提供担保的，裁定驳回申请。申请证据保全的，不需要提供担保。[②]

[①] 错误。这种情况下应该根据中国法判断仲裁协议的有效性。当事人没有选择涉外仲裁协议适用的法律，也没有约定仲裁机构或者仲裁地，或者约定不明的，人民法院可以适用中华人民共和国法律认定该仲裁协议的效力。

[②] 错误。保全部分正确。证据保全部分，人民法院经审查认为无须提供担保的，申请人可以不提供担保。

(四) 仲裁裁决的处理

我国目前主要存在三种仲裁裁决，分别是国内仲裁裁决、涉外仲裁裁决和外国仲裁裁决。国内仲裁裁决和涉外仲裁裁决都是我国仲裁机构作出的裁决，外国仲裁裁决是外国仲裁机构作出的仲裁裁决。对于我国仲裁机构作出的国内裁决和涉外仲裁裁决可以申请不予执行或撤销，对于请求我国承认与执行的外国仲裁裁决只可以拒绝承认与执行。

具体到国际私法领域，我们只考虑涉外仲裁裁决的承认与执行以及外国仲裁裁决的承认与执行两个方面。二者在管辖法院和程序问题上的规定基本一致，在拒绝执行的理由方面存在重大差异。涉外仲裁裁决依据《民事诉讼法》第 274 条的规定不予执行，外国仲裁裁决则根据《纽约公约》的规定拒绝承认与执行。

下面将仲裁裁决承认与执行的相关问题通过表格的形式进行总结，方便大家梳理和记忆。

中国涉外仲裁裁决在中国的执行	(1) 执行机构 一方当事人不履行仲裁裁决的，对方当事人可以向被申请人住所地或者财产所在地的中级法院申请执行。
	(2) 裁定不予执行的法定情形：不涉及实体问题 ①没有仲裁协议； ②被申请人没有得到指定仲裁员或进行仲裁的通知，或未能陈述意见； ③仲裁庭的组成或程序与仲裁规则不符； ④裁决的事项不属于仲裁协议的范围或仲裁机构无权仲裁； ⑤人民法院认定执行该裁决违背社会公共利益。
	(3) 不予执行或撤销的逐级上报 法院裁定不予执行之前→报请高级法院进行审查→高级法院同意不予执行→报最高人民法院→最高人民法院答复后，方可裁定不予执行。
	(4) 不予执行或撤销的救济 仲裁裁决被人民法院裁定不予执行的，当事人可以根据双方达成的书面仲裁协议重新申请仲裁，也可以向人民法院起诉。
外国裁决在中国的承认与执行	(1) 承认与执行的机构 当事人应直接向被执行人住所地或者财产所在地的中级法院申请，法院按照有关国际公约或者互惠原则办理。
	(2) 承认与执行的期限 法院决定予以承认与执行的，应在受理申请之日起 2 个月内作出裁定，在裁定后 6 个月内执行完毕。
	(3) 拒绝承认与执行的理由：(《纽约公约》) 不涉及实体问题 ①当事人无行为能力，或仲裁协议无效； ②被执行人未接到关于指派仲裁员或关于仲裁程序的通知，或由于其他情况未能出庭申辩；

续表

外国裁决 在中国的 承认与 执行	③裁决超出约定仲裁事项的范围； ④仲裁庭的组成或仲裁程序与当事人间的协议不符，或者与仲裁地所在国法律不符； ⑤裁决尚未生效； ⑥依执行地国法，有关争议事项不能仲裁解决； ⑦与执行地公共秩序相抵触。 前 5 项当事人举证证明，后 2 项法院证明。
	（4）拒绝承认和执行的逐级上报 法院裁定不予执行之前→报请高级法院进行审查→高级法院同意不予执行→报最高人民法院→最高人民法院答复后，方可裁定不予执行。
临时 仲裁裁决	对临时仲裁庭在中华人民共和国领域外作出的仲裁裁决，一方当事人向人民法院申请承认和执行的，人民法院可以依照普通外国仲裁裁决的承认与执行规则加以考虑。（可能被承认与执行）
承认与执 行的相关 补充程序 性事项	（1）承认与执行的关系 对外国法院作出的发生法律效力的判决、裁定或者外国仲裁裁决，需要中华人民共和国法院执行的，当事人应当先向人民法院申请承认。人民法院经审查，裁定承认后，再根据《民事诉讼法》第三编的规定予以执行。当事人仅申请承认而未同时申请执行的，人民法院仅对应否承认进行审查并作出裁定。 （2）合议庭 人民法院应当组成合议庭进行审查。人民法院应当将申请书送达被申请人。被申请人可以陈述意见。人民法院经审查作出的裁定，一经送达即发生法律效力。

［注意］我国政府在加入《纽约公约》时作了互惠保留和商事保留。互惠保留意味着我国只对另一缔约国领土内作出的裁决适用《纽约公约》。商事保留意味着仅对契约或非契约性的商事法律关系引起争议的仲裁裁决适用《纽约公约》。

▌▌▌坑亲王驾到▶

1. 中国公民甲某和美国公民汤姆约定将争端提交新加坡仲裁院仲裁，裁决作出后汤姆向上海法院申请执行该裁决，如果甲某能够证明该裁决违反我国的公共秩序，则上海法院可以拒绝该裁决的执行。①

2. 我国不承认临时仲裁，所以我国对于临时仲裁裁决不予承认。②

3. 我国法院对于申请执行涉外仲裁裁决的，必须层报最高院才能决定是否承认与执行。③

4. 当事人仅申请承认而未申请执行的，人民法院组成合议庭仅仅对承认问题进行审

---

① 错误。注意拒绝执行仲裁裁决的理由中，依执行地国法，有关争议事项不能仲裁解决；与执行地公共秩序相抵触。这两项由法院证明，其余由当事人举证证明。

② 错误。对于国内仲裁来说我国不承认临时仲裁。但对临时仲裁庭在中华人民共和国领域外作出的仲裁裁决，一方当事人向人民法院申请承认和执行的，人民法院应当依照《民事诉讼法》第 283 条规定处理。

③ 错误。只有决定不执行的才层报最高院。决定执行的可以径自执行。

查，申请人可以陈述意见。①

5. 我国当事人认为涉外仲裁裁决和外国仲裁裁决有问题的，可以申请人民法院予以撤销。②

6. 法院受理当事人撤销仲裁裁决的申请后，另一方当事人申请执行同一仲裁裁决的，受理执行申请的法院应当不予受理。③

7. 当事人向法院申请撤销涉外仲裁裁决，人民法院决定予以撤销的，决定予以撤销。④

(四) 新增问题

2018 年涉外仲裁部分新增了两个司法解释，其中的重点内容在前几个问题都有所涉及。下面将剩余的一些程序性问题总结如下：

1.《最高人民法院关于审理仲裁司法审查案件若干问题的规定》（除去协议效力、管辖法院和法律适用）

关联案件（外国裁决与我国案件关联，且被申请人住所地和财产所在地均不在我国境内，申请承认）	法院关联：(1) 中院受理关联案件，中院管辖承认申请；(2) 基层受理关联案件，上一级管辖承认申请（中院）；(3) 高院或最高院受理，自行管辖或指定中院管辖申请。总结为：中+高及以上。	
	仲裁机构关联：受理关联案件的仲裁机构所在地的中院管辖。	
申请不合规	文件	经法院释明后仍然不符合规定的，裁定不予受理。
	法院	向对案件不具有管辖权的法院提出申请，法院应当告知其向有管辖权的法院提出申请，申请人仍不变更申请的，裁定不予受理。
	受案后	人民法院立案后发现不符合受理条件的，裁定驳回申请；申请人再次申请并符合受理条件的，人民法院应予受理。
期间	(1) 申请审查：7 日内；(2) 立案后通知：5 日内。	
撤回	人民法院受案后，作出裁定前，申请人请求撤回申请的，裁定准许。	
上诉和救济	(1) 不予受理、驳回申请、管辖权异议的裁定可以上诉。(2) 其余裁定一经送达即发生法律效力。当事人申请复议、提出上诉或者申请再审的，人民法院不予受理，但法律和司法解释另有规定的除外。	

---

① 正确。注意是申请人可以而非应当陈述意见。

② 错误。我国法院只能撤销我国仲裁机构作出的涉外仲裁裁决。对于外国仲裁裁决无权撤销。

③ 错误。应当是受理后中止执行。法院受理当事人撤销仲裁裁决的申请后，另一方当事人申请执行同一仲裁裁决的，受理执行申请的法院应当在受理后裁定中止执行。

④ 错误。法院在裁定撤销裁决之前报请高级法院进行审查，高级法院同意撤销裁决或通知仲裁庭重新仲裁报最高人民法院，待最高人民法院答复后，方可裁定撤销裁决或通知仲裁庭重新仲裁。

2.《最高人民法院关于仲裁司法审查案件报核问题的有关规定》（除去否定性结论逐级报核）

提交材料	应当将书面报告和案件卷宗材料一并上报。书面报告应当写明审查意见及具体理由。
询问、退回	上级人民法院认为案件相关事实不清的，可以询问当事人或者退回下级人民法院补充查明事实后再报。
回复形式	上级人民法院应当以复函的形式将审核意见答复下级人民法院。
上诉与报核	不论一审、二审案件均需逐级按要求报核。

二、国际民事诉讼

（一）概念和特征

国际民事诉讼，就一国而言，又称为涉外民事诉讼。我国《民诉法解释》将涉外民事案件的认定标准和我国《法律适用法司法解释（一）》中的规定进行了统一，详见涉外民事法律关系。

（二）外国人在中国的民事诉讼地位

外国人在中国的民事诉讼地位是一个比较复杂的问题，除了关于民事诉讼法律地位的一般原则外，还包括外国诉讼当事人的身份证明、庭审使用的语言文字、外方诉讼当事人委托诉讼代理人的限制和外方当事人出具委托授权书的认证程序等制度。下面用表格的形式将上述问题进行总结，方便大家梳理和记忆。

	一般原则	建立在对等基础上的国民待遇原则。
外国人的民事诉讼法律地位	外国诉讼当事人的身份证明	自然人：护照等身份证件。
		外国企业或者组织及代表外国企业或者组织参加诉讼的人的身份证明：公证+认证。 （1）应当经所在国公证机关公证，并经中华人民共和国驻该国使领馆认证，或者履行中华人民共和国与该所在国订立的有关条约中规定的证明手续。 （2）外国当事人所在国与我国没有建立外交关系的，在该国公证机关公证，经与我国有外交关系的第三国驻该国使领馆认证，再转我国驻该第三国使领馆认证。
	庭审使用的语言文字	人民法院审理涉外民事案件，应当使用中华人民共和国通用的语言、文字。当事人要求提供翻译的，可以提供，费用由当事人承担。
		提交外文材料的，必须提供中文翻译件。
	外方当事人委托诉讼代理人的限制	（1）只能委托我国律师以律师身份代理诉讼。 （2）可委托本国人为诉讼代理人，也可委托本国律师以非律师身份参加诉讼。（不是公民代理） （3）使领馆官员可以接受委托以个人身份代理诉讼，但不享有特权与豁免。

续表

| 外国人的民事诉讼法律地位 | 外方当事人委托诉讼代理人的限制 | （4）外方当事人不在中国，国籍国使领馆可以授权其官员以外交代表身份为其本国国民聘请中国律师或中国公民代理诉讼。 |
| | 外方当事人出具授权委托书的程序 | （1）法官见证，无需其他手续。
（2）在我国境内签署，我国公证机关公证即可。
（3）在我国境外签署：
①应当经所在国公证机关公证，并经中华人民共和国驻该国使领馆认证，或者履行中华人民共和国与该所在国订立的有关条约中规定的证明手续。
②外国当事人所在国与我国没有建立外交关系的，在该国公证机关公证，经与我国有外交关系的第三国驻该国使领馆认证，再转我国驻该第三国使领馆认证。 |

[注意]　对在中国享有特权与豁免的主体为被告、第三人向人民法院起诉的民事案件，人民法院应在决定受理之前，报请本辖区高级人民法院审查；高级人民法院同意受理的，应当将其审查意见报最高人民法院。在最高人民法院答复前，一律暂不受理。

一、外国国家；

二、外国驻中国使馆和使馆人员；

三、外国驻中国领馆和领馆成员；

四、途经中国的外国驻第三国的外交代表和与其共同生活的配偶及未成年子女；

五、途经中国的外国驻第三国的领事官员和与其共同生活的配偶及未成年子女；

六、持有中国外交签证或者持有外交护照（仅限互免签证的国家）来中国的外国官员；

七、持有中国外交签证或者持有与中国互免签证国家外交护照的领事官员；

八、来中国访问的外国国家元首、政府首脑、外交部长及其他具有同等身份的官员；

九、来中国参加联合国及其专门机构召开的国际会议的外国代表；

十、临时来中国的联合国及其专门机构的官员和专家；

十一、联合国系统组织驻中国的代表机构和人员；

十二、其他在中国享有特权与豁免的主体。

▌坑亲王驾到▶

1. 外国自然人和外国法人在我国参加诉讼提交的身份证明文件，应当经所在国公证机关公证，并经中华人民共和国驻该国使领馆认证，或者履行中华人民共和国与该所在国订立的有关条约中规定的证明手续。①

2. 外国人和外国法人当庭委托中国律师参加诉讼的，不需要履行公证和认证程序。外国人和外国法人在中国境内，不在法官的见证下委托代理人参加诉讼的，必须履行公证和认证程序。②

---

① 错误。这是外国法人参加诉讼提交身份证明文件的要求。外国自然人参加诉讼只需提交护照等用以证明自己身份的证件。

② 错误。前半部分正确，在法官的见证下委托的应当予以认可。在我国境内委托的，只需经我国公证机关公证。

3. 涉外民事诉讼中的外籍当事人，可以委托本国人为诉讼代理人，也可以委托本国律师以非律师身份担任诉讼代理人；外国驻华使领馆官员，受本国公民的委托，可以以外交代表名义担任诉讼代理人，但在诉讼中不享有外交或者领事特权和豁免。只有中国律师才有可能在我国法院审理的涉外案件中以律师身份参加诉讼。①

（三）涉外民商事案件的管辖权

国际民事案件管辖权是指一国法院根据本国缔结或参加的国际条约和国内法对特定的国际民事案件行使审判权的资格。我国关于国际民商事案件的管辖权规定主要涉及以下几个方面：（1）普通地域管辖；（2）特别地域管辖；（3）协议管辖；（4）专属管辖；（5）不方便法院；（6）平行管辖；（7）级别管辖；（8）集中管辖；（9）离婚案件的管辖权；（10）船舶碰撞、海难救助和共同海损的管辖权；（11）司法管辖豁免。

下面用表格的形式将国际民商事案件管辖权涉及的几个问题进行总结和梳理，方便大家理解和记忆。

国际民商事案件的管辖权	普通地域管辖	（1）原告就被告，由被告住所地法院管辖。经常居所地和住所地不一致的，由经常居所地法院管辖。 （2）对不在中华人民共和国领域内居住的人提起的有关身份关系的诉讼，由原告住所地法院管辖。
	特别地域管辖	因合同或财产权益纠纷提起的诉讼且被告住所不在我国境内： 可以由合同签订地、合同履行地、诉讼标的物所在地、可供扣押财产所在地、侵权行为地或者代表机构住所地人民法院管辖。 例：中国甲公司和美国乙公司签订一份合同，买卖一批机械设备。经查明合同在日本签订并履行，乙公司在我国有一栋楼房，我国法院对该案件有管辖权（可供扣押财产所在地）。
	协议管辖	涉外合同或者其他财产权益纠纷的当事人，可以书面协议选择： 被告住所地、合同履行地、合同签订地、原告住所地、标的物所在地、侵权行为地等与争议有实际联系地点的外国法院管辖。 例：中国甲公司和美国乙公司缔结了一份买卖合同，双方可以在合同中书面选择我国法院进行管辖。
		注意区别法院的选择和法律的选择： （1）形式：法院的选择必须书面方式；法律的选择明示即可，还有推定。 （2）联系：所选择的法院必须和案件有实际联系；所选择的法律不需要和案件有实际联系。 总之，法院的选择要求更高。
	专属管辖	（1）因不动产纠纷提起的诉讼，由不动产所在地人民法院管辖。 （2）因港口作业中发生纠纷提起的诉讼，由港口所在地人民法院管辖。 （3）因继承遗产纠纷提起的诉讼，由被继承人死亡时住所地或者主要遗产所在

---

① 错误。外国驻华使领馆官员，受本国公民的委托，可以以个人名义担任诉讼代理人。

国际民商事案件的管辖权	专属管辖	地人民法院管辖。 (4) 中华人民共和国履行中外合资经营企业合同、中外合作经营企业合同，由我国法院管辖。 (5) 中华人民共和国内履行中外合作勘探开发自然资源合同提起的诉讼，由我国人民法院管辖。 ［注意］不是所有涉及中外合资、中外合作企业的案件都是专属管辖，只有涉及作为合资或合作经营的合资、合作合同履行的案件才是专属管辖。 上述专属管辖的规定只针对法院的管辖权，当事人可以通过仲裁进行排除。
	不方便法院（有管辖权，拒绝行使）	同时符合下列情形的，人民法院可以裁定驳回原告的起诉，告知其向更方便的外国法院提起诉讼（"不方便法院原则"）： (1) 被告提出案件应由更方便外国法院管辖的请求，或者提出管辖异议。 (2) 当事人之间不存在选择中国法院管辖的协议。 (3) 案件不属于中国法院专属管辖。 (4) 案件不涉及中国国家、公民、法人或者其他组织的利益。 (5) 案件争议的主要事实不是发生在中国境内，且案件不适用中国法律，人民法院审理案件在认定事实和适用法律方面存在重大困难。 (6) 外国法院对案件享有管辖权，且审理该案件更加方便。 归纳：拒绝管辖"三要素" (1) 当事人没选择中国法院管，提出异议。 (2) 案件不适合由中国法院管，没有专属，不涉利益，事实不在，法不适用。 (3) 案件更适合由外国法院管。
	平行管辖	"他管我也管"：如果某个案件我国法院根据我国法律有管辖权，即使其他国家已经对案件行使了管辖权，我国依然可以受理。即使外国法院做出了判决，我国法院也可以受理。只有外国法院的判决已经被我国法院承认并执行了，我国法院才不能行使管辖权。
	级别管辖	(1) 基层法院管辖第一审涉外民事案件。 (2) 中级人民法院管辖第一审重大涉外案件。 重大涉外案件：争议标的额大，案情复杂或一方当事人众多且具有重大影响。
	离婚案件的管辖权	首要的条件是都是中国籍。 (1) 国内结婚定居国外，且定居国法院不管，则可由婚姻缔结地或一方在国内最后居所地法院管辖； (2) 国外结婚定居国外，且定居国法院不管，则可由原住所地或一方在国内最后居所地法院管辖； (3) 一方居住在国外，一方居住在国内，可由国内一方住所地法院管辖； (4) 双方均在国外但未定居，可由原告或被告原住所地法院管辖； (5) 已经离婚并定居国外，仅就国内财产分割提起诉讼，可由主要财产所在地法院管辖。

▍考点提要▷

1. 特殊管辖	合同或财产纠纷+被告住所不在我国境内+备选法院没有"等"。
2. 协议管辖	合同或财产纠纷+书面+实际联系+备选法院有"等"－被告住所要求。
3. 专属管辖	国内民诉（港口+继承+不动产）+国际民诉（在我国履行的合资、合作、合作开发自然资源）。
4. 平行管辖	国际民诉不受一事不再理的限制，唯一的例外是已经承认和执行了外国的判决。
5. 不方便法院	前提：我国法院有管辖权。
	处理方式：可以裁定驳回。
	条件（全部符合）： （1）当事人没选择中国法院管，提出异议。 （2）案件不适合由中国法院管，没有专属，不涉利益，事实不在，法不适用。 （3）案件更适合由外国法院管。

▍坑亲王驾到▷

1. 美国公民汤姆来华与中国公民韩某签订一份设备买卖合同。后因履约纠纷韩某将汤姆诉至中国某法院。经查，汤姆在中国境内没有可供扣押的财产，亦无居所，该套设备位于中国境内。关于本案的管辖权与法律适用，依中国法律规定，可以由合同签订地和设备所在地人民法院管辖。①

2. 涉外民事案件的当事人可以选择案件的管辖法院，一方当事人以所选法院与案件没有实际联系主张选择无效的，人民法院不予支持。②

3. 在港口作业过程中发生的涉外案件，当事人可以向被告住所地的人民法院提起诉讼。③

4. 属于我国法院规定的专属管辖事项，当事人不能选择外国法院管辖，但可以选择外国仲裁机构进行仲裁。④

5. 如果人民法院经审理查明当事人之间不存在选择中国法院管辖的协议；案件不属于中国法院专属管辖；案件不涉及中国国家、公民、法人或者其他组织的利益；案件争议的主要事实不是发生在中国境内，且案件不适用中国法律，人民法院审理案件在认定

---

① 正确。因合同纠纷或者其他财产权益纠纷，对在中华人民共和国领域内没有住所的被告提起的诉讼，如果合同在中华人民共和国领域内签订或者履行，或者诉讼标的物在中华人民共和国领域内，或者被告在中华人民共和国领域内有可供扣押的财产，或者被告在中华人民共和国领域内设有代表机构，可以由合同签订地、合同履行地、诉讼标的物所在地、可供扣押财产所在地、侵权行为地或者代表机构住所地人民法院管辖。

② 错误。要注意区分法律的选择和法院的选择。法律的选择没有限制，法院的选择有范围的限制：可以书面协议选择被告住所地、合同履行地、合同签订地、原告住所地、标的物所在地、侵权行为地等与争议有实际联系地点的外国法院管辖。

③ 错误。只能由港口所在地法院专属管辖。要特别注意在国际民事诉讼中《民事诉讼法》第 33 条和第 266 条的规定都是专属管辖。

④ 正确。《民事诉讼法》中的专属管辖只针对法院不针对仲裁。

事实和适用法律方面存在重大困难；外国法院对案件享有管辖权，且审理该案件更加方便。则人民法院可以判决驳回诉讼，告知原告向更方便的外国法院提起诉讼。[①]

6. 凡以有豁免权的外国人为被告或第三人的，人民法院应当不予受理。[②]

（四）国际民事诉讼中的期间、保全和时效

这个问题要分三个不同的方面看待。首先是期间，我国法律对符合条件的涉外案件规定了更长的期间。其次是保全，涉外案件的保全程序和国内案件的保全程序完全一致。时效问题则主要涉及法律适用规则。下面用表格的形式总结如下：

期间	（1）被告在我国领域内没有住所的，人民法院应当将起诉状副本送达被告，并通知被告在收到起诉状副本后 30 日内，提出答辩状。被告申请延期的，是否准许，由人民法院决定。而国内民事诉讼中被告的答辩期为 15 日。 （2）在我国领域内没有住所的当事人，不服第一审人民法院判决、裁定的，有权在判决、裁定书送达之日起 30 日内提起上诉。当事人上诉期均已届满没有上诉的，第一审法院的判决、裁定即发生效力。被上诉人在收到上诉状副本后，应当在 30 日内提出答辩状。当事人不能在法定期间提起上诉或者提出答辩状，申请延期的，是否准许，由人民法院决定。 （3）法院审理涉外民事案件期限不受民事诉讼法第一审普通程序和第二审程序审理期限的限制。
保全	完全同国内民事诉讼相关规则。
时效	《法律适用法》第 7 条规定："诉讼时效，适用相关涉外民事关系应当适用的法律。" ［注意］时效问题被认定属于实体问题而不是程序问题。

（五）国际司法协助

司法协助是指一国法院或其他主管机关，根据另一国法院或其他主管机关或有关当事人的请求，代为实施或者协助实施一定的司法行为。从当前各国的司法实践来看，司法协助涉及民事诉讼、刑事诉讼和行政诉讼。本学科则专指民事司法协助。关于司法协助的内容有狭义和广义的观点，狭义的司法协助只包括送达文书和调查取证，我国民事诉讼法采用广义的观点，即认为司法协助的内容包括：送达诉讼文书、调查取证以及外国法院判决和外国仲裁裁决的承认与执行。

1. 送达诉讼文书

我国关于域外送达的规定分为外国向我国送达和我国向外国送达两个方面。其中外国向我国送达的方式单一，我国向外国送达的方式则较为多样。

（1）外国向我国送达文书

外国向我国送达文书有两种方式，一是按照《海牙送达公约》规定的路径进行送达；二是非《海牙送达公约》的送达方式。非《海牙送达公约》有三种途径，分别是依条约途径送达、外交关系送达和使领馆向本国公民送达。下面用表格的形式总结如下，方便大家梳理和记忆。

[①]　错误。我国《民诉法解释》中规定的不方便法院的条件必须全部满足，本条中缺失了一个被告提出管辖异议或由外国法院管辖更方便的意思表示。另外，如果满足所有的条件，最终的处理方式应该是裁定驳回。

[②]　错误。凡以在中国享有特权与豁免的主体为被告、第三人向人民法院起诉的民事案件，人民法院应在决定受理之前，报请本辖区高级人民法院审查；高级人民法院同意受理的，应当将其审查意见报最高人民法院。在最高人民法院答复前，一律暂不受理。

外国向我国送达文书	非海牙送达公约的方式	依照同我国缔结的条约规定的方式送达。
		没有条约关系的，依照外交途径送达。
		外国驻我国使领馆可以向其本国公民送达。
	海牙送达公约的方式	①送达途径：该国驻华使领馆→司法部→最高法院→有关法院送达。 ②司法机关不得拒绝的理由：a. 有关期限已过；b. 文书中未附有中文译本但附有法文或英文译本；c. 专属管辖。 ③受送达人有权拒收未附中文译本的司法文书。

［注意］《海牙送达公约》和《民事诉讼法》中关于中文译本规定的不同。

①《海牙送达公约》中英文和法文是规定文本，可以不附中文译本。司法机构不得以未附中文译本为由拒绝送达，受送达人可以拒绝没有中文译本的文书。

②《民事诉讼法》规定外国法院请求人民法院提供司法协助的请求书及其所附文件，应当附有中文译本或国际条约规定的其他文字文本。

③如果司法文书依据《海牙送达公约》进行送达，则以公约的规定为准，如不依据《海牙送达公约》则按照我国《民事诉讼法》的规定。

④上述不同途径之间并没有规定先后顺序，哪一个方便快捷用哪一个。

（2）我国向外国送达

我国向外国的送达方式主要通过我国《民事诉讼法》和《民诉法解释》进行规定。下面将我国向外国送达的方式总结如下：

我国向外国送达司法文书	①条约送达。
	②外交途径。
	③使领馆途径：注意采用这种方法的受送达对象必须是中国公民。
	④向诉讼代理人送达：原则上可以向受送达人的诉讼代理人送达，除非受送达人在授权中明确表示其诉讼代理人无权代为收取司法文书。
	⑤向代表机构、分支机构和业务代办人送达： a. 代表机构可以直接送达，无需其有授权。 b. 分支机构和业务代办人必须有授权才能向其送达。 记忆线索：代表机构一听就级别高，不需要授权；分支机构和业务代办人一听级别就低，必须要授权。
	⑥邮寄送达：必须受送达国家允许才能够进行。 以 3 个月为期限，既可以在邮件回执上签署，也可以在送达回证上签署。
	⑦传真、电子邮件送达：能够收悉。
	⑧外国人或外国企业的代表人，主要负责人送达（必须在中国境内）。 外国企业、组织的主要负责人包括该企业、组织的董事、监事、高级管理人员等。

我国向外国送达司法文书	⑨公告送达。 a. 不能用上述方式送达的，公告送达，自公告之日起满 3 个月，即视为送达。 b. 人民法院一审时采取公告方式向当事人送达诉讼文书的，二审时可径行采取公告方式向其送达诉讼文书，但人民法院能够采取公告方式之外的其他方式送达的除外。

║║ 坑亲王驾到

1. 外国人或者外国企业、组织的代表人、主要负责人或分支机构、业务代办人在中华人民共和国领域内的，人民法院可以向该自然人或者外国企业、组织的代表人、主要负责人、分支机构或业务代办人送达。①

2. 根据我国法律的规定，在其他方式无法送达的情况下，可以采取公告送达。如果涉外案件一审采取公告送达，二审可以径行采取公告方式向其送达诉讼文书，但人民法院能够采取公告方式之外的其他方式送达的除外。②

3. 外国驻我国使领馆可以向本国公民送达司法文书，在采取强制措施的情况下可以向其取证。③

4. 与中华人民共和国没有司法协助条约又无互惠关系的国家的法院，未通过外交途径，直接请求人民法院提供司法协助的，人民法院应予退回，并说明理由。④

2. 域外取证

域外取证是指基于国际条约或互惠原则，被请求国协助请求国调查案情，获得或收集证据的活动。域外取证和域外送达一样，是行使国家司法主权的一种行为。与域外送达相比，域外取证具有更严格的属地性，如果没有证据所在地国的准许，是不能在该外国境内实施取证行为的。为了协调各国的取证制度，便于域外取证，国际社会为此缔结了大量的双边和多边条约。我国不仅在双边司法协助条约中对域外取证问题作了规定，而且还于 1997 年参加了具有广泛影响的《关于从国外调取民事或商事证据的公约》（以下简称《海牙取证公约》）。根据《海牙取证公约》的规定，主要有 4 种取证方式：

主要方式（海牙取证公约）	（1）代为取证（一国受理案件的司法机关向证据所在国的司法机关提出请求，由后者代为进行取证）。我国在条约的基础上接受此种取证方式，以司法部为中央机关，请求书应当以执行地文字作成或附其译文； （2）使领馆取证：我国允许，但只能向其本国公民取证，并不得采取强制措施； （3）特派员取证：我国原则上不允许； （4）当事人或诉讼代理人自行取证：我国原则上不允许。未经我国主管机关允许，任何外国机关和个人不得在我国领域内调取证据。

---

① 错误。代表人、主要负责人可以直接送达。分支机构和业务代办人必须有授权才能够接受送达。

② 正确。注意这是 2015 年《民诉法解释》的重要内容之一。

③ 错误。送达文书部分正确，取证不能采取强制措施。

④ 正确。本题的关键点在于最后应当说明理由。

特殊问题	（1）法院委托外国进行协助，需要翻译的，应当委托我国的翻译机构进行，译文应当附有原文与译文一致的翻译证明。加盖翻译机构的印章和翻译人的签名，不得加盖法院印章。 （2）经最高人民法院授权的高级人民法院可以依据《海牙送达公约》和《海牙取证公约》，直接向外发出本辖区各级人民法院提出的民商事案件司法文书送达和域外取证请求。 （3）请求方要求特殊方式的，如果该特殊方式不违背我国法律且实践中不存在难以办理的情形，应当按照该特殊方式办理。

3. 外国法院判决在我国的承认与执行

一国法院判决是一国司法主权的具体体现，一国法院判决要发生域外效力，必须经过他国对其既判力和执行力的认可。承认外国法院判决和执行外国法院判决是两个既有联系又有区别的概念：一方面，承认外国法院判决是执行的前提条件；另一方面，承认外国法院判决并不一定意味着要执行外国法院判决，有些判决只需要承认而不必执行。

下面将外国法院判决承认与执行的相关问题进行总结，方便大家梳理和记忆：

中国关于外国法院判决承认与执行的规定	（1）提出方式 中国法院和外国法院作出的判决、裁定，要在对方国家得到承认与执行： ①当事人提出：可以由当事人直接向有管辖权的法院（我国为被执行人住所地或被执行财产所在地中级人民法院）提出； ②法院提出：也可以由法院按照条约的规定或互惠原则请求对方国家法院承认与执行。
	（2）提交文件 ①申请书，并附外国法院判决、裁定正本/经证明无误的副本，以及中文译本； ②缺席审判的，应同时提交外国法院已经合法传唤的证明文件（如判决、裁定中已对此予以说明的，无需提供）。
	（3）承认与执行分别处理 ①外国法院判决、裁定或者外国仲裁裁决，需要中国法院执行的，当事人应当先向人民法院申请承认；人民法院裁定承认后，再按规定程序予以执行（先承认，再执行）； ②当事人仅申请承认而未申请执行的，人民法院仅审查应否承认。
	（4）申请或请求的审查 审查程序：组成合议庭进行审查；被申请人参与（应将申请书送达被申请人，被申请人可以陈述意见）； 审查依据：国际条约/互惠原则； 审查结果：审查后应作出裁定，裁定一经送达即发生法律效力。
	（5）承认与执行的条件：不涉及实体问题 ①判决已生效； ②原判决国法院必须有管辖权； ③审判程序公正；

续表

中国关于外国法院判决承认与执行的规定	④不与我国正在进行的或已经终结的诉讼相冲突； ⑤不违反中国公共秩序； ⑥该国与中国存在条约或互惠关系（离婚判决的承认无须此项条件）。
	（6）不予承认与执行的救济 如中国对外国法院的判决不予承认与执行，当事人可以向我国法院起诉，由有管辖权的人民法院作出判决并予以执行。
	（7）特殊问题 ①仅申请承认而未申请执行的，申请执行的期间自人民法院对承认申请作出的裁定生效之日重新起算。 ②离婚判决的承认与执行突破了协定或互惠关系的要求。但如果没有协定或互惠，即使符合条件，也只承认和执行该外国判决中解除夫妻身份关系的内容。 ③涉外民事诉讼中，经调解双方达成协议，应当制发调解书。当事人要求发给判决书的，可以依协议的内容制作判决书送达当事人。

坑亲王驾到

1. 外国法院判决、裁定为缺席判决、裁定的，申请人必须同时提交该外国法院已经合法传唤的证明文件。①

2. 当事人向中华人民共和国有管辖权的中级人民法院申请承认和执行外国法院作出的发生法律效力的判决、裁定的，人民法院应当组成合议庭进行审查。如果该法院所在国与中华人民共和国没有缔结或者共同参加国际条约，也没有互惠关系的，应当裁定驳回申请。②

3. 当事人在境外适用我国法院的判决和裁定，需要证明其效力的，作出判决或裁定的法院需要层报最高院后再出具证明。③

（六）国际商事法庭——最高院的常设审判机构

《最高人民法院关于设立国际商事法庭若干问题的规定》已于2018年6月25日由最高人民法院审判委员会第1743次会议通过，自2018年7月1日起施行。该规定中，国际商事案件的判断标准和法律适用法的规定一致，只是少了"其他"这一要素。先将该规定的主要内容总结如下：

受案范围	（1）协议选择最高院+3亿以上+第一审国际商事。 （2）高院第一审国际商事+认为需要由最高院审理+最高院同意。 （3）在全国有重大影响的第一审国际商事案件。 （4）根据本规定进行的国际商事仲裁的保全、撤销和执行。 （5）最高人民法院认为应当由国际商事法庭审理的其他国际商事案件。

---

① 错误。如果在判决或裁决中已经就合法传唤情况进行说明，则不需要提供据证明。

② 错误。存在例外，当事人向人民法院申请承认外国法院作出的发生法律效力的离婚判决，即使不存在条约或互惠关系，也不能直接裁定驳回。

③ 错误。当事人在境外适用我国法院的判决和裁定，需要证明其效力，作出判决、裁定的中华人民共和国法院，可以本法院的名义出具证明。

续表

审判组织	3 名或 3 名以上组成合议庭审理，少数服从多数，少数意见可以在裁判文书中载明。
保全裁定	国际商事法庭作出的保全裁定，可以指定下级人民法院执行。
外国法查明	（1）根据《法律适用法》决定所适用的法律。 （2）查明途径（合理）：传统例举方式+法律查明服务机构+国际商事专家委员会。
质证和语言	（1）域外形成材料无论是否公证、认证，均需质证。 （2）当事人提交的证据材料系英文且经对方当事人同意的，可以不提交中文翻译件。
一站式平台	（1）调解+仲裁+法庭。具体方式由当事人选择。机构由最高院选定。 （2）受理案件后七日内，经当事人同意，可以委托国际商事专家委员会成员或者国际商事调解机构调解。
仲裁	（1）选择规定中的仲裁机构仲裁的，可以在仲裁前或仲裁中向法庭提出保全申请。 （2）本规定中仲裁机构的裁决，当事人可以向法庭申请撤销或执行。
再审和执行	（1）对法庭作出的已经生效的判决、裁定和调解书，可向最高人民法院本部申请再审。 （2）法庭作出的发生法律效力的判决、裁定和调解书，可以向法庭申请执行。

06 第六讲 区际司法协助

特别提示

这一讲涉及大陆地区和港澳台之间的文书送达、调取证据、判决和裁决的承认与执行。这四个方面的内容非常庞杂，如果全部列出，大家会有一种扔书的冲动。陆寰老师只将其中最为重要的内容向大家进行展示。鉴于港澳台三个地区的现状，这一讲将对香港地区的内容进行重要讲解。

知识结构导图

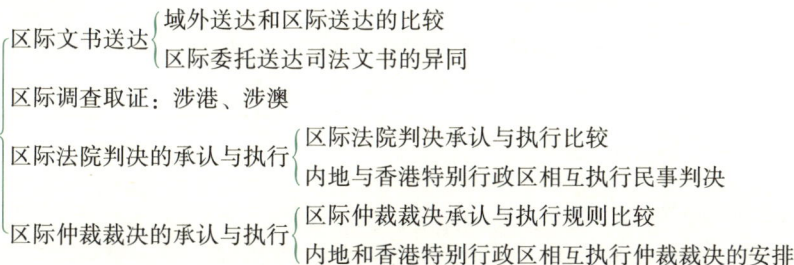

区际文书送达 { 域外送达和区际送达的比较
区际委托送达司法文书的异同

区际调查取证：涉港、涉澳

区际法院判决的承认与执行 { 区际法院判决承认与执行比较
内地与香港特别行政区相互执行民事判决

区际仲裁裁决的承认与执行 { 区际仲裁裁决承认与执行规则比较
内地和香港特别行政区相互执行仲裁裁决的安排

考查频率梳理

频次	考点	真题
3	区际文书送达	2012/1/37；2011/1/79；2009/1/82
2	区际调查取证	2013/1/79；2005/1/82
9	区际法院判决的承认与执行	2017/1/39；2015/1/79；2011/1/37；2010/1/37；2009/1/39；2009/1/81；2008 川/1/83；2007/1/36；2005/1/80
2	区际仲裁裁决的承认与执行	2010/1/82；2008/1/81

一、区际文书送达

内地（大陆）并无专门的立法解决其与港澳台地区之间的送达问题。1999 年 3 月 29 日，最高人民法院根据与香港特别行政区协商达成的一致意见，以司法解释的形式发布了最高人民法院《关于内地与香港特别行政区法院相互委托送达民商事司法文书的安排》，并于次日开始实施。2001 年 8 月 27 日，最高人民法院发布了《关于内地与澳门特别行政区法院就民商事案件相互委托送达司法文书和调取证据的安排》（以下简称《内地与澳门特别行政区安排》），并于当年 9 月 15 日开始生效。这两份安排，是我国在区际司法协助领域取得的重大进展。2008 年 4 月 17 日，最高人民法院发布了《涉台民事诉讼文书送达的若干规定》。该规定于 4 月 23 日开始实施，是当年大陆在涉台司法协助方面的新举措。2009 年 3 月 9 日，最高人民法院又发布了《关于涉港澳民商事案件司法文书送达问题若干规定》，对此前的相关规定予以补充。下面将依据上述规定对我国的区际文书送达问题进行梳理和介绍。

（一）域外司法文书送达和区际司法文书送达的比较

送达途径的异同	域外送达途径（9 种）	（1）国际条约； （2）外交途径； （3）使领馆（向中国人）； （4）诉讼代理人和代表机构； （5）分支机构和业务代办人（经受送达人授权）； （6）邮寄（受送达人所在国法律允许）； （7）公告（兜底方式）； （8）在我国领域出现的受送达人或其法定代表人、主要负责人； （9）传真、电子邮件等方式（能够确认收悉）。
	区际送达途径（涉港澳为 7 种，涉台为 8 种）	（1）域外送达的 9 种方式中，（4）～（9）种方式也适用于向港、澳、台的送达； （2）涉港、澳、台均可采用"委托送达"方式，但存在区别； （3）涉台送达还可采用"指定代收人"方式。

（二）区际委托送达司法文书的异同

	涉港	涉澳	涉台
机构	内地高院←→香港高等法院 内地最高院→香港高等法院	内地高院←→澳门终审法院 内地最高院←→澳门终审法院	大陆高院←→我国台湾地区有关法院
期限	2 个月。	2 个月。	2 个月。
文本	以中文文本提出，没有的应当附具中文译本。	以中文文本提出，没有的应当附具中文译本。	
费用	免费，特殊方式须付费。	免费，特殊方式须付费。	
程序	原则根据被请求方的程序，符合条件可以依据请求方要求的方式。	原则根据被请求方的程序，符合条件可以依据请求方要求的方式。	

二、区际调查取证

（一）内地和香港特别行政区相互调取证据的安排

以 2017 年《最高人民法院关于内地与香港特别行政区法院就民商事案件相互委托提取证据的安排》为依据。

涉港相互取证	适用对象	民商事案件相互委托提取证据。
	联络机关	内地指定各高级人民法院为联络机关；香港特别行政区指定香港特别行政区政府政务司司长办公室辖下行政署为联络机关。 最高人民法院可以直接通过香港特别行政区指定的联络机关委托提取证据。
	超越范围	如受委托方认为受托事项不属于本安排规定的委托范围，可以予以退回并说明原因。
	文字及印章	委托书及所附相关材料应当以中文文本提出。没有中文文本的，应当提供中文译本。
		内地人民法院委托香港特别行政区法院提取证据，应当提供加盖最高人民法院或者高级人民法院印章的委托书。香港特别行政区法院委托内地人民法院提取证据，应当提供加盖香港特别行政区高等法院印章的委托书。
	协助范围	内地委托香港： （1）讯问证人； （2）取得文件； （3）检查、拍摄、保存、保管或扣留财产； （4）取得财产样品或对财产进行试验； （5）对人进行身体检验。
		香港委托内地： （1）取得当事人的陈述及证人证言； （2）提供书证、物证、视听资料及电子数据； （3）勘验、鉴定。
	法律依据及方式	受委托方应当根据本辖区法律规定安排取证。
		如果委托方请求其司法人员、有关当事人及其诉讼代理人（法律代表）在受委托方取证时到场，以及参与录取证言的程序，受委托方可以按照其辖区内相关法律规定予以考虑批准。批准同意的，受委托方应当将取证时间、地点通知委托方联络机关。
	费用和期间	（1）受委托方因执行受托事项产生的一般性开支，由受委托方承担。 （2）受委托方因执行受托事项产生的翻译费用、专家费用、鉴定费用、应委托方要求的特殊方式取证所产生的额外费用等非一般性开支，由委托方承担。 （3）如果受委托方认为执行受托事项或会引起非一般性开支，应先与委托方协商，以决定是否继续执行受托事项。
		受委托方应当尽量自收到委托书之日起6个月内完成受托事项。受委托方完成受托事项后，应当及时书面回复委托方。未完成或部分完成的，应当书面通知并说明理由。
	协商机构	应当通过最高人民法院与香港特别行政区政府协商解决。

（二）内地和澳门特别行政区相互取证

《内地与澳门特别行政区安排》中关于取证部分主要涉及调查取证的范围、办理机构、委托方法院参与调查取证、费用、程序和期限、代理人出席、到对方辖区出庭作证等问题。下面用表格的形式进行总结，方便大家进行总结和梳理。

内地和澳门特别行政区相互取证	调查取证的范围	代为询问当事人、证人和鉴定人，代为进行鉴定和司法勘验，调取其他与诉讼有关的证据。 ［注意］两个限制，必须与诉讼有关，只能是民商事案件（包括劳动）。
	办理机构	内地高院（或最高院）←→澳门终审法院，双方的争端由最高院和澳门终审法院协商。
	委托方参与取证	（1）如委托方法院提出要求，受委托方法院应当将取证的时间、地点通知委托方法院，以便有关当事人及其诉讼代理人能够出席。 （2）委托方法院的请求，可以允许委托方法院派司法人员出席。必要时经允许可以发问。
	到对方辖区出庭作证	受委托方法院可以根据委托方法院的请求，并经证人、鉴定人同意，协助安排其辖区的证人、鉴定人到对方辖区出庭作证。
	代理人出席	被调查对象及证人、鉴定人等的代理人可以出席。
	期限、费用和程序	（1）期限为 3 个月。 （2）不需支付费用，但可以要求委托方预付鉴定人、翻译人和证人的费用以及特殊方式的费用。 （3）原则上适用被请求方的程序，不违反规定的可以适用委托方的特殊要求。
	拒绝的理由	（1）可以不属于法院职权，或违反公共秩序为理由拒绝，而且必须进行说明。 （2）不得以专属管辖和被请求方不承认涉诉权利为由拒绝。

三、区际法院判决的承认与执行

本部分主要涉及内地和香港、澳门之间法院判决的相互承认与执行以及大陆单向承认我国台湾地区民事判决的规定。下面将对三地的总体特点进行总结，以及重点介绍内地和香港之间的判决承认与执行规则。

（一）区际法院判决承认与执行比较

两岸三地判决的承认与执行的主要差异表现在法律依据、认可与承认的对象、机构、期限和同时向内地和港澳台法院提出申请等方面。总结如下：

		涉港	涉澳	涉台
区际法院判决的认可与执行	法律依据	2019 年双边安排	2006 年双边安排	2015 年规定（单向）
	认可与执行的对象	民商事案件判决，特殊的和有单行规则的除外。	（1）民商事判决； （2）内地的劳动仲裁裁决，澳门的劳动民事判决；	（1）民事判决，包括民事判决、裁定、和解笔录、调解笔录、支付命令等；

		涉港	涉澳	涉台
区际法院判决的认可与执行	认可与执行的对象		（3）刑事案件中有关民事损害赔偿的判决，不包括行政案件。	（2）刑事案件中作出的有关民事损害赔偿的生效判决、裁定、和解笔录； （3）乡镇市调解委员会等出具并经我国台湾地区法院核定，与生效民事判决具有同等效力的调解文书。（参照适用）
	机构	内地：申请人、被申请人住所地、经常居住地和财产所在地中院。 香港：高等法院。	内地：被申请人住所地、经常居住地和财产所在地中院。 澳门：中级法院认可，初级法院执行。	大陆：由申请人住所地、经常居住地或者被申请人住所地、经常居住地、财产所在地中级人民法院或者专门人民法院受理。
	是否能同时向两地法院提出认可申请	能。（分别执行的总额不能超过判决数额）	不能。（但可以向一地法院申请认可的同时，向另一地法院请求财产保全）	没有相关规定。

（二）内地与香港特别行政区相互执行民事判决

1. 内地和香港婚姻家庭判决的承认与执行

2017年，内地和香港签署了关于任何和执行婚姻家庭民事判决的最新协议——《内地与香港特别行政区法院相互认可和执行婚姻家庭民事案件判决的安排》。下面把这个安排的内容总结如下：

内地与香港相互认可和执行婚姻家事案件判决的安排	适用	（1）适用于婚姻家庭民事判决； （2）参照适用于内地离婚证或香港解除婚姻的协议书、备忘录。
	生效判决	内地：同国内民诉法的规定。
		在香港，指终审法院、高等法院上诉法庭及原讼法庭和区域法院作出的已经发生法律效力的判决，包括依据香港法可在生效后作出更改的命令。
		上述判决均不包括双方依据其法律承认的其他国家和地区法院作出的判决。
	管辖法院	在内地向申请人住所地、经常居住地或者被申请人住所地、经常居住地、财产所在地的中级人民法院。
		在香港特别行政区向区域法院提出。
		向内地多个有管辖权的法院提出申请的，由最先立案的法院管辖（实际只有一个行使）。
		可以同时向内地和香港法院申请，总额不超判决，法院应该应要求互相提供执行情况。

内地与香港相互认可和执行婚姻家事案件判决的安排	提交材料（向香港申请）	作出生效判决的法院出具的，证明该判决属于安排规定的判决的证明书。	
		缺席判决的，提交已经合法传唤的证明文件，但判决已说明或者缺席方提出申请的除外。	
		经公证的身份证件复印件。	
	不予认可的理由	(1) 根据原审法院地法律，未经合法传唤，或虽经合法传唤但未获合理陈述、辩论机会； (2) 判决是以欺诈方法取得的； (3) 被请求方法院受理相关诉讼后，请求方法院又受理就同一争议提起的诉讼并作出判决； (4) 被请求方法院已就同一争议作出判决，已认可和执行其他法院就同一争议所作出判决； (5) 明显违反公共秩序。 除上述不予认可理由外，认可时还应当充分考虑未成年子女的最佳利益。	
	中止、恢复和终止程序	中止	(1) 对香港法院作出的判决，当事人已提出上诉，内地人民法院审核后，可以中止； (2) 内地人民法院就已经作出的判决裁定再审的，香港法院审查核实后，可以中止。
		恢复	(1) 对香港判决：经上诉，维持全部或者部分原判决的，恢复； (2) 对内地判决：经再审，维持全部或者部分原判决的，恢复。
		终止	(1) 对香港判决：上诉完全改变原判决的，终止； (2) 对内地判决：再审完全改变原判决的，终止。
	一事双请	在审理婚姻家庭民事案件期间，当事人申请认可和执行另一地法院就同一争议作出的判决的，应当受理。受理后，诉讼应中止，待就申请作出裁定或者命令后，视情终止或恢复。（审理案件时收到申请＝应当受理）	
		审查认可和执行判决申请期间，当事人就同一争议提起诉讼的，不予受理；已经受理的，驳回起诉。（审核申请时收到起诉＝不予受理）	
		判决获得认可和执行后，当事人又就同一争议提起诉讼的，不予受理。	
		判决未获认可和执行，申请人不得再次申请，但可以就同一争议向被请求方法院提起诉讼。	

2.《内地与香港特别行政区法院相互认可和执行民商事案件判决的安排》2019 年 1 月 18 日在北京签署。

内地与香港法院相互认可和执行民商事案件判决的安排	适用范围	（1）原则上为民商事案件，包括刑事案件中有关民事赔偿的生效判决。（内地）
		（2）"民商事"的理解 ①内地和香港法律均认为属于民商事； ②不包括香港法院审理的司法复核案件以及其他因行使行政权力直接引发的案件。
		（3）特殊民商事案件的排除（下列民商事案件，暂不适用安排） ①内地的赡养、兄妹扶养、收养解除、成年监护、婚后损害和同居析产；香港的应否裁判同居； ②继承案件、遗产管理或者分配的案件； ③内地的发明和实用新型专利侵权；香港的标准专利（包括原授专利）、短期专利侵权案件；内地和香港法院审理的确认标准必要专利许可费率案件以及植物新品种所享有的知识产权；（知识产权的责任承担判项和知识产权侵权，不正当竞争侵权的金钱判项符合条件的可以执行） ④海洋环境污染、海事索赔责任限制、共同海损、紧急拖航救助、船舶优先权、海上旅客运输； ⑤确定选民资格、宣告自然人失踪或者死亡、认定自然人限制或者无民事行为能力的案件； ⑥仲裁协议效力、撤销仲裁裁决；认可和执行其他国家和地区判决、仲裁裁决的案件； ⑦破产（清盘）案件。 婚姻家庭继承+知识产权+海事+自然人资格能力+仲裁和判决+破产。 总结：特殊或有单独规则的，暂不适用本安排。
		（4）"生效"判决 内地：同民诉；香港：终审法院、高等法院上诉法庭及原讼法庭、区域法院以及劳资审裁处、土地审裁处、小额钱债审裁处、竞争事务审裁处的生效判决。
	管辖法院	内地：申请人住所地或者被申请人住所地、财产所在地的中级人民法院。 向两个以上有管辖权的人民法院提出申请的，由最先立案的人民法院管辖。
		香港：高等法院。
	住所地	自然人：指户籍所在地或者永久性居民身份所在地、经常居住地。
		法人或者其他组织：注册地或者登记地、主要办事机构所在地、主要营业地、主要管理地。
	提交材料	申请书和经作出生效判决的法院盖章的判决副本。
		做出生效判决的法院出具的证明书，证明该判决属于生效判决，有执行内容的，还应当证明在原审法院地可以执行。
		缺席判决的，提交已经合法传唤当事人的证明文件。判决中已说明或缺席方申请的除外。
		向内地人民法院提交的文件没有中文文本的，应当提交准确的中文译本。

内地与香港法院相互认可和执行民商事案件判决的安排	应当不予认可或执行	（1）被请求方法院认为，原审法院不具有适当的管辖权。
		（2）依原审法院地法律，未经合法传唤或未得到合理陈述机会。
		（3）判决为欺诈获得或明显违反公共秩序的。
		（4）被请求方法院受理相关诉讼后，原审法院又受理就同一争议提起的诉讼并作出判决的。
		（5）被请求方法院已就同一争议作出判决，或者已经认可其他国家和地区就同一争议作出的判决的。
		（6）被请求方已经就同一争议作出仲裁裁决，或已认可其他国家和地区就同一争议作出的仲裁裁决。
	可不予执行	申请认可和执行的判决，被申请人提供证据证明在原审法院进行的诉讼违反了当事人就同一争议订立的有效仲裁协议或者管辖协议的，被请求方法院审查核实后，可以不予认可和执行。
	同时申请	被申请人在内地和香港特别行政区均有可供执行财产的，申请人可以分别向两地法院申请执行。执行总额不超判决。
	一事双请	（1）审理案件时收到申请＝应当受理＋诉讼中止＋视情况终止或恢复。 （2）审核申请时收到起诉＝不予受理＋已经受理的驳回。
	救济	内地：10 日内向上一级法院申请复议；香港：提起上诉。

四、区际仲裁裁决的承认与执行

本部分主要涉及内地和香港、澳门之间法院判决的相互承认与执行以及大陆单向承认我国台湾地区仲裁裁决的规定。下面将对三地的总体特点进行总结，以及重点介绍内地和香港之间仲裁裁决的承认与执行规则。

（一）区际仲裁裁决承认与执行规则比较

内地与港澳、大陆与我国台湾地区仲裁裁决的承认与执行问题存在诸多差异，也存在一些共同之处。下面将这些主要差异和共同总结如下，方便大家总结和记忆。

		香港	澳门	我国台湾地区
区际仲裁裁决的认可与执行	法律依据	2000 年双边安排	2008 年双边安排	2015 年规定（单向）
	适用对象	只说了仲裁裁决，没有特别说明。	没有特别说明。	专门说明了包括临时仲裁裁决。
	机构	内地：被申请人住所地或财产所在地中院。 香港：高等法院。	内地：被申请人住所地、经常居住地和财产所在地中院。 澳门：中级法院认可，初级法院执行。	大陆：由申请人住所地、经常居住地或者被申请人住所地、经常居住地、财产所在地中级人民法院或者专门人民法院受理。

		香港	澳门	我国台湾地区
区际仲裁裁决的认可与执行	期限	依执行地法律规定。	依执行地法律规定。	申请执行的期间为 2 年。申请执行时效的中止、中断，适用法律有关诉讼时效中止、中断的规定。
	是否能同时向两地法院提出认可申请	不能。	能（仲裁地法院先执行清偿）。	没有相关规定。
	相同点：（1）香港、澳门均不得同时向内地多个有管辖权的法院提出申请；我国台湾地区可以同时申请，但只有由最先立案的人民法院进行管辖；（2）均需缴纳费用；（3）均要求中文译本。			

（二）内地和香港特别行政区相互执行仲裁裁决的安排

内地与香港相互执行仲裁裁决的规则主要体现在《最高人民法院关于内地与香港特别行政区相互执行仲裁裁决的安排》。主要包括管辖法院、同时向两地法院申请、提交文书、期限和执行程序、不予执行的理由和费用等 6 个方面的问题。下面将用表格的形式对上述问题进行总结和梳理，方便大家进行记忆。

内地与香港特别行政区相互执行仲裁裁决	管辖法院	（1）被申请人住所地或者财产所在地的有关法院申请执行。 （2）在内地指被申请人住所地或者财产所在地的中级人民法院，在香港特区指香港特区高等法院。
	同时向两地法院提出申请	（1）内地有多个法院有管辖权的，择一申请。 （2）被申请人的住所地或者财产所在地，既在内地又在香港特区的，首先择一申请。只有一地法院执行不足以偿还其债务时，才可就不足部分向另一地法院申请执行。两地法院先后执行仲裁裁决的总额，不得超过裁决数额。
	提交文书	（1）执行申请书。 （2）仲裁裁决书。 （3）仲裁协议。
	期限和执行程序	应当按执行地法律程序处理及执行。遵守执行地法律规定的期限。
	不予执行的理由	（1）仲裁协议当事人依对其适用的法律属于某种无行为能力的情形；或者该项仲裁协议依约定的准据法无效；或者未指明以何种法律为准时，依仲裁裁决地的法律是无效的。 （2）被申请人未接到指派仲裁员的适当通知，或者因他故未能陈述意见的。 （3）裁决所处理的争议不是交付仲裁的标的或者不在仲裁协议条款之内，或者裁决载有关于交付仲裁范围以外事项的决定的；但交付仲裁事项的决定可与未交付仲裁的事项划分时，裁决中关于交付仲裁事项的决定部分应当予以执行。

续表

内地与香港特别行政区相互执行仲裁裁决	不予执行的理由	（4）仲裁庭的组成或者仲裁庭程序与当事人之间的协议不符，或者在有关当事人没有这种协议时与仲裁地的法律不符的。 （5）裁决对当事人尚无约束力，或者业经仲裁地的法院或者按仲裁地的法律撤销或者停止执行的。 （6）有关法院认定依执行地法律，争议事项不能以仲裁解决的，则可不予执行该裁决。 （7）违反公共秩序。
	费用	应当根据执行地法院有关诉讼收费的办法交纳执行费用。

五、《最高人民法院关于内地与香港特别行政区法院就仲裁程序相互协助保全的安排》

保全的概念	1. 内地：财产保全、证据保全、行为保全。 2. 香港：包括强制令以及其他临时措施，也包括财产、行为和证据等方面。
香港仲裁程序的认定	1. 以香港为仲裁地； 2. 以下机构作出的仲裁： （1）在香港设立或者总部设于香港，并以香港为主要管理地的仲裁机构； （2）我国加入的政府间国际组织在香港设立的争议解决机构或者常设办事处； （3）其他仲裁机构在香港设立的争议解决机构或者常设办事处，且该争议解决机构或者常设办事处满足香港政府订立的有关仲裁案件宗数以及标的金额等标准。 以上机构或者常设办事处的名单由香港政府向最高人民法院提供，并经双方确认。
管辖法院和相关程序	香港向内地申请： 1. 香港仲裁程序的当事人，在仲裁裁决作出前，可以向被申请人住所地、财产所在地或者证据所在地的内地中级人民法院申请保全； 2. 被申请人住所地、财产所在地或者证据所在地在不同人民法院辖区的，应当选择向其中一个人民法院提出申请，不得分别向两个或者两个以上人民法院提出申请； 3. 当事人在有关机构或者常设办事处受理仲裁申请后提出保全申请的，应当由该机构或者常设办事处转递其申请； 4. 仲裁前保全的，内地人民法院采取保全措施后 30 日内未收到有关机构或者常设办事处提交的已受理仲裁案件的证明函件的，应当解除保全。
	内地向香港申请： 1. 内地仲裁机构管理的仲裁程序的当事人，在仲裁裁决作出前，可以向香港特别行政区高等法院申请保全。
担保	被请求方法院应当尽快审查当事人的保全申请。内地人民法院可以要求申请人提供担保等，香港特别行政区法院可以要求申请人作出承诺、就费用提供保证等。
费用	当事人申请保全的，应当依据被请求方有关诉讼收费的法律和规定交纳费用。

第三部分　国际经济法

国际经济法知识结构导图

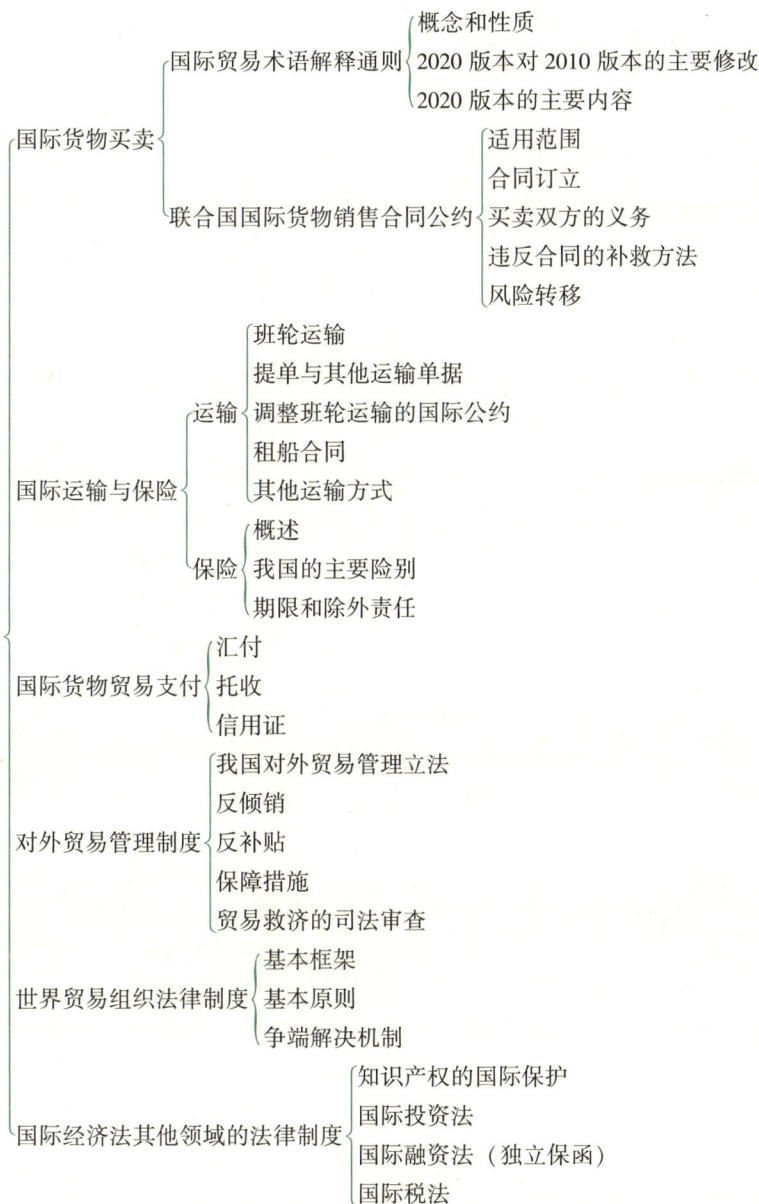

国际货物买卖
- 国际贸易术语解释通则
  - 概念和性质
  - 2020 版本对 2010 版本的主要修改
  - 2020 版本的主要内容
- 联合国国际货物销售合同公约
  - 适用范围
  - 合同订立
  - 买卖双方的义务
  - 违反合同的补救方法
  - 风险转移

国际运输与保险
- 运输
  - 班轮运输
  - 提单与其他运输单据
  - 调整班轮运输的国际公约
  - 租船合同
  - 其他运输方式
- 保险
  - 概述
  - 我国的主要险别
  - 期限和除外责任

国际货物贸易支付
- 汇付
- 托收
- 信用证

对外贸易管理制度
- 我国对外贸易管理立法
- 反倾销
- 反补贴
- 保障措施
- 贸易救济的司法审查

世界贸易组织法律制度
- 基本框架
- 基本原则
- 争端解决机制

国际经济法其他领域的法律制度
- 知识产权的国际保护
- 国际投资法
- 国际融资法（独立保函）
- 国际税法

01 第一讲
国际货物买卖

特别提示

本部分的内容历来是三国法考试的重点。虽然这两年的考查比重有所下降，但大家也不应有所忽视。就考查来说，2020 版贸易术语肯定是学习的重点。总而言之，重者恒重，不可轻忽。这一讲在内容上最大的特色是对国际贸易术语的总结，通过规律性记忆的方法实现 11 个术语一次性搞定。

知识结构导图

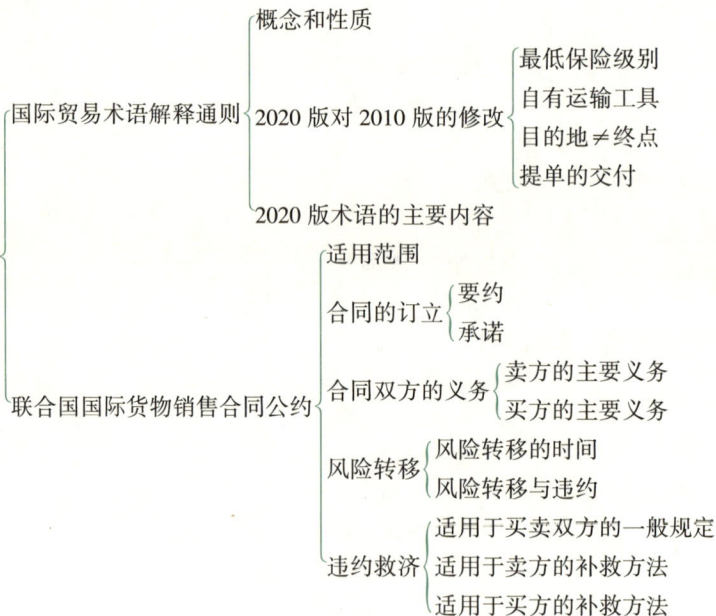

```
                          ┌ 概念和性质
                          │
                          │                    ┌ 最低保险级别
                          │                    │ 自有运输工具
          国际贸易术语解释通则 ┤ 2020 版对 2010 版的修改 ┤ 目的地 ≠ 终点
                          │                    │ 提单的交付
                          │
                          └ 2020 版术语的主要内容

                          ┌ 适用范围
                          │
                          │ 合同的订立 ┤ 要约
                          │          └ 承诺
                          │
          联合国国际货物销售合同公约 ┤ 合同双方的义务 ┤ 卖方的主要义务
                          │             └ 买方的主要义务
                          │
                          │ 风险转移 ┤ 风险转移的时间
                          │         └ 风险转移与违约
                          │
                          │          ┌ 适用于买卖双方的一般规定
                          └ 违约救济 ┤ 适用于卖方的补救方法
                                     └ 适用于买方的补救方法
```

考查频率梳理

频次	考点	真题
17	国际贸易术语	2018/2；2016/1/80；2015/1/40；2014/1/41；2013/1/40；2012/1/99；2011/1/99；2010/1/42；2009/1/40；2009/1/43；2008/1/41；2007/1/86；2006/1/95；2005/1/41；2003/1/95；2002/1/23；2002/1/69

频次	考点	真题
6	公约的适用范围	2015/1/40；2014/1/40；2011/1/99；2009/1/40；2003/1/66；2002/1/67
5	合同的订立	2008/1/42；2008 川/1/42；2004/1/73；2002/1/24；2002/1/70
11	买卖双方的义务	2015/1/40；2013/1/40；2013/1/99；2012/1/80；2011/1/100；2008/1/84；2008 川/1/45；2007/1/83；2006/1/86；2005/1/86；2003/1/70
7	违约救济方式	2016/1/40；2013/1/99；2010/1/86；2010/1/40；2010/1/87；2008/1/100；2006/1/84
4	风险转移	2012/1/80；2008 川/1/84；2008 川/1/100；2007/1/86

一、国际贸易术语解释通则

（一）国际贸易术语的概念和性质

国际贸易术语是在国际贸易中逐渐形成的，表明在不同的交货条件下，买卖双方在交易中的费用、责任及风险划分等以英文缩写表示的专门用语。贸易术语是国际惯例的一种，由当事人选择通用，国际上使用最为广泛的是国际商会于 1936 年编纂的《国际贸易术语解释通则》，该通则是国际商会以国际贸易中应用最广泛的国际惯例为基础的，该通则进行了多次修订，目前最新的版本是 2020 版，将于 2020 年 1 月 1 日起生效。

要特别注意的是《国际贸易术语解释通则》的性质。虽然该通则是一个国际贸易领域非常重要且已经成文化、体系化的规则，但其性质仍旧是国际惯例而不是法律，这一性质对不同版本通则的选用起到至关重要的作用。由于该规则不是法律，当事人必须选择后才能适用。

（二）《2020 年通则》对《2010 年通则》的主要修改

《2020 年通则》相比《2010》年通则并没有进行大幅度的修改，主要是对一些术语的细节问题进行了改进。其中主体内容仍旧延续了《2010 年通则》的规定。修改的主要内容如下：

1. 目的地 ≠ 终点

《2020 年通则》将之前的 DAT 术语更名为 DPU，并且相应的含义也发生了变化。在《2020 年通则》的规定下，DPU 术语的交货地点仍旧是目的地，但这个目的地不再限于运输的终点，而可以是任何地方。除了这一点之外，其余内容均和之前 2010 版中的 DAT 术语完全一致，大家可以通过后面的口诀进行记忆。

记忆线索："U"谐音"邮"，记忆"包邮"即可，既然都包邮了可不是要到任何目的地，送货上门么。

2. 最低保险级别

在 2010 版术语中，CIF 和 CIP 术语下如果双方没有特别约定，卖方只有义务投保最低级别的海上货物运输保险即平安险。但在《2020 年通则》中则有所不同，CIP 术语下的保险级别提高到"一切险"，不包括除外责任。CIF 仍旧和以前相同。

3. 自有运输工具

《2020 年通则》规定，当采用 FCA、DAP、DPU 和 DDP 术语进行贸易时，买卖双方可以根据运输义务使用自己的自有运输工具，而不再像 2010 版术语那样推定适用第三方承运人进行运输。双方承担的运输义务不变，仍旧遵循 2010 版的规定。

4. 提单附加机制

《2020 年通则》规定，FCA 术语下虽然买方负责运输，但买方和卖方同意买方指定的承运人在装货后将向卖方签发已装船提单，然后再由卖方向买方做出交单（可能通过银行链）。

5. 安全义务及费用承担

每个术语下都明确规定了与安全有关的义务分配规则以及相应的费用承担方式。并且《2020 年通则》对双方应该承担的费用提供了"一站式费用清单"。

（三）《2020 年通则》的主要内容

大家注意，所有的 11 个术语均可从术语后加注地点的含义、进口手续、出口手续、运费、保险和风险转移等 5 个方面进行考查。以这 5 个方面为线索就可以轻松掌握所有的术语。这是老师首创的口诀式傻瓜解题法，无需知道内容，认识英文字母就 OK：

1. 术语后加注地点的含义：EF（装运），CD（目的）。

2. 运输：卖 CD，买 EF。

3. 进出口手续：除去两头，"买进卖出"。

4. 保险：带"I"的有义务（卖方出钱），D 组术语买有料（买方向卖方提供资料），剩余全部卖有料（卖方向买方提供资料）。

5. 风险转移：风险需谨记，全部交货时。D 组在目的地，其余装运地。水运均特殊，包邮（DPU）兼装卸（FCA）。

上述内容详细解读如下：

加注 地点	口诀：EF（装运），CD（目的）。 解析：E 或 F 开头的术语加的是装运地，C 或 D 开头的术语加的是目的地。 *记忆线索*："D"谐音目的，用 D 的谐音记忆目的。 *例*：中国甲公司和美国乙公司协议采用 DPU2020（上海）规范双方的权利义务，则该术语"D"开头，上海应为目的地。
运输 义务	口诀：卖 CD，买 EF。 解析：C 或 D 开头的术语由卖方负责运输；E 或 F 开头的术语由买方负责运输。 *记忆线索*：卖 CD 想卖盘，少看一两个人就演完的电影。买 EF 谐音为买衣服，逛商场啦。 *例*：中国甲公司和美国乙公司协议采用 CFR2020 术语规范双方的权利义务。该术语 C 开头，根据口诀卖 CD，应该由卖方负责运输。
进出口 手续及 费用	口诀：除去两头，"买进卖出"。 解析：除去 EXW 全部由买方负责、DDP 全部由卖方负责外，剩余 9 个术语遵循"买进卖出"的规律：即买方办理进口手续，卖方办理出口手续。 *记忆线索*：日常生活中本就是买进来，卖出去，你都买进来了，可不就是负责进口么。 *例*：中国甲公司和美国乙公司协议采用 FOB2020（上海）规范双方的权利义务，该术语的口诀为：买进卖出，应当由买方负责进口手续。

续表

保险	口诀：带"I"的有义务（卖方出钱），D 组术语买有料（买方向卖方提供资料），剩余全部卖有料（卖方向买方提供资料）。 解析：（1）只有 CIF 和 CIP 中卖方有购买保险的义务。其余均买卖双方没有义务购买保险。 例：FOB2020 中卖方是否有义务购买保险？由于该术语不带"I"，所以没有义务购买保险。 （2）D 开头的术语中买方有义务向卖方提供购买保险所需的资料并通知，如未履行该义务，则要承担相关责任。除了带"I"和"D"开头的剩余所有术语，卖方有义务向买方提供购买保险所需的资料并通知，如未履行，则要承担责任。 例：DAP2020 术语中买方有义务向卖方提供购买保险所需的资料并通知。该术语 D 开头，口诀是 D 组术语买有料，该说法正确。
风险转移	口诀：风险需谨记，全部交货时。D 组在目的地，其余装运地。水运均特殊，包邮（DPU）兼装卸（FCA）。 解析：（1）前两句为一般规律，所有的 11 个术语都是交货时完成风险转移； （2）中间两句解决交货地点，只有 D 开头的术语在目的地完成交货（D 谐音"的"），其余均在装运地完成交货； （3）最后两句说明交货的特殊时间点。水运的 4 个都特殊。 ①FAS 是装运地船边完成转移；FOB/CIF/CFR 都是在装运地"装上船"完成转移； ②DPU 卖方在目的地需将货物卸下，并且目的地不限于运输终点，可以是任何地方； ③FCA 总的来说是货交承运人。装运地是卖方主营业地的，卖方有装货义务；不是的，卖方没有卸货义务。如上海装运，上海营业地，卖方装；上海装运，苏州营业地，卖方不用卸，用车拉过去即可。 注意："完成交货"这四个字能够涵盖上述特殊时间点。 例：中国甲公司和美国乙公司协议选择 DPU2020 术语规范双方的权利义务。该批货物的风险应该在目的地转移，并且该目的地不限于运输终点。首先看地点，口诀为 D 组在目的，该术语 D 开头，目的地转移风险正确。另外通过"包邮"记忆目的地不限于运输终点，而要"送货上门"。所以说该说法正确。

通过题目举例说明：

中国甲公司向韩国乙公司出口一批货物，双方约定采取 DPU（首尔）2020 规范双方之间的义务。下列说法正确的是？

首先确定买卖双方：甲公司是卖方，乙公司是买方。

A. 应该由中国甲公司负责运费——考的是运输，首字母 D，口诀卖 CD，甲公司是卖方。正确。

B. 应该由韩国乙公司负责该批货物的进口费用——考的是进出口费用，首字母 D，口诀"买进卖出"，乙公司是买方，正确。

C. 韩国乙公司有购买保险的义务——考的是保险，首字母 D，口诀：带"I"的有义务（卖方出钱）。D 开头的没有义务，错误。

D. 该批货的风险应该在运输终点将货物卸下后转移到买方——考的是风险转移，首字母 D，口诀为：D 组在目的，包邮（DPU）兼装卸（FCA）。转移的地点在目的地，但该地点不限于运输终点，错误。

二、《联合国国际货物销售合同公约》

《联合国国际货物销售合同公约》（CISG，以下简称为《公约》）是由联合国国际贸易法委员会主持制定的，1980 年在维也纳举行的外交会议上获得通过。公约于 1988 年 1 月 1 日正式生效。

（一）公约的适用范围

根据公约的规定，公约原则上适用于营业地位于不同缔约国的当事人订立的合同。具体而言，可以分为公约适用的一般规则、不适用的贸易类型、不适用的货物、不解决的法律问题、公约适用的任意性以及我国提出的保留等问题。下面用表格的形式将上述问题进行总结，方便大家梳理和记忆。

联合国国际货物销售合同公约适用范围	公约适用的一般规则	（1）公约只适用于国际货物买卖合同，即营业地在不同国家的双方当事人之间所订立的货物买卖合同，不考虑当事人的国籍和住所。 （2）公约有两种具体适用方式： ①直接适用，只要满足了上述营业地条件，且当事人没有明确排除即可适用； ②间接适用，通过国际私法规则的适用。如双方或一方的营业地不在缔约国，而依国际私法规则应适用缔约国法律的，此时公约也适用于他们之间订立的货物销售合同。（我国对此提出了保留）
	不适用的贸易类型	公约不适用于技术贸易和服务贸易。
	不适用的货物类型	（1）购供私人、家人或家庭使用的货物的销售，除非卖方在订立合同前任何时候或订立合同时不知道而且没有理由知道这些货物是购供任何这种使用； （2）经由拍卖的销售； （3）根据法律执行令状或其他令状的销售； （4）公债、股票、投资证券、流通票据或货币的销售； （5）船舶、船只、气垫船或飞机的销售； （6）电力的销售。 上述 6 点可以总结为 3 个方面，①私人、家庭使用的；②特殊方式买卖的货物（拍卖、法庭令状）；③特殊类型的货物（电力、船舶、飞机和有价证券等）。
	不解决的法律问题	（1）合同的效力，或其任何条款的效力，或任何惯例的效力； （2）合同对所售货物所有权可能产生的影响； （3）卖方对于货物对任何人所造成的死亡或伤害的责任。
	公约适用的任意性	（1）当事人可以通过选择其他法律排除公约的适用； （2）当事人可以在合同中对公约的内容进行更改； （3）符合适用条件，没有约定排除就应该适用。

续表

联合国国际货物销售合同公约适用范围	公约适用的任意性	[注意] 公约可以和其他的惯例（包括贸易术语）一同适用。在当事人所选择的国际惯例规范的事项中，优先适用国际惯例的规定，在国际惯例规定事项之外的事项，则适用公约的规定。 例：分别位于《公约》两个缔约国的甲公司和乙公司协议选择国际贸易术语规范双方之间的合同，则公约不再适用。这种说法是错误的，术语范围内适用术语。术语范围外的事项适用公约。
	我国的保留	国际私法规则导致公约适用的保留； [注意] 我国已经撤回关于合同形式的保留。意味着我国当事人在缔结国际货物买卖合同时不必须采取书面形式。

坑亲王驾到

1. 中国甲公司和美国乙公司协议购买一批电脑。中美两国都是《联合国国际货物销售合同公约》的缔约国，则双方货物的所有权转移问题应该根据该公约的规定加以判断。①

2. 中国甲某和美国乙公司协议购买一台电脑供自己使用。双方因合同纠纷诉至我国法院。中美两国都是《联合国国际货物销售合同公约》的缔约国，则双方货物风险转移问题应根据该公约的规定加以判断。②

3. 中国甲公司和尼加拉瓜乙公司协议购买一批电脑。双方因合同纠纷诉至我国法院。经查明，尼加拉瓜不是《联合国国际货物销售合同公约》的缔约国，我国法院可以根据国际私法规则适用该公约的规定衡量本案中双方的权利和义务。③

（二）国际货物买卖合同的订立

1. 要约

要约又称发盘、出盘、发价、出价、报价，是订立合同的必经阶段。从一般意义上说，要约是一种订约行为，是希望和他人订立合同的意思表示。发出要约的人称为要约人，接受要约的人称为受要约人或相对人。要约主要涉及构成要件、撤回、撤销和失效四方面主要问题。下面用表格的形式对上述问题进行总结，方便大家进行梳理和记忆。

要约	要约的构成要件	（1）向一个或一个以上特定的人提出的订立合同的建议。 （2）内容十分确定具体，足以订立合同。 （3）要约必须送达受要约人。

---

① 错误。《联合国国际货物销售合同公约》不解决下列法律问题：（1）有关销售合同的效力或惯例的效力；（2）所有权转移问题；（3）货物引起的人身伤亡责任。

② 错误。《联合国国际货物销售合同公约》不适用于某些特定货物的买卖。（1）购买供私人、家人或家庭使用的货物；（2）以拍卖的方式进行的销售；（3）依法律执行令状或其他令状而进行的销售；（4）公债、股票、投资证券、流通票据或货币的销售；（5）船舶或飞机的销售；（6）电力的销售。

③ 错误。我国在加入《联合国国际货物销售合同公约》时提出了两项保留，一项是国际私法规则导致公约适用的保留，另一项是书面形式保留。书面保留已经撤回，但国际私法规则导致的适用仍旧是我国提出的保留事项。

要约	要约的构成要件	［注意］区别要约与要约邀请，有一个简单方法。即根据接收方返回的意思表示判断发出方意思表示究竟是要约还是要约邀请。如甲向乙作出了一个意思表示，如果乙的回复导致合同成立，则甲之前的意思表示为要约，如果该回复不能导致合同成立，则甲之前的意思表示是要约邀请。
	要约的撤回	要约的撤回必须早于要约送达受要约人之前到达，或者最晚同时到达。
	要约的撤销	（1）撤销通知必须在受要约人作出承诺之前到达受要约人。 （2）撤销例外： ①要约写明接受要约的期限或以其他方式表示要约是不可撤销的。 ②受要约人有理由相信要约是不可撤销的并且已经本着对要约的信赖行事。 ［注意］区分要约的撤回与撤销，撤销的中文意思在于消灭已经成就的东西，所以撤销针对要约已经生效的情况。
	要约失效	（1）过期；（规定期限或合理期限） （2）撤销； （3）拒绝。（注意反要约也构成一种拒绝）

2. 承诺

承诺是受要约人按照要约所规定的方式，对要约的内容表示同意的一种意思表示。要约一经承诺，合同即告成立。承诺也被称为接受。承诺主要包括承诺的要件、承诺的撤回、逾期的承诺以及承诺与反要约等四个问题。

承诺	承诺的要件	（1）承诺必须由受要约人作出。 （2）承诺必须要在要约的有效期内作出并到达要约人。 （3）承诺必须与要约的内容一致（镜面原则），详见承诺与反要约。
	承诺的撤回	撤回的通知应当早于承诺到达要约人，最迟同时到达。
	逾期的承诺	逾期的承诺不必然失效： （1）正常递送逾期：原则为无效，除非要约人毫不延迟的通知受要约人承诺有效。 （2）非正常递送逾期：原则为有效，除非要约人毫不延迟的通知受要约人承诺无效。
	承诺与反要约	（1）如果受要约人的意思表示中对要约的更改构成实质性更改，则此种意思表示构成反要约。 （2）如果受要约人的意思表示中对要约的更改不构成实质性更改，则此种意思表示为承诺。 实质性更改：货物价格、付款、货物质量和数量、交货地点和时间、赔偿责任范围或解决争端。

▌▎**坑亲王驾到**▷

　　中国甲公司于 2015 年 9 月向美国乙公司发出一份传真，内容为"以 500 美元 1 公斤收购质量要求为 A 级的雪茄原料 1 吨，2016 年 12 月发货，请于 2015 年 10 月前回复"，美国乙公司于 2015 年 9 月 30 日回复传真，内容为"同意你方的要求，但由于目前 A 级雪茄原料欠缺，可以更高级别的 S 级原料代替，价款不变"，中国甲公司收到传真后没有做任何回复，美国乙公司遂于 2016 年 12 月发出 1 吨 S 级雪茄原料，甲公司拒收该批原料，美国乙公司可以要求甲公司进行赔偿。①

（三）国际货物买卖双方的义务

1. 卖方的义务

在国际货物买卖合同中，虽然双方的权利义务是对等的，但提供货物的一方的义务比买方的义务要复杂，主要包括交付货物、交货必须与合同相符、移交单据、转移货物的所有权。由于各国有关货物所有权转移的规定分歧较大，因此，《公约》对此问题采取了回避的态度，未进行具体的规定。因此，本节只涉及交付货物、质量担保、权利担保、交付单据等内容。下面用表格的形式对上述问题进行总结，方便大家梳理和记忆。

卖方的义务	交付货物	地点	有约定的按照当事人的约定，没有约定时： （1）合同涉及货物的运输，则交货地点即为货交第一承运人的地点。 （2）合同指的特定货物是从特定存中提取的或还在生产中未经特定化的货物，而双方当事人在订立合同时已知道这些货物的特定地点，则卖方应在该地点交货（货物所在地）。 （3）其他情况下，卖方应在其订立合同时的营业地交货。
		时间	（1）如果合同能够确定交货日期，则应该在该日期交货。 （2）如果合同确定的是一段时间，则在该段时间内的任何时间均可交货。 （3）如果合同没有约定，则在合同订立后的一段合理时间内。 提前交货：不能造成买方不合理的不便或承担不合理的开支，也不影响买方请求损害赔偿的权利。
	质量担保		（1）适用于通常使用目的。即货物适用于同一规格货物通常使用的目的。 （2）适用于特定目的。即货物适用于订立合同时明示或默示地通知卖方的任何特定目的。 （3）与样品或样式相符。即货物的质量与卖方向买方提供的货物样品或样式相同。 （4）在包装上的要求。按照同类货物通用的方式装箱或包装，如果没有此种通用方式，则按照足以保全和保护货物的方式装箱或包装。 例外：如果买方在订立合同时知道或不可能不知道货物不符，则无须按上述四项承担责任。
	权利担保		（1）所有权担保：指卖方保证对其出售的货物享有完全的所有权，必须是第三方不能提出任何权利或要求的货物。 （2）知识产权担保：指卖方所交付的货物，必须是第三方不能依工业产权或其他知识产权主张任何权利或要求的货物。

---

① 错误。本题旨在考查国际货物销售合同的订立，美国乙公司的回复是对要约的实质性更改，构成反要约，甲公司未做任何意思表示，合同尚未成立。所以甲公司不承担赔偿责任。

卖方的义务	权利担保	知识产权担保的限制： 第一，地域限制：①第三方根据货物使用地或转售地国家法律提出请求，原始卖方根据合同对该地点可预见才承担赔偿责任；②如果第三方是根据原始买方营业地所在国法律提出请求，原始卖方必须承担赔偿责任。 例：中国甲公司将一批货物卖给美国乙公司，美国乙公司又分别在美国和法国将该批货物进行出售。现在美国丙公司和法国丁公司分别依据美国法和法国法认为该批货物侵犯其知识产权，中国甲公司是否应该承担责任？由于丙公司依据买方营业地法律提起请求，所以作为原始卖方的甲公司必须赔。丁公司则是依据转售地法律提起请求，且没有信息证明"预见"，所以甲公司不对其请求承担责任。 第二，主观限制：①买方在订立合同时已知道或不可能不知道此项权利或要求；②此项权利或要求的发生，是由于卖方遵照买方所提供的技术图样、图案、款式或其他规格的结果。
	交单义务	（1）如果卖方有义务移交与货物有关的单据，他必须按照合同规定的时间、地点和方式移交这些单据。卖方交付单据的义务，通常是在买卖合同或信用证中加以规定。 （2）如果卖方在约定的时间以前已移交这些单据，则可在时间届满前纠正单据中任何不符合合同规定的情形，但是，此项权利的行使不得使买方遭受不合理的不便或承担不合理的开支。
	交货数量	与合同约定不符即构成违约，卖方多交的，买方可以拒绝，也可以接收，接收必须按照合同付款。

▌**考点提要**

1. 质量担保	约定+通常使用的目的。
2. 权利担保	依据买方营业地国家法律提出请求＝必须赔；依据转售地和使用地法律＝可预见才赔，否则不赔。

▌**坑亲王驾到**

1. 中国甲公司和美国乙公司协议购买一批收音机，双方在合同中约定货物的质量以双方共同认可的样品为准。中美两国都是《联合国国际货物销售合同公约》的缔约国。中国甲公司收到货物后发现该批收音机只能收听一个固定的频道，遂将美国乙公司诉至法院。经检验双方共同认可的样品也只能收到一个固定的频道，该情形甲公司在检验样品时没有发现。本案中由于交货情况符合合同约定，所以乙公司不承担赔偿责任。[①]

2. 中国甲公司和美国乙公司协议购买一批电脑。中美两国都是《联合国国际货物销售合同公约》的缔约国。美国乙公司收到该批电脑后转卖到法国，现在美国丙公司和法国丁公司都主张该批电脑侵犯了他们的知识产权。根据公约，甲公司应当承担向丙公司

---

① 错误。《联合国国际货物销售合同公约》虽然规定没有约定时才要求货物应当符合通常使用之目的。但货物也应当符合交易时买方的常规期待。本案中并未标明甲方就想购买只能收听一个固定频道的收音机。所以应当认定为乙方还应当承担相关产品质量责任。

和丁公司的赔偿责任。[①]

　　3. 中国甲公司按照美国乙公司提供的图纸和技术指标提供了一批电脑。该批电脑因涉嫌侵犯美国丙公司的知识产权在美国被起诉。中国甲公司不应当承担责任。[②]

　　4. 中国甲公司和美国乙公司协议购买一批电脑。中美两国都是《联合国国际货物销售合同公约》的缔约国。双方约定该批电脑为 150 台，后发现实际到货为 200 台，则乙公司可以决定是否接受多余的 50 台电脑。如果决定接受则应该按照合同约定给付价款。[③]

　　2. 买方的义务

　　买方的义务主要有两项，支付货款和接收货物。另外还应注意买方对货物的检验。

　　(1) 就支付货款而言，主要涉及支付的地点和支付的时间。就支付的地点来说，①卖方营业地为支付地，在卖方有一个以上营业地的情况下，买方的支付地点为卖方与合同及合同的履行关系最密切的营业地。②如凭移交货物或单据支付货款，则移交货物或单据的地点为支付地。就支付的时间而言：①在卖方将货物或单据置于买方控制下时付款。②在买卖合同涉及运输时，在收到银行的付款通知时付款。在涉及运输时，卖方一般会在合同中订明交货的条件，即在买方支付货款后，才能取得代表货物所有权的装运单据，即以付款交单为支付条件，在此种情况下，买方必须在接到银行的付款通知时支付货款。③在买方没有机会检验货物前，无义务支付货款。

　　(2) 按照《公约》的规定，买方接收货物的义务由两部分组成，其一为"采取一切理应采取的行动"，其二为"提取货物"。①采取一切理应采取的行动。在国际货物买卖中，一方当事人应当采取与另一方当事人相适应的步骤，即双方有相互合作的义务；②提取货物要求买方将货物置于自己的实际控制下，买方应按时提取货物。如果买方在提取货物上不配合，即违反了接收货物的义务。应注意的是，接收不等于接受，接受表明买方认为货物的质量符合买卖合同的规定；而接收并不表明买方对货物的质量没有异议，如货物在目的港经检验与合同不符，买方也应接收货物，然后再进行索赔。

　　(3) 另外还要注意的是买方对货物的检验。买方应该在实际可行的最短时间内检验货物；若卖方的义务涉及运输，可在货物到达目的地之后检验；若订立合同时已经知道货物须转运，可以在货物到达新目的地之后检验。

　　如果买方发现货物不符，理应在发现不符情形后一段合理时间内通知卖方；买方最长应该在不超过收到货物之日起 2 年内将不符点通知卖方，除非与合同规定的保证期限不符。

▌▌考点提要▷

1. 检验货物	买方应该在实际可行的最短时间内检验货物；若卖方的义务涉及运输，可在货物到达目的地之后检验；若订立合同时已经知道货物须转运，可以在货物到达新目的地之后检验。

---

① 　错误。本题考查项目为卖方的权利担保义务。卖方要承担相关义务必须在主观上能够预见。本案中美国为买方所在地，卖方肯定能够预见。所以应该对美国丙公司承担责任。从本案的事实情况来看，甲公司对货物被转卖到法国并不知情，也无法预见，所以不应承担丁公司的赔偿责任。

② 　正确。由于卖方要遵照买方所提供的技术图样、图案、款式或其他规格。卖方不承担知识产权侵权责任。

③ 　正确。卖方多交货物，对多交部分可以拒收。如果接受应当按照合同约定的价款进行支付。

2. 不符通知	如买方发现货物不符，必须在发现或理应发现不符情形后一段合理时间内通知卖方；买方最长应该在不超过收到货物之日起 2 年内将不符点通知卖方，除非与合同规定的保证期限不符。

（四）风险转移

货物发生损失的原因很多，因双方责任导致的损失，由责任方承担。因风险造成的损失则应由承担风险的一方当事人来承担。风险涉及双方无责任的外部事件造成的损失的分担。风险在国际货物买卖中一般指的是货物因自然原因或意外事故所致的损坏或灭失的危险。公约没有列出风险事件的范围，此类事件一般包括不可抗力、意外事故和第三方的不当行为造成的损失。确定风险转移的目的是为了明确这些损坏或灭失由谁来承担。依《公约》第 66条的规定，货物在风险转移到买方承担后遗失或损坏的，买方支付货款的义务并不因此解除。除非这种损坏或遗失是由于卖方的行为或不行为造成的。《公约》规定的风险转移主要包括风险转移的时间和风险转移与违约的关系两个方面。

1. 《公约》规定的风险转移时间

《公约》规定的风险转移时间主要分三种情况：合同中定有运输条款的风险转移；运输途中销售货物的风险转移和其他情况下的风险转移。下面用表格的形式进行总结，方便大家记忆和梳理。

确定风险转移的目的		明确货物的损毁或灭失的风险由谁承担。 风险一旦转移到买方，则货物的损毁灭失就由买方承担。
风险转移的时间	合同中订有运输条款	（1）如果规定卖方有义务在某一特定地点把货物交给承运人运输，则卖方在该地点将货物交给承运人时风险转移。 （2）卖方没有义务在某一特定地点交付货物，自货物按照销售合同交付给第一承运人时起，风险就移转到买方承担。
	在运输途中销售的货物	自订立新的买卖合同时起，风险就移转到买方承担。
	其他情况下	如在卖方营业地或营业地以外的地方交货，则风险从买方接收货物或货物交由买方处置时起转移给买方。

2. 风险转移与违约

卖方违约时，风险转移规则不影响买方采取各种补救方法。买方违约时，一般会产生违约导致风险转移提前的情形。可以描述为：买方接收货物时起，或如果买方不在适当时间内这样做，则从货物交给他处置但他不收取货物从而违反合同时起，风险移转到买方承担。通常情况下，违约会导致风险转移时间的提前。

［注意］在货物上加标记，或以装运单据，或向买方发出通知或其他方式清楚地注明有关合同以前，风险不移转到买方承担。即风险转移以货物"特定化"为前提。

▌▌▌坑亲王驾到▷

1. 中国甲公司和美国乙公司协议购买一批电脑。中美两国都是《联合国国际货物销售合同公约》的缔约国。双方在合同中约定由丙公司负责运输且未规定交货地点，则当甲公司将该批货物交给丙公司时风险转移。①

2. 中国甲公司和美国乙公司协议购买一批正在运输途中的电脑。中美两国都是《联合国国际货物销售合同公约》的缔约国。当双方订立合同时风险转移，但如果订立合同时该批货物并未标明与本合同有关，则不发生风险转移的效果。②

（五）违反合同的补救方法

违约补救办法是指在一方当事人违反合同时，另一方当事人依法获得补偿的方法。具体可以分为适用于买卖双方的一般规定、卖方违约的救济方式和买方违约的救济方式三个方面，下面分而述之：

1. 适用于买卖双方的一般规定

适用于买卖双方违反合同的一般规定主要分为预期违反合同、损害赔偿、免责、解除合同的效果以及保全货物等五个方面。

（1）预期违反合同

预期违反合同是指在合同订立后，履行期到来前，一方明示拒绝履行合同，或通过其行为推断其将不履行。当一方出现预期违反合同的情况时，依公约的规定，另一方可以采取中止履行义务的措施，采取措施的同时应该通知对方，如果对方提供了充分的履约担保，则应该恢复履行。总结为"一个可以+两个应该"。

第一，预期违约与解除合同。依《公约》的规定，如果在履行合同日期之前，明显看出一方当事人将根本违反合同，另一方当事人可以解除合同。在时间许可的情况下，准备解除合同的一方应向对方发出合理的通知，使其可以对履行义务提供充分保证。如果对方提出了适当的保证，则应当恢复履行。

[注意] 根本违反合同指一方当事人违反合同的结果，如使另一方当事人蒙受损害，以致实际上剥夺了他根据合同规定有权期待得到的东西，即为根本违反合同，根本违约的后果是可以宣告合同无效或解除合同。③

第二，分批交货的处理：①在一方当事人不履行任何一批货物的义务构成对该批货物的根本违约时，另一方当事人可以对该批货物解除合同。②如有充分理由断定对今后各批货物将会发生根本违反合同，则可在一段合理时间内宣告合同今后无效，即解除合同对以后各批货物的效力。③当买方宣告合同对任何一批货物的交付为无效，而各批货物又是相互依存的情况下，另一方当事人可以解除整个合同。

考点提要

预期违约的补救方法可以总结为：一个"可以"，两个"应该"。可以中止，应该通知，提供充分担保后应该恢复。

（2）损害赔偿

损害赔偿是《公约》中规定的运用最为广泛的救济方式，卖方和买方采取的其他补救措

---

① 正确。注意此类风险转移与是否有义务在特定地点交货密切关联。
② 正确。要注意风险转移不仅要符合时间要素，还要符合于货物特定化的要求。
③ 注意《公约》的规定是宣告无效，但法律职业资格考试辅导教材的规定是解除合同。建议按照2017年法律职业资格考试辅导用书的说法。

施不影响同时提出损害赔偿。

（3）免责

条约规定如果违反合同约定是由于当事人不能控制的原因所致，例如战争、禁运、洪水等；或这种障碍是不履行一方在订立合同时所无法预见的；或这种障碍是当事人不能避免或不能克服的，则当事人可以免责。当事人应当将相关免责的事由通知对方，否则应承担因未通知而造成损失的赔偿责任。

（4）解除合同的后果

合同解除的后果主要包括以下几个方面：一是解除合同并不解除违约一方的损害赔偿责任；二是要求买方必须按照实际收到货物的原状返回货物；三是解除合同后双方必须归还因履行合同而得到的收益。

（5）保全货物

保全货物是指在一方当事人违约时，另一方当事人仍持有货物或控制货物的处置权时，该当事人有义务对他所持有的或控制的货物进行保全。保全货物的目的是减少违约一方当事人因违约而给自己带来的损失。

卖方保全货物的条件是：买方没有支付货款或接收货物，而卖方仍拥有货物或控制着货物的处置权。

买方保全货物的条件是：买方已接收了货物，但打算退货。有保全义务的一方可以将货物寄放于仓库或将易坏货物出售。

2. 卖方违反合同的补救方法和买方违反合同时的补救方法

卖方违约时采取的补救方法主要包括：实际履行、要求修理、减价、交付替代物（构成根本违约时）、解除合同（宣告合同无效）以及要求损害赔偿。其中解除合同有两个条件，一是构成根本违约，二是卖方在宽限期内仍不履行或声称将不履行。

买方违反合同的补救方法主要包括：要求实际履行、解除合同（宣告无效）、要求损害赔偿等。下面用表格的形式简单总结如下：

	违约类型	救济措施
卖方违约时买方的救济措施	不交货、少交货、迟交货。	要求实际履行（条件：不得采取与该方法相抵触的救济方法）。
	交货不合格。	（1）交付替代物；（条件：货物不符合合同规定构成根本违约） （2）修理； （3）减价（不论货款是否已付）。
	（1）卖方根本违约； （2）卖方在宽限期内没有交货或声明不交货。	解除合同。
买方违约时卖方的救济措施	不付款、不收货。	要求实际履行（条件：不得采取与该方法相抵触的救济方法）。

	违约类型	救济措施
买方违约时卖方的救济措施	（1）买方根本违约； （2）买方不在宽限期内履行义务，或声明其将不履行。	解除合同。

坑亲王驾到

1. 中国甲公司和美国乙公司协议购买一批电脑。中美两国都是《联合国国际货物销售合同公约》的缔约国。乙公司接收货物后发现该批货物绝大部分已经损坏，则乙公司可以宣告合同无效。①

2. 中国甲公司和美国乙公司协议购买一批电脑。中美两国都是《联合国国际货物销售合同公约》的缔约国。乙公司接收货物后发现数量短缺，则乙公司可以要求甲公司实际履行并退回短缺货物的货款。②

3. 中国甲公司和美国乙公司协议购买一批电脑。中美两国都是《联合国国际货物销售合同公约》的缔约国。乙公司接收货物后发现数量短缺，则乙公司可以要求甲公司实际履行并赔偿损失。③

4. 中国甲公司和美国乙公司协议购买一批电脑。中美两国都是《联合国国际货物销售合同公约》的缔约国。缔约后甲公司发现很多迹象表明乙公司将无法履行付款义务，遂通知乙公司中止交货。乙公司找到了国际著名银行向该笔货款提供担保，则甲公司应当恢复履行。④

---

① 正确。构成根本违约则可以宣告合同无效。
② 错误。实际履行这种违约补救方式不能和其他救济方式相抵触。
③ 正确。需要注意损害赔偿几乎可以和所有的补救措施合并使用。
④ 正确。预期违约可以中止履行，但如果另一方提供了充分的担保则应当继续履行。

02 第二讲
国际货物运输与保险

　　这一讲含运输和保险两方面内容，经常通过一个案例将两部分合并考查。应当特别注意运输中承运人的免责条件和保险中保险人除外责任的结合。除了传统的海洋运输与保险部分外，大家要特别注意过去不被人注意的铁路运输规则和航空运输规则。其中铁路运输规则已经连续在 2016、2017 年的考试中出现，这种考查范围扩大的趋势大家一定要注意。

知识结构导图

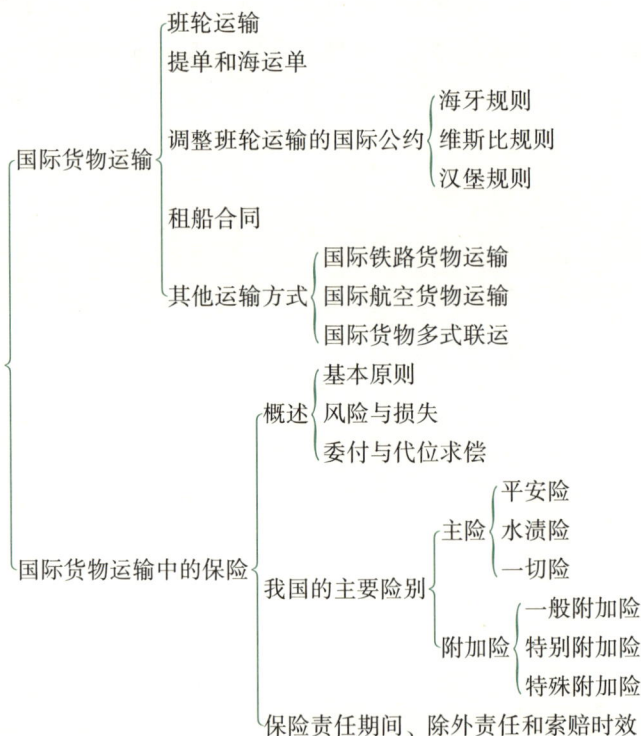

- 国际货物运输
  - 班轮运输
  - 提单和海运单
  - 调整班轮运输的国际公约
    - 海牙规则
    - 维斯比规则
    - 汉堡规则
  - 租船合同
  - 其他运输方式
    - 国际铁路货物运输
    - 国际航空货物运输
    - 国际货物多式联运
- 国际货物运输中的保险
  - 概述
    - 基本原则
    - 风险与损失
    - 委付与代位求偿
  - 我国的主要险别
    - 主险
      - 平安险
      - 水渍险
      - 一切险
    - 附加险
      - 一般附加险
      - 特别附加险
      - 特殊附加险
  - 保险责任期间、除外责任和索赔时效

考查频率梳理

频次	考点	真题
4	提单	2015/1/41；2007/1/44；2005/1/43；2002/1/99
5	无单放货	2014/1/81；2013/1/81；2011/1/40；2010/1/45；2009/1/41
11	调整提单运输的国际公约	2015/1/41；2014/1/81；2013/1/82；2009/1/43；2008 川/1/44；2007/1/46；2006/1/46；2004/1/41；2004/1/75；2004/1/94；2002/1/26
13	海上货物运输保险险别	2018/2；2017/1/41；2016/1/41；2015/1/41；2013/1/82；2012/1/100；2011/1/80；2010/1/43；2009/1/43；2008 川/1/87；2007/1/46；2004/1/45；2002/1/25
2	国际铁路货物运输	2017/1/40；2016/1/80

一、国际货物运输

（一）班轮运输

班轮运输是由航运公司以固定的航线、固定的船期、固定的运费率、固定的挂靠港口组织的将托运人的件杂货运往目的地的运输。由于班轮运输的书面内容多以提单的形式表现出来，所以此种运输方式又被称为提单运输。国际上调整提单运输的国际公约主要有三个，即1924 年《统一提单的若干法律规则的国际公约》（以下简称《海牙规则》）、1968 年《修改统一提单的若干法律规则的国际公约的议定书》（以下简称《维斯比规则》）和 1978 年《联合国海上货物运输公约》（以下简称《汉堡规则》）。

［注意］海上运输中的托运人和承运人有两种：一种是缔约托运人和承运人，另一种是实际托运人和承运人。

（二）提单和海运单

提单，是指用以证明海上货物运输合同和货物已经由承运人接收或者装船，以及承运人保证据以交付货物的单证。提单中载明的向记名人交付货物，或者按照指示人的指示交付货物，或者向提单持有人交付货物的条款，构成承运人据以交付货物的保证。

1. 提单的法律特征

（1）提单具有收据作用，是货物已经由承运人接收或者装船的证据。作为收据的提单在不同的提单持有人手中有不同的证据效力。在托运人手中，提单是初步证据，承运人可以以其他更有力的证据证明提单记载与实际情况不符。但在托运人以外的第三方手中，提单是最终证据，承运人不能再以其他证据推翻提单的记载。

（2）提单是运输合同的书面证明。作为合同证明的提单，在不同的提单持有人手中也有不同的证据效力。

（3）提单是承运人交付货物的凭证。提单一旦签发，承运人就只能对提单持有人交付货物。而且对在途货物的处分权也转而由提单持有人行使。

［注意］现在一般不再提及提单的物权凭证属性，哪怕有所提及提单也仅仅代表了占有而非所有。

2. 提单的种类

（1）已装船提单和收货待运提单。根据货物是否已经装船区分，已装船提单指由船长或承运人的代理人在货物装上指定的船舶后签发的提单。银行一般也只接受已装船提单。

（2）记名提单、不记名提单和指示提单。根据收货人一栏的记载区分。指示提单的转让必须经过背书，记名提单不能转让，不记名提单也称为空白提单凭借交付即可实现转让。

例：某提单的收货人一栏记载"凭指示"，则该提单为指示提单，必须通过背书转让。如某提单的收货人一栏为空白，则为不记名提单，交付即可转让。

（3）清洁提单和不清洁提单。根据提单有无批注区分，清洁提单指提单上未附加表明货物表面状况有缺陷的批注的提单。银行在结汇时一般只接受清洁提单。

例：某提单标注"货物包装破裂"，则该提单为不清洁提单。

（4）倒签提单和预借提单。提单中注明的装船日期早于实际装船的日期就称为倒签提单。预借提单是当信用证规定的有效期即将届满，而货物还未装船时，托运人为了使提单上的装船日期与信用证规定的日期相符，要求承运人在货物装船前签发的已装船提单。

这两种提单都是非正常情况下签发的提单，区别在于货物是否已经装船，装船后签发的为倒签提单，未装船签发的为预借提单。

3. 无单放货

在目的港，承运人应当依正本提单向收货人交货，而在近港运输的情况下，往往货物比提单先到目的港，结果出现了副本提单加保函提货的情况。此外，还有其他导致无正本提单提货的情况，从承运人一方来说就是无正本提单交付货物。关于无正本提单交付货物的责任，实践中一直争论不休，2009 年最高人民法院《关于审理无正本提单交付货物案件适用法律若干问题的规定》（本部分以下简称《规定》）对相关问题进行了明确规定。《规定》对一直有争议的承运人在无单放货情况下的责任属性等问题进行了明确的解释。其主要内容包括承运人应当承担责任的情形、承运人不承担责任的情形、责任限制、诉讼时效、赔偿额计算方式和法律适用问题。下面用表格的形式进行总结，方便大家梳理和记忆。

最高人民法院关于无单放货案件的规定	承运人应当赔偿的情形	（1）正本提单持有人提出索赔的具体情形： ①承运人无正本提单交货； ②提货人凭伪造提单提货； ③正本提单持有人与提货人达成协议，但协议款项得不到赔付。 例：甲作为正本提单持有人前去提货时发现货物被无单提货人乙提走，甲无奈之下找到乙，双方达成协议。协议规定乙将货物卖出之后把相应款项给甲，如果该协议能够得到履行，则甲没有损失。但如果协议未履行，则甲的损失仍旧存在，且该损失系承运人造成，当然可以向承运人继续求偿。 （2）具体责任承担： ①正本提单持有人可以要求承运人承担违约责任，或者承担侵权责任； ②正本提单持有人可以要求无单提货人承担侵权责任； ③正本提单持有人可以要求承运人与无正本提单提取货物的人承担连带赔偿责任。 （3）实际托运人提出索赔：要求承运人承担违约责任。

最高人民法院关于无单放货案件的规定	承运人不予赔偿的情形	（1）依法向当局交货：承运人依照提单载明的卸货港所在地法律规定，必须将承运到港的货物交付给当地海关或者港口当局的。 （2）货物无人领取被海关依法变卖，或货物被法院裁定拍卖：承运到港的货物超过法律规定期限无人向海关申报，被海关提取并依法变卖处理，或者法院依法裁定拍卖承运人留置的货物。 （3）记名提单托运人要求改变运输：承运人按照记名提单托运人的要求中止运输、返还货物、变更到达地或者将货物交给其他收货人，记名提单持有人要求承运人承担责任的。 例：法考名师杜大波波运送一批货物，签发提单注明收货人为"寰寰"老师，后因其追求对象云云强烈要求获得该批货物，杜大波波遂指示承运人将该货物交给云云。由于该提单系记名提单，且由于托运人要求改变运输导致无法向正本提单持有人交货，承运人不承担无单放货的责任。 （4）签发数份正本提单，承运人已向最先提交人交货：承运人签发一式数份正本提单，向最先提交正本提单的人交付货物。 记忆线索：只重点记忆记名提单托运人要求修改，记名提单收货人要求承担责任的，承运人不承担责任。其余向海关或当局交货的可以记忆为"公权力介入"，一式多份的也容易理解。
	赔偿数额	按照货物装船时的价值+运费+保险费计算。类比CIF。
	诉讼时效	1年。（自承运人应当交付货物之日起计算）
	法律适用	适用《海商法》的规定，海商法没有规定的，适用其他法律的规定。
	责任限制	无单放货不适用《海商法》中关于责任限制的规定。

海运单是证明海上运输货物由承运人接管或装船，且承运人保证将货物交给指定的收货人的一种不可流通的书面运输单证。海运单具有提单所具有的货物的收据和海上货物运输合同的书面证明的作用。但海运单不是货物的物权凭证，收货人提货时无须凭海运单，而只需证明其身份。因而，海运单具有实现快速提货的优点。海运单不具有流通性，不能转让，因此非法取得海运单的运单持有人是无法凭其提货的。海运单的不可转让性使得此种单证具有了较之提单更安全的特点，从而可以减少欺诈。

坑亲王驾到

1. 甲公司于2015年9月19日将货物交给承运人乙公司并装船，乙公司应甲公司的要求开具了9月15日装船提单。此种提单为预借提单。[①]

2. 承运人甲公司给托运人乙公司开具了一张记名提单，根据我国法律的相关规定，甲公司在丙公司没有提交提单的情况下将货物交给丙公司不需承担无单放货的责任。[②]

3. 正本提单持有人可以要求承运人和无正本提单提货人承担违约责任或者侵权责

---

① 错误。此种提单应该为倒签提单。倒签提单：提单上注明的装船日期早于实际装船日期的提单。预借提单：货物未装船或未装船完毕，托运人为使提单的装船日期与信用证规定相符，要求承运人签发的已装船提单。

② 错误。记名提单也可能发生无单放货的情况，也必须要承担责任，不承担责任的前提是托运人改变运输，本题中并未体现。

任，承运人和无正本提单提货人承担连带责任。①

4. 记名提单托运人要求改变运输：承运人按照记名提单托运人的要求中止运输、返还货物、变更到达地或者将货物交给其他收货人，记名提单持有人要求承运人承担责任的，承运人不承担赔偿责任。②

5. 承运人向托运人签发提单后将货物运到目的地，甲公司凭借一份正本提单将货物提走后乙公司又向承运人要求提货。此时承运人不承担无单放货的责任。③

6. 按照我国法律的规定，无单放货的赔偿数额按照货物装船时的价值+运费计算。④

（三）调整班轮运输的国际公约

目前调整班轮运输的国际公约主要有三个，即《海牙规则》《维斯比规则》《汉堡规则》。中国没有参加上述三个公约，但我国《海商法》中关于班轮运输的法律规定是以《海牙规则》和《维斯比规则》为基础的，同时吸收了部分《汉堡规则》的内容。

1. 三个公约和我国海商法比较分析

这三个公约主要规定了承运人责任、基本义务、免责事由、责任期间、责任限制、保函、诉讼时效等问题。总体而言，从《海牙规则》到《汉堡规则》体现了从优待承运人到逐步趋向公平的改变。下面用表格的形式对上述问题进行总结和梳理，方便大家理解和记忆。

	《海牙规则》	《维斯比规则》的补充	《汉堡规则》的补充	中国《海商法》的规定
提单的证明力	承运人收到货物的初步证据。	对托运人是初步证据，对提单受让人是最终证据。	同左。	同左。
承运人的基本义务	（1）船舶适航的义务；（2）管货义务。		增加：管船义务（取消了航行过失免责）。	（1）适航义务；（2）管货义务（航行过失可以免责）。
责任基础	不完全过失责任（航行过失免责）。		完全过失责任、推定过失责任。	不完全过失责任，同海牙。
承运人的免责	包括承运人的驾船管船过失（共17项）。		（1）取消了航行过失免责；（2）取消了火灾的免责（但是需要索赔人证明承运人、雇佣人、代理人的过失，可行性不强）。	航行过失免责+无过失免责，不包括火灾过失免责（少于海牙，多于汉堡，共12项）。

---

① 错误。正本提单持有人可以要求承运人承担违约责任，或者承担侵权责任；只能要求无正本提单提货人承担侵权责任；正本提单持有人可以要求承运人与无正本提单提取货物的人承担连带赔偿责任。

② 正确。注意记名提单的无单放货存在不予赔偿的情况。

③ 正确。注意正本提单一式三份，效力相同。将货物交给先出示正本提单的人不承担无单放货的责任。

④ 错误。应当按照货物装船时的价值+运费+保险费计算。

续表

	《海牙规则》	《维斯比规则》的补充	《汉堡规则》的补充	中国《海商法》的规定
责任期间	"钩至钩"。		收到交。	（1）散货，装到卸。 （2）集装箱运输，接到交。
赔偿限额	每件或每单位不超过100英镑。	每件或每单位1万金法郎，毛重每公斤30金法郎，高者为准（在《海牙—维斯比议定书》中将单位改为特别提款权，即每件或每单位666.67特别提款权，或毛重每公斤2特别提款权）。	每件或每公斤835特别提款权，毛重每公斤2.5特别提款权，高者为准。	每件或每单位666.67特别提款权，或每公斤2特别提款权（同《维斯比规则》）。
索赔时效	（1）提货时发现，当时提出。 （2）损害不明显，3日内提出。		（1）提货时发现，次日提出。 （2）损害不明显，15日内提出。 （3）迟延交付应在收到货后连续60天内提出。	（1）提货时发现，当时提出。 （2）损害不明显7日内提出，集装箱15日内提出。 （3）迟延交付应在收到货后连续60天内提出。
诉讼时效	1年，自货物交付或应当交付之日起算。	1年，双方协商可延长。对第三者的索赔期限，还有3个月的宽限期。	2年，双方协商可延长。对第三者索赔90日宽限期。	1年。
货物的适用范围	不适用于舱面货和活牲畜。		（1）可以依约定、惯例、法律在舱面装货，若擅装则应承担损失赔偿责任。 （2）对于活牲畜承运人可以免责，但须证明已按托运人的特别指示行事。	同《汉堡规则》。

2. 海牙规则中的承运人免责条件

《海牙规则》规定的承运人的免责共有17项，依第4条第2款的规定，对由于下列原因引起或造成的货物的灭失或损害，承运人不负责任：（1）船长、船员、引水员或承运人的雇佣人在驾驶或管理船舶中的行为、疏忽或不履行职责；（2）火灾，但由于承运人实际过失或私谋所造成的除外；（3）海上或其他可航水域的风险、危险或意外事故；（4）天灾；（5）战争行为；（6）公敌行为；（7）君主、统治者或人民的扣留或拘禁或依法扣押；（8）检疫限制；（9）货物托运人或货主、其代理人或代表的行为或不行为；（10）不论由于何种原因引起的局部或全面的罢工、关厂、停工或劳动力受到限制；（11）暴乱和民变；（12）救助或企图救助海上人命或财产；（13）由于货物的固有瑕疵、性质或缺陷所造成的容积或重量的损失，或任何其他灭失或损害；（14）包装不当；（15）标志不清或不当；（16）虽恪尽职责仍不能发现的潜在缺陷；（17）不是由于承运人的实际过失或私谋，或是承运人的代理人或受雇人员的过失或疏忽所引起的任何其他原因。

3. 我国《海商法》中规定的承运人免责事由

我国《海商法》中规定了 12 项承运人的免责事由，分别是：（1）船长、船员、引航员或者承运人的其他受雇人在驾驶船舶或者管理船舶中的过失；（2）火灾，但是由于承运人本人的过失所造成的除外；（3）天灾，海上或者其他可航水域的危险或者意外事故；（4）战争或者武装冲突；（5）政府或者主管部门的行为、检疫限制或者司法扣押；（6）罢工、停工或者劳动受到限制；（7）在海上救助或者企图救助人命或者财产；（8）托运人、货物所有人或者他们的代理人的行为；（9）货物的自然特性或者固有缺陷；（10）货物包装不良或者标志欠缺、不清；（11）经谨慎处理仍未发现的船舶潜在缺陷；（12）非由于承运人或者承运人的受雇人、代理人的过失造成的其他原因。承运人依照上述规定免除赔偿责任的，除第（2）项规定的原因外，应当负举证责任。

记忆线索：

1. 上述《海牙规则》中的 17 个免责条件和《海商法》中的 12 个免责条件基本一致，只记忆《海商法》中的规定即可；

2. 《海商法》的 12 个只重点记忆 3 个即可。分别是航行过失和管船过失免责、火灾免责（承运人本人原因造成的除外）和救助或企图救助人命或财产。

3. 其余的可以总结为自然灾害、不可抗力、公权力介入，活该和不关我事，这些都是民法上的一般免责条件。

4. 题目中出现"为了船舶"、"维修船舶"等字眼的，为管船；只涉及货物、货仓的为管货。

例：承运人在检修船舶的过程中弄坏了冷藏仓电路，导致货物受损，此为管船过失致损。

承运人因忘记给货仓通风造成货物损失，此为管货过失致损。

5. 运输延迟不属于免责条件，如果是自然灾害造成的运输延迟也是自然灾害免责。

（四）租船合同

租船合同包括航次租船合同、定期租船合同和光船租赁合同。租船合同都必须以书面形式订立。租船合同的订立在实践中需要经过询租、报价、还价、接受等几个步骤。合同的签订通常是通过电报、电传和传真来进行。

1. 航次租船合同

航次租船合同又称为航程租船合同，是指航次出租人向承租人提供船舶或者船舶的部分舱位，装运约定的货物，从一港运至另一港，由承租人支付约定的运费的合同。在航次租船合同下，出租人保留船舶的所有权和占有权，并由其雇佣船长和船员，船舶由出租人负责经营管理，由出租人承担船员工资、港口使用费、船用燃料、港口代理费等费用。承租人除依合同规定负担装卸费等费用外，不直接参与船舶的经营。需要注意的是航次租船合同虽然名义上叫"租船合同"，其实更接近运输合同的性质，我国《海商法》中也将其作为运输方式的一种进行规定。

2. 定期租船合同

定期租船合同是指船舶出租人向承租人提供约定的由出租人配备船员的船舶，由承租人在约定的期限内按约定用途使用，并支付租金的合同。目前，国际上最常用的定期租船合同格式主要是《定期租船合同》，租约代号"Produce Form"（土产格式），又被称为"NYPE"（纽约格式）。定期租船合同的条款主要有船舶规范、租期条款、租金支付条款、停租条款、运送合法货物条款、航区条款、交船与还船条款、租船人指示条款、留置权条款、转租条款、法律适用条款、仲裁条款、共同海损条款、新杰森条款、留置权条款、双方互碰责任条款、佣金条款、战争条款等。

3. 光船租赁合同

光船租赁合同指由船舶所有人提供不配备船员的光船，由租船人雇佣船员，在约定期限内占有、使用船舶，并支付约定租金的租船合同。光船租赁合同具有财产租赁合同的性质，从上述定义可以看出，在光船租赁合同下，出租人只提供船舶，并不配备船员。船舶出租人只保留船舶的所有权，船舶的占有权、使用权和营运权均转移给了承租人。由承租人雇用船员，并在合同规定的范围内进行船舶的经营，经营中发生的风险和责任也由承租人承担。承租人从出租人那里获得的是对船舶的"占有"和"使用"权，而不是出租人提供的劳务服务。因此，光船租赁合同具有财产租赁合同的性质。光船租赁合同的主要内容应包括：出租人和承租人的名称、船名、船籍、船级、吨位、容积、航区、用途、租船期间、交船和还船的时间和地点以及条件、船舶检验、船舶的保养维修、租金及其支付、船舶保险、合同解除的时间和条件，以及其他有关事项。

（五）其他运输方式

其他方式的国际货物运输除国际货物多式联运外，在之前的司法考试中几乎没有出现，从来也不在授课的讲义之中。但由于2016年、2017年的司法考试专门考查了国际铁路货物运输，所以在本书中专门对这个问题展开介绍。

1. 国际铁路货物运输

国际铁路货物运输是指使用统一的国际铁路联运单据，由铁路部门经过两个或两个以上国家的铁路进行的运输。铁路运输比海上运输的风险小，时间短，但比航空运输时间长。我国同周边国家的进出口货物多数采用铁路货物运输方式。关于国际铁路货物运输的公约主要有两个，即1961年《关于铁路货物运输的国际公约》（以下简称《国际货约》）和1951年《国际铁路货物联运协定》（以下简称《国际货协》），中国是《国际货协》的缔约国。

《国际货协》的主要内容包括运输合同的订立；承运人的责任及责任期间；承运人的留置权；承运人的免责；承运人的赔偿责任；发货人及收货人的权利和义务以及诉讼时效等7个方面。下面用表格的形式将上述问题进行总结，方便大家总结和记忆。

国际铁路货物联运协定	运输合同的订立	（1）发货人应对每批货物按规定的格式填写运单，由发货人签字后向始发站提出，从始发站承运货物时起，运输合同即成立。 （2）在发货人提交全部货物和付清费用后，发站在运单上加盖发站日期戳记，加盖了戳记的运单就成了运输合同的证明。 （3）运单随货物从始发站附送至终点站，最后交给收货人。运单是承运货物的凭证，也是向收货人核收费用和交货的依据。不是物权凭证，不能流通。
	承运人的责任和责任期间	（1）按运单承运货物的铁路部门应对货物负连带责任。 （2）承运人的责任期间为从签发运单时起至终点交付货物时止。
	承运人的留置权	铁路当局对货物可行使留置权。留置权的效力以货物交付地国家的法律为依据。
	承运人的免责	（1）铁路不能预防和不能消除的情况； （2）货物的自然性质引起的货损； （3）货方的过失； （4）铁路规章许可的敞车运送； （5）承运时无法发现的包装缺点； （6）发货人不正确地托运违禁品； （7）规定标准内的途耗。 记忆线索：只重点记忆第四点即可，其余都是民法上的一般免责事由。
	承运人的赔偿责任	（1）以实际损失为原则，赔偿金额在任何情况下，不得超过货物全部灭失时的金额。 （2）在逾期交付的情况下，铁路应按逾期长短，以运费为基础向收货人支付规定的逾期罚金。
	发货人及收货人的权利和义务	（1）支付运费的义务，发送国的运费由发货人支付，过境的运费可由发货人支付，也可由收货人支付。到达国的运费由收货人支付。 ［注意］不同国家的运费交付主体不同。 （2）收货人有收受货物的义务。 （3）变更合同的权利，发货人可对运输合同作下列变更：在发站将货物领回；变更到站（必要时注明通过的国境站）；变更收货人；将货物返还发货人。收货人可对运输合同作下列变更：在到达国范围内变更货物的到站或变更收货人。
	诉讼时效	（1）当事人依运输合同向铁路提出的赔偿请求和诉讼，以及铁路对发货人和收货人有关支付运费、罚款和赔偿损失的要求和诉讼应在9个月内提出。 （2）有关货物逾期的赔偿请求和诉讼应在2个月内提出。 ［注意］不同类型的诉讼适用不同的时效。

2. 国际航空货物运输

国际航空运输的方式主要有班机运输、包机运输和集中托运。班机运输指飞机按固定的时间、固定的航线、固定的始发站、目的站进行定期航行的货物运输。包机运输又分为整包机和部分包机。集中托运指航空货运代理公司将若干单独发运的货物组成一整批货物，用一份总运单将货物整批发运到目的地的航空运输。涉及国际航空运输的国际公约被划分为芝加哥公约体系、华沙公约体系和航空刑法体系。其中涉及国际货物运输的是华沙公约体系。我国是《华沙公约》《海牙议定书》及1999年《蒙特利尔公约》的参加国。根据华沙公约体系的规定，国际航空货物运输主要包括空运单、承运人的责任、承运人责任的免除与减轻、责任限额、索赔限额和诉讼时效等五方面内容。下面将用表格的形式对上述问题进行总结，方便大家梳理和记忆。

国际航空货物运输	空运单	空运单是订立合同、接受货物和运输条件的初步证据。空运单的缺少、不合规定或灭失，不影响运输合同的存在和有效。空运单不是物权凭证，不能转让。
	承运人的责任	（1）承运人应对货物在航空运输期间发生的因毁灭、遗失或损坏而产生的损失负责。 （2）航空运输期间包括货物在承运人保管下的整个期间，不论在航空站内、在航空器上或在航空站外降停的任何地点。 （3）航空运输期间不包括在航空站以外的任何陆运、海运或河运。 （4）承运人还应对在航空运输中因延误而造成的货物的损失负责。
	承运人责任的免除与减轻	（1）如承运人能证明他和他的代理人或雇佣人为了避免损失，已经采取了一切必要的措施，或不可能采取这种措施时，承运人对货物的损失可以不负责任； （2）如承运人证明损失的发生是由于驾驶中、航空器的操作中或航行中的过失引起的，并证明他和他的代理人已经在其他一切方面采取了必要的措施以避免损失时，承运人对货物的损失可以不负责任； （3）如承运人证明受害人自己的过失是造成损失的原因或原因之一，则法院可依法免除或减轻承运人的责任。
	索赔期限和诉讼时效	（1）在货物损坏、灭失的情况下，收货人应在收到货物后14日内提出异议，在延迟交付的情况下，应在货物由收货人支配起21日内提出异议。 （2）诉讼时效是自航空器到达目的地或应该到达之日起2年。

3. 国际货物多式联运

国际货物多式联运是指联运经营人以一张联运单据，通过两种以上的运输方式将货物从一个国家运至另一个国家的运输。这种运输是在集装箱运输的基础上产生发展起来的新型运输方式，它以集装箱为媒介，将海上运输、铁路运输、公路运输、航空运输和内河运输等传统的运输方式结合在一起，形成了一体化的"门到门"运输。这种运输方式的速度快、运费低、货物不易受损。由"海陆海"组成运输的形式又被称为大陆桥运输。

为了解决国际货物多式联运中的法律问题，国际商会于1963年制定了《联运单证统一规则》，该规则采用了区段责任制和统一责任制相结合的制度。即在确知货物损失或灭失的运输区段时，适用区段责任制，由参加联运的各区段实行分段负责。在未能确知货物损失或灭失发生的运输区段时，采用统一责任制，由联运经营人对联运期间任何地方发生的货损对托运人负赔偿责任。国际商会制定的《联运单证统一规则》并没有根本解决在多式联运中存在的问题。因为该规则不是强制性的法规，且该规则的规定也很不完善。为了促进国际多式联运的发展，在联合国贸发会的主持下，于 1980 年通过了《联合国国际货物多式联运公约》，公约目前尚未生效。

二、国际货物运输保险

（一）国际货物运输保险概述

1. 海上货物运输保险中的风险与损失

国际海上货物运输保险中的风险一般分为海上风险和外来风险两大类别。损失则可以分为全部损失和部分损失，下面用表格的形式进行总结，方便大家记忆和总结。

风险	海上风险	自然灾害：不以人的意志为转移的自然力量所引起的灾害。例：风暴、雷电都属于自然灾害。
		意外事故：在海上发生，由于偶然或意料之外的原因造成，如果恪尽注意可以避免。 例：爆炸、触礁、火灾、沉没等都属于意外事件。
	外来风险	一般外来风险。
		特别外来风险（政治、行政等因素）。
		特殊外来风险（战争、罢工）。
损失	全部损失	实际全损。
		推定全损：指实际全损已不可避免，或受损货物残值，如果加上施救、整理、修复、续运至目的地的费用之和超过其抵达目的地的价值时，视为已经全损。
	部分损失	共同海损：指在同一海上航程中，当船舶、货物和其他财产遭遇共同危险时，为了共同安全，有意地、合理地采取措施所直接造成的特殊牺牲、支付的特殊费用，由各受益方按比例分摊的法律制度。
		单独海损。

2. 委付与代位求偿

（1）委付。委付发生在保险标的出现推定全损的情况下。当保险标的出现推定全损时，被保险人可以选择按部分损失向保险人求偿或按全部损失求偿。当被保险人选择后者时，则由被保险人将保险标的权利转让给保险人，而由保险人赔付全部的保险金额。这种转让保险标的的权利的做法被称为委付。对于保险人来说，可以接受委付，也可以不接受委付。

（2）代位求偿权。如果保险标的的损失是由于第三者的疏忽或过失造成的，保险人依保险合同向被保险人支付了约定的赔偿后，即取得了由被保险人转让的对第三者的损害赔偿请求权，也就是代位求偿权。依《海事诉讼特别程序法》第 94 条的规定，<u>保险人应以自己的名义向第三人提起诉讼</u>。

（二）我国海上运输保险中的险别

我国海上运输保险中的险别可以分为主险和附加险两个大类。主要险别指可以独立承保，不必附加在其他险别项下的险别。中国人民保险公司海洋货物运输保险的主要险别有三种，即平安险、水渍险和一切险。附加险一共有三种，具体为一般附加险、特别附加险和特殊附加险。附加险不能单独投保，必须结合上述三种主要险别进行投保。

1. 平安险（单纯自然灾害造成的部分损失不赔）。平安险的英文意思为"单独海损不赔"，但不建议按照英文意思进行记忆。其责任范围主要包括：

（1）自然灾害造成的整批货物的全部损失或推定全损。

（2）搁浅、触礁、沉没、互撞、失火、爆炸等意外事故造成货物的全部或部分损失。

（3）在运输工具已经发生意外事故的情况下，货物在此前后又在海上自然灾害所造成的部分损失。（意外事故+自然灾害造成部分损失＝赔）

（4）在装卸或转运时由于一件或数件整件货物落海造成的全部或部分损失。

（5）被保险人对遭受承保责任内危险的货物采取抢救、防止或减少货损的措施而支付的合理费用，但以不超过该批被救货物的保险金额为限。

（6）运输工具遭遇海难后，在避难港由于卸货所引起的损失以及在中途港、避难港由于卸货、存仓以及运送货物所产生的特别费用。

（7）共同海损的牺牲、分摊和救助费用。

（8）运输合同中订有"船舶互撞责任"条款，根据该条款规定应由货方偿还船方的损失。

▌考点提要

1. 赔偿范围	（1）单纯自然灾害造成的部分损失不赔； （2）意外事故前后又因自然灾害造成的部分损失要赔； （3）构成共同海损的部分损失要赔。
2. 除外判定	只赔基于"船外、海上"风险造成的损失，船内原因造成的损失一律不赔。 例：某批货物投保了"平安险"，由于船员忘记给船舱通风造成一部分损失，又由于船舶检修电路造成一部分损失。上述两种损失保险公司都不予赔付，因为都是船内原因造成。

▌坑亲王驾到

甲公司的货物投保了平安险，在运输过程中发生了几次损失。第一次是因为风浪造成了一个货舱内的货物全部损失。第二次因为船员忘记给货舱通风造成了部分货物损失。第三次因为检修船舶电路造成部分货物损失。第四次因为风浪太大，船长为了不使船舶倾覆，有意抛弃部分货物。保险公司应该对上述哪些损失承担赔偿责任？[①]

2. 水渍险（平安险+自然灾害造成的部分损失）。该险的责任范围除平安险的各项责任

[①]　答：第一次不需要赔偿，注意，一个货舱里面的货物全部损失属于部分损失，我们的全部和部分是针对整个船舶而言。平安险单纯由自然灾害造成的部分损失不赔，所以第一次损失不予赔偿。第二次和第三次不予赔偿，因为风险来自于"船内"，不是来自于"船外、海上"。很简单就可以进行判断。第四次要赔，属于共同海损。

外，还负责被保险货物由于恶劣气候、雷电、海啸、地震、洪水等自然灾害所造成的部分损失。同样是只赔偿"船外+海上"原因造成的损失。

3. 一切险（水渍险+一般附加险）。该险除包括水渍险的责任范围外，还负责赔偿被保险货物在运输途中由于外来原因所致的全部或部分损失。一般外来原因指偷窃、提货不着、淡水雨淋、短量、混杂、玷污、渗漏、串味异味、受潮受热、包装破裂、钩损、碰损破碎、锈损等原因。

［注意］一切险不包一切，特殊附加险和特别附加险在一切险的范围之外。

4. 附加险。附加险一共有三种，具体为一般附加险、特别附加险和特殊附加险。

（1）一般附加险

一般附加险包括偷窃提货不着险、淡水雨淋险、短量险、混杂玷污险、渗漏险、碰损破碎险、串味险、受潮受热险、钩损险、包装破裂险、锈损险等 11 种险别。它们包括在一切险范围内。

记忆线索：一般附加险可以简单总结为"提货不着+船内管货"风险造成的损失。做题的时候可以通过这四个字进行一定程度的推导。

偷窃、提货不着险、淡水雨淋险、短量险、混杂玷污险、渗漏险、碰损破碎险、串味险、受潮受热险、钩损险、包装破裂险、锈损险。

大家可以看看，除了提货不着外，是不是都几乎发生在船内的管货过程中？这种方法在做题的时候也非常好用。

例：对于串味和受潮受热以及船员在检修船舶电路时造成的损失，如果投保一切险是否应该予以赔偿？

答：对于串味和受潮受热应该予以赔偿，都是发生在"船内管货"过程中的风险。对于检修船舶电路时造成的损失不应该赔偿，这属于"船内管船"风险。

（2）特别和特殊附加险

特别附加险。特别附加险包括交货不到险、进口关税险、舱面险、拒收险、黄曲霉素险、出口到港澳存仓火险等 6 种。

特殊附加险。包括战争险和罢工险两种。

记忆线索：特殊附加险记住就可以，就两个：战争和罢工。

特别附加险除了舱面险和黄曲霉素险外都可以总结为"船外非海上风险"。

交货不到险、进口关税险、拒收险、出口到港澳存仓火险。大家看一看，是不是都可以总结为来自"船外的非海上风险"？简单易懂。

（三）海上保险的保险期限、除外责任和索赔时效

1. 我国海洋货物运输保险的保险期限

保险期限是保险人承担对海洋货物运输赔偿责任的期间。中国人民保险公司海洋货物保险条款主要以"仓至仓条款"，该条款规定，保险人的责任自被保险货物运离保险单所载明的起运地仓库开始，到货物运达保险单载明的目的地收货人的最后仓库时为止。此外，还有"扩展责任条款"、"航程终止条款"和"驳运条款"来确定保险人的责任起讫。

（1）"扩展责任条款"

仓至仓条款规定的有效期间只包括正常运输过程中的海上、陆上、内河运输，并不包括绕道、转运、变更航程等情况。为了保障被保险人在无法控制的原因下产生绕道等情况时的

货物利益，保险人采用了扩展责任条款。该条款规定，由于被保险人无法控制的原因而使船舶延迟、绕道、被迫卸下、重新装载、转运，或承运人依运输合同所赋予的权限而改变航程，保险依然有效。

（2）"航程终止条款"

在被保险人无法控制的情况下，保险货物被运往非保险单所载明的目的地，使运输条款先于保险责任的终止而失效，保险继续有效，保险责任至货物被出售交付时止。但如货物在卸离海轮后60日内仍未交付，保险责任亦终止。

（3）"驳运条款"

保险人对被保险货物在驳运过程中的损失负责。海轮在卸货时，有时需要依靠驳船，驳船并非保险单上所载明的海轮，所以在驳船上发生的货损，保险公司不予赔偿。加入该条款，就可以使驳运中的货物也有了保险的保障。

2. 我国海洋运输保险中的除外责任

除外责任是保险单中规定的保险人不负责赔偿的海洋货物运输损失。中国人民保险公司海洋货物运输保险的除外责任包括：

（1）被保险人的故意行为或过失所造成的损失；

（2）属于发货人责任引起的损失；

（3）在保险责任开始前，被保险货物已存在的品质不良或数量短差所造成的损失；

（4）被保险货物的自然损耗、本质缺陷、特性以及市价跌落、运输延迟引起的损失和费用；

（5）海洋货物运输战争险条款和货物运输罢工险条款规定的责任范围和除外责任。

记忆线索：上述内容总结为：市价跌落+运输延迟+"活该"即可。被保险人故意或过失，发货人责任，货物自身问题，责任开始前已经存在的缺陷，那可不就是"活该"么。第五点不需要特别记忆。

3. 我国海上货物运输中的索赔时效

海洋货物运输保险的索赔时效为2年，从被告将货物在最后卸货港全部卸离运输工具后起算。

[注意] 海上货物运输的保险经常和承运人的责任一起进行考查，题目中常常体现出多种损失和多种应赔与免赔的情形。这一点大家一定要多加注意。

坑亲王驾到

1. 甲公司有一批货物交由乙公司负责运输，甲公司为该批货物投保了一切险。则该批货物因为包装不当所造成的损失应由保险公司负责赔偿。[①]

2. 保险人同意将受损的保险标的视为推定全损，在补偿被保险人全部损失的同时，获得该受损标的物的所有权。此种制度称为委付，保险人有权接受或拒绝委付请求，委付一旦被接受，保险人也有权撤回。[②]

3. 甲公司向保险公司投保了平安险，在货物运输途中因风暴造成了一批货物灭失，

---

① 错误。航行迟延、交货迟延或者市价跌落等造成的损失和货物的自然损耗、固有缺陷、包装不当属于保险人的除外责任。

② 错误。保险人有权决定是否接受委付申请，但一经接受不得撤回。

因承运人船舶运输延迟又造成了另一批货物的损失，保险公司对两批货物的损失均不承担赔偿责任。①

    4. 甲公司向保险公司投保了一切险，则保险公司应当赔偿因黄曲霉素所造成的货物损失。②

---

① 正确。平安险对单纯因为风暴等自然灾害造成的部分损失不予赔付。运输延迟又属于保险人的除外责任，所以都不负赔偿责任的说法是正确的。

② 错误。一切险包含一般附加险但不包含特别附加险。特别附加险包括交货不到险、进口关税险、舱面险、拒收险、黄曲霉素险、出口到港澳存舱火险等 6 种。

03 第三讲
国际货物贸易支付

特别提示

　　本讲的重点集中于信用证，托收考查频率低于信用证，汇付几乎没有考过。注意在学习过程中将 UCP600 和我国《最高人民法院关于审理信用证纠纷若干问题的规定》结合记忆。另外要将贸易支付领域中的信用证和国际融资担保中的备用信用证进行区分。

知识结构导图

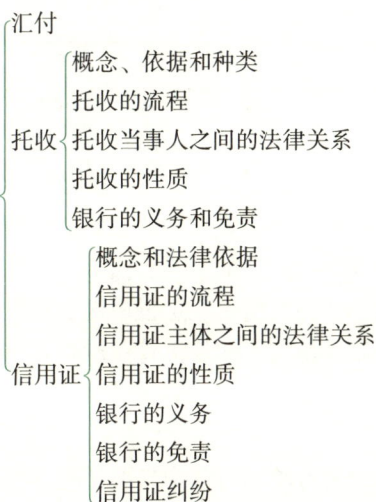

```
汇付
      ┌ 概念、依据和种类
      │ 托收的流程
托收 ┤ 托收当事人之间的法律关系
      │ 托收的性质
      └ 银行的义务和免责
        ┌ 概念和法律依据
        │ 信用证的流程
        │ 信用证主体之间的法律关系
信用证┤ 信用证的性质
        │ 银行的义务
        │ 银行的免责
        └ 信用证纠纷
```

考查频率梳理

频次	考点	真题
3	托收	2008/1/44；2004/1/76；2003/1/96
7	信用证中银行的责任及免责	2017/1/42；2014/1/80；2013/1/100；2008/1/87；2007/1/85；2005/1/85；2003/1/25
3	保兑信用证	2016/1/41；2010/1/100；2008 川/1/46
4	信用证欺诈	2015/1/42；2012/1/81；2009/1/46；2006/1/45

一、汇付

汇付是由国际货物买卖合同的买方委托银行主动将货款支付给卖方的结算方式。在此种支付方式下，信用工具的传递与资金的转移方向是相同的，因此也称为顺汇法。汇付是建立在商业信用的基础上的，即完全建立在双方相互信赖的基础上。汇付在国际贸易中主要是用于样品、杂费等小额费用的结算，或者买卖双方有某种关系，如跨国公司的关联公司等，此外，一般很少使用。按照汇付使用的信用工具可以将汇付分为信汇、电汇和票汇三种。

二、托收

（一）托收的概念、依据和种类

1. 托收的概念

托收是由银行依委托人的指示处理单据，向付款人收取货款或承兑、交付单据或按其他条件交付单据的结算方式。在托收方式下，信用工具的传递与资金的转移方向相反，因此托收是一种逆汇法。在托收付款下，付款人是否付款是依其商业信用，银行并不承担责任。银行所起的作用仅是一种代理收款作用，银行对付款人是否付款不承担责任。因而托收对卖方来说意味着一种风险。

2. 托收的依据

在调整托收的法律上，国际商会在总结国际惯例的基础上于 1958 年制定和公布了《商业单据托收统一规则》，该规则于 1967 年进行了修订，1978 年国际商会将其改名为《托收统一规则》，1995 年国际商会公布了修订的《托收统一规则》，又称 522 号出版物。该规则仅适用于银行托收，仅适用于托收指示中注明该规则的托收。该规则属于惯例性质。当事人在发出委托指示时应注明"受 URC522 约束"的字样。当事人可以作出不同的约定，该种约定优先于上述规则。在规则与一国的强制性法律规定抵触时，法律规定优先，即当事人的选择不得违背有关国家国内法中的强制性规定，如外汇管制的规定等。该规则并不涉及当事人的能力和有关效力问题。

3. 托收的种类

在托收方式下，依汇票是否附有单据可分为光票托收和跟单托收。

光票托收（Clean Bill for Collection），指委托人开立不附货运单据的汇票，仅凭汇票委托银行向付款人收款的托收方式。

跟单托收（Documentary Bill for Collection），指委托人开立附商业单据的汇票，凭跟单汇票委托银行向付款人收款的托收方式，或不使用汇票的商业单据托收方式。跟单托收又可分为付款交单和承兑交单。

（二）托收的流程

托收一般涉及卖方、买方、托收行和代收行四个主要主体，在这四个主要主体中发生票据和欠款的流转，下面用图表的形式对托收的流程进行描述，方便大家理解：

（三）托收当事人之间的法律关系

托收当事人之间的法律关系如下图所示，需要注意的是买方和代收行、卖方和代收行之间均没有直接的法律关系：

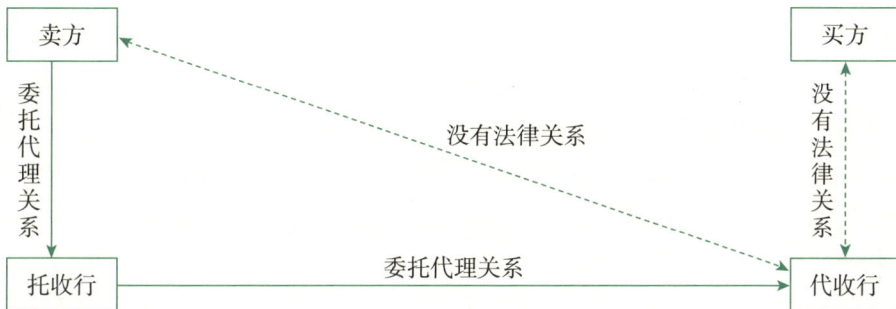

（四）托收的性质

托收从本质上来讲属于一种商业信用，最终承担付款义务的仍旧是买方，如果买方不履行付款义务，卖方最终还是没有办法获得相应货款。但要注意与汇付相比，托收（跟单）对卖方有更强的保障作用。如果买方不履行付款义务，则无法获得提货的单据，这相对于汇付来说能够在一定程度上促使买方履行付款义务。

（五）银行的义务和免责

银行的义务主要体现在通知、提示、收款和审单这 4 个方面。银行的免责主要体现在货物、单据、单据传递、不可抗力、拒绝证书和被指示方行为这 6 个方面。下面用表格的形式进行总结，方便大家记忆和梳理。

银行的义务和免责	义务	（1）及时提示付款或承兑。 （2）保证汇票和装运单据与托收指示书在表面上一致。 （3）无延误地通知结果，将货款解交本人。 记忆线索：上述内容可以总结为：表面真实+钱（提示、通知解交）。大家注意，除此之外，不管看上去多么的不可思议和不公平，银行概不负责，你和银行讲公平，疯了吧。
	免责	（1）收到的单据以及单据的真实性、有效性。 （2）单据传递延误、丢失或翻译错误。 （3）不可抗力导致营业中断。

续表

银行的义务和免责	免责	（4）无义务提货。 （5）无义务作出拒绝证书（可以约定排除）。 （6）对受指示方的行为免责。

▌坑亲王驾到▷

在托收中，银行有义务保证汇票和装运单据在表面上和托收指示书保持一致，没有义务作出拒绝证书。①

三、信用证

（一）信用证的概念和法律依据

1. 信用证的概念

根据国际商会《跟单信用证统一惯例》（简称 UCP600）的定义，信用证是指一项不可撤销的安排，该项安排构成开证行对相符交单予以承付的确定承诺，无论该项安排的名称或描述如何。作为一种国际支付方式，信用证是一种银行信用，银行承担第一位的付款责任。这是信用证区别于汇付、托收的根本性特征。作为一种文件，信用证是开证行开出的凭信用证规定条件付款的一份书面承诺。

2. UCP600 对 UCP500 的主要修改

目前最新的适用于信用证的国际惯例是 UCP600。需要特别提出的是，UCP600 在其可适用的范围内，适用于备用信用证。② UCP600 对 UCP500 的修改主要有以下几个方面：

（1）更加明确了开证行的独立付款义务。当开证行指定其他银行付款、承兑并付款、议付，而其他银行没有按指定付款、承兑或付款、议付时，开证行要承担最终的付款责任。

（2）规定信用证应当是不可撤销的。删除第 6 条关于可撤销信用证的内容，由于可撤销信用证对受益人缺乏保障，被使用的机会也很小，因此，UCP600 将该条删除，而在第 2 条关于信用证的定义中，规定信用证是不可撤销的。改变了 UCP500 "如果信用证没有注明其是否可撤销则被视为不可撤销" 的规定。

（3）新增"兑付"（HONOUR）一词概括了开证行、保兑行、指定行在信用证下除议付以外的一切与支付相关的行为。该定义的引入在于努力表明无论哪一种信用证，银行在信用证下的义务是同一性质的。明确了议付是对票据及单据的一种买入行为，并明确是对受益人的融资，即预付或承诺预付。

（4）规定了"相符的交单"的含义，强调要与信用证条款、适用的惯例条款以及国际银行标准实务相符合。应该做到"单证相符、单单相符、单内相符"。银行处理单据的时间最多为收单翌日起第 5 个工作日。

（5）明确单证或单单不符时，银行可以自行联系开证申请人，如接到开证申请人放弃不符点的通知，银行可以释放单据。

---

① 正确。要注意在托收中也有票据表面一致的审单义务。
② 注意，备用信用证主要适用《国际备用信用证惯例》，部分内容可以适用 UCP600，但不能得出备用信用证和信用证适用相同国际惯例的结论。

（二）信用证的流程

信用证关系可能存在非常多的主体，但其中最为基本的有 4 个主体，分别是开证申请人（买方/进口方）、开证行、通知行和受益人（一般是卖方/出口方）。下面用图表的形式将信用证的使用流程进行展示，方便大家梳理和记忆。

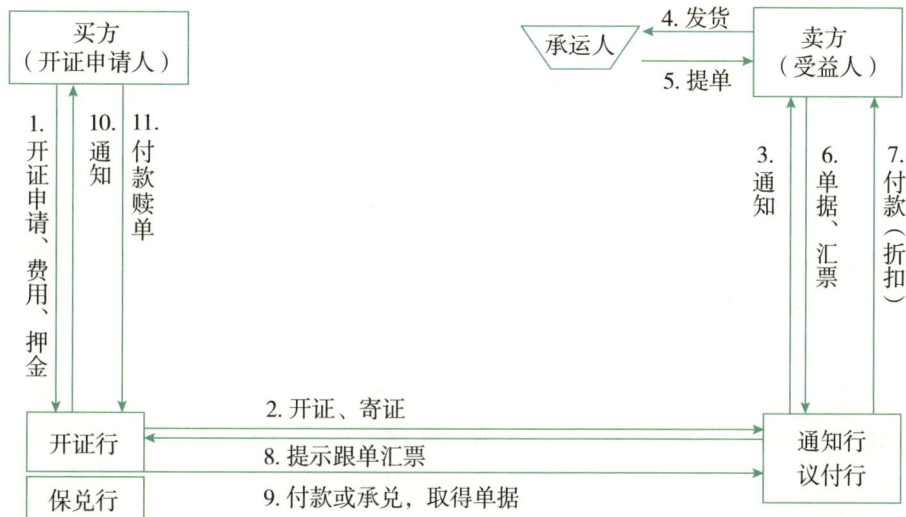

（三）信用证主体之间的法律关系

信用证的基本主体主要有 4 个，之前已经进行过介绍，对法律关系的介绍也主要围绕上述 4 个主体展开。要特别注意受益人和通知行之间没有合同关系；受益人与议付行之间是票据买卖关系；受益人和开证行之间是信用证合同关系。下面用图表的形式进行体现，方便大家梳理和记忆。

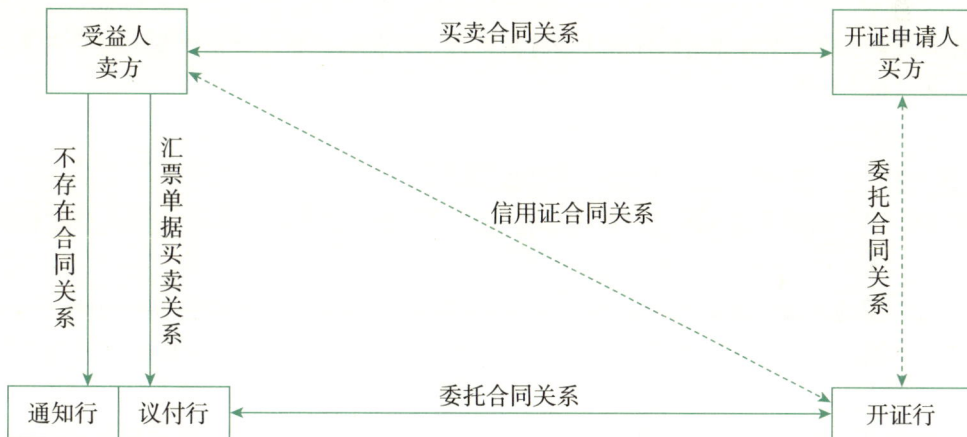

（四）信用证的性质

信用证本身是一种银行信用，这是信用证支付方式和其他支付方式最大的区别。在这种支付方式中，相对于卖方来说，银行承担着独立和最终的付款义务。只要卖方向银行提供了符合信用证规定的单据且不存在信用证欺诈的情形，银行就必须向卖方交付信用证项目下的款项。另外，信用证本质上是一种单据交易，具有单据交易无因性的特点，只要不构成欺诈，不能根据买卖双方的基础合同对抗银行的付款义务。

（五）银行的义务

银行的义务可以分为三个方面，分别是开证行的义务、保兑行的义务和银行的审单义务。

1. 开证行的义务

开证行的义务主要有兑付和偿付两个方面。兑付主要是指针对受益人的付款行为。如果开证行直接规定开证行有兑付义务，则开证行应该向受益人履行兑付义务；如果开证行规定其他银行有兑付义务而没有履行，则开证行还应承担最终的兑付义务。

如果其他银行已经兑付或议付了信用证下的款项，并向开证行出具符合信用证规定下的单据，则开证行应当对相关银行履行偿付义务。

2. 保兑行的义务

保兑是指一家银行开立的信用证由另一家银行进行保证兑付。经过保兑的信用证被称为保兑信用证。此种保证可以理解为民法中的连带责任保证。存在保兑行的信用证意味着最终有两家银行对其承担最终的付款责任，保兑行承担独立的第一性付款义务，其本身相当于开证行，即使开证行破产，保兑行也应该履行保兑义务。

［注意］保兑信用证是一种交易支付手段（附加了担保），备用信用证本身就是一种担保手段。备用信用证的内容具体见国际融资担保部分。

3. 银行的审单义务

银行的审单义务是所有银行都必须遵守的，主要体现在审单的期限和审单的要求两个方面。关于审单的期限，UCP600 规定审单的期限从收到单据的翌日起最多不超过 5 个工作日。关于审单的要求，UCP600 规定必须体现三个相符：单证相符、单单相符、单内相符。这种相符应当是一种表面相符，不追究货物交接的实际情况。

［注意］银行的审单义务是独立的，银行对单据的判定不受开证申请人的影响。是否接受不符点，是否释放单据都是银行独立进行判断的一种权利，即使开证申请人接受不符点银行仍旧可以拒绝接受不符点。

（六）银行的免责

银行的免责主要体现在 5 个方面，分别是：

1. 对买卖合同的免责。即银行对买卖合同的履行情况以及买卖当事人的资信等情况不负责。

2. 对单据的实质情况免责。即银行对单据的形式、完整性、真实性和准确性只做表面审查，对单据的伪造和法律效力不负责任，对单据上记载或附加的一般或特殊条件不负责任。

3. 对传递延误或遗失免责。即银行对于任何消息、信函或单据在传递过程中发生延误或遗失而引起的后果，或任何电讯在传递过程中发生延误、残缺或其他错误不负责任。

4. 对不可抗力免责。即银行对于天灾、暴乱、骚乱、叛乱、战争或本身无法控制的其他原因或者罢工或停工而中断营业所引起的法律效果不负责任。

5. 对被指示方的行为免责。即银行为了执行申请人的指示，银行及其指定的其他银行对指示未被执行的风险、开支、发生的费用等不负责任。

考点提要

其实信用证下银行的义务也可以总结为：表面真实+钱（付款）。

（七）信用证纠纷

信用证单据交易的特性和银行审单表面相符的特性，客观上为相关当事人欺诈行骗创造了条件。理论上要求信用证欺诈必须达到足够严重的程度并且已经实际发生，我国立法中对于信用证欺诈的规定主要体现在《最高人民法院关于审理信用证纠纷案件若干问题的规定》中，该司法解释主要涉及适用对象、法律适用、信用证的独立性和单据审查标准、信用证欺诈的情形、可以申请法院止付的条件，法院不应判定止付的情形、并案审理及裁定异议等问题。

最高人民法院关于审理信用证纠纷案件若干问题的规定	1. 适用对象	（1）适用于在信用证开立、通知、修改、撤销、保兑、议付、偿付等环节产生的纠纷。（纠纷案件） 例：甲公司申请乙银行开立要求对方提供 8 月 25 日已装船清洁提单的信用证，但乙银行开立的信用证所要求的日期为 8 月 23 日，此时因开证产生的纠纷为信用证纠纷案件，系必要环节产生。 （2）还适用于开证申请人与开证行之间因申请开立信用证而产生的欠款纠纷、委托人和受托人之间因委托开立信用证产生的纠纷、担保人为申请开立信用证或者委托开立信用证提供担保而产生的纠纷以及信用证项下融资产生的纠纷。（相关案件） 例：甲公司申请乙银行开立信用证，乙银行要求甲公司提供担保。甲公司遂请求丙公司向乙银行提供了担保。后丙公司和乙银行就担保问题发生纠纷，此种案件为相关案件。和必要环节有关但不属于信用证交易的必要环节。
	2. 法律适用	（1）信用证纠纷案件，当事人约定适用相关国际惯例或者其他规定的，从其约定；当事人没有约定的，适用国际商会《跟单信用证统一惯例》或者其他相关国际惯例。 [注意] 这是司法解释中为数不多的规定在没有选择的情况下适用国际惯例的情形。三国法中唯一一个。 （2）申请开立信用证而产生的欠款纠纷、委托开立信用证纠纷和因此产生的担保纠纷以及信用证项下融资产生的纠纷应当适用中华人民共和国相关法律。涉外合同当事人对法律适用另有约定的除外。
	3. 信用证的独立性和单据审查标准	（1）开证行有独立审查单据的权利和义务，开证申请人决定是否接受不符点，并不影响开证行最终决定是否接受不符点。开证行和开证申请人另有约定的除外。 （2）当事人以开证申请人与受益人之间的基础交易提出抗辩的，人民法院不予支持。 （3）单据与信用证条款、单据与单据之间在表面上相符即可。 （4）信用证项下单据与信用证条款之间、单据与单据之间在表面上不完全一致，但并不导致相互之间产生歧义的，不应认定为不符点。
	4. 信用证欺诈的情形	（1）受益人伪造单据或者提交记载内容虚假的单据。 （2）受益人恶意不交付货物或者交付的货物无价值。

最高人民法院关于审理信用证纠纷案件若干问题的规定	4. 信用证欺诈的情形	（3）受益人和开证申请人或者其他第三方串通提交假单据，而没有真实的基础交易。 （4）其他进行信用证欺诈的情形。
	5. 申请法院止付的条件	开证申请人、开证行或者其他利害关系人可以申请法院判令中止支付信用证项下的款项。 （1）受理申请的人民法院对该信用证纠纷案件享有管辖权。 （2）申请人提供证据证明存在上述信用证欺诈的情形。 （3）如不采取中止支付信用证项下款项的措施，将会使申请人的合法权益受到难以弥补的损害。 （4）申请人提供了可靠、充分的担保。 （5）不存在下述不应判令止付的情形。 法院受理申请后，应该在 48 小时之内作出裁定，裁定中止的，立即执行。
	6. 法院不应判令止付的情形	（1）开证行的指定人、授权人已按照开证行的指令善意地进行了付款。 （2）开证行或者其指定人、授权人已对信用证项下票据善意地作出了承兑。 （3）保兑行善意地履行了付款义务。 （4）议付行善意地进行了议付。 记忆线索：牢记"善意"二字即可，甲和乙交易不能把善意第三人丙坑进去啊。 例：甲公司申请乙银行申请开证并由丙银行担保。哪怕明知存在欺诈，但由于丙银行已经善意付款，所以法院不应对该信用证做出中止支付的裁定，否则不就相当于坑了丙银行么。
	7. 裁定异议	（1）当事人对人民法院作出中止支付信用证项下款项的裁定有异议的，可以在裁定书送达之日起 10 日内向上一级人民法院申请复议。上一级人民法院应当自收到复议申请之日起 10 日内作出裁定。 （2）复议期间，不停止原裁定的执行。

记忆线索："三鲜丸子"（欺诈、申请中止支付、不应中止支付），三者缺一不可，紧密抱团。

1. 欺诈（不需要专门记忆，一看就是骗）

主要有三种情形：伪造单据、虚构交易、恶意不交付或货物无价值。

2. 申请中止支付（银行无权自行决定不付款，只能求助于法院）

有权管辖+欺诈+难以弥补+担保。

3. 不应中止支付的情形

牢记"善意"即可，不可以坑无辜的人。

▌坑亲王驾到▶

1. 根据 UCP600 的规定，银行审查单据应该做到单证一致、单单一致、单内一致。[①]

---

① 正确。这是 UCP600 对 UCP500 的重要改动。

2. 中国甲公司和美国乙公司协议买卖一批电脑。乙公司申请丙银行开立信用证付款，信用证要求开立9月25日已装船提单。因天气原因甲公司的货物无法正常运抵码头，甲公司遂和乙公司协商将装船日期延后至9月29日，乙公司表示同意。当甲公司凭借9月29日装船提单向丙银行请求付款时，由于乙公司已经接受不符点，所以丙银行必须支付信用证下的款项。①

3. 根据我国法律的规定，只有开证申请人和开证行可以向法院提出止付申请。②

4. 根据我国法律的规定，如果开证行或其指定人、授权人已经对信用证下票据进行了善意的承兑，则即使存在信用证欺诈，法院也不能判定止付。③

5. 根据我国法律的规定，信用证纠纷当事人可以选择适用于双方纠纷的法律。④

6. 根据UCP600的规定，当出现单证不符的情况时，只有通过受益人联系开证申请人，如接到开证申请人放弃不符点的通知，银行可以释放单据。⑤

7. 中国甲公司和美国乙公司协议买卖一批电脑。乙公司申请丙银行开立信用证付款，并由丁银行为信用证保兑。则甲公司可以凭借与信用证相符的单据直接向丁银行请求付款。⑥

---

① 错误。注意开证行和开证申请人的地位相互独立，开证申请人接受不符点不代表银行也接受，银行仍旧可以拒绝付款。

② 错误。开证申请人、利害关系人和开证行可以向法院提出止付申请。

③ 正确。当法院判定存在信用证欺诈时可以判定止付，但存在例外情形，要特别注意。

④ 正确。根据我国法律规定，信用证纠纷适用国际惯例，但当事人另有约定的除外。

⑤ 错误。这属于UCP600的一个重大改变。明确单证或单单不符时，银行可以自行联系开证申请人，如接到开证申请人放弃不符点的通知，银行可以释放单据。注意是可以而非应该。

⑥ 正确。对受益人来讲，保兑行的付款责任相当于其本身是开证行，与开证行一起承担第一位的付款责任。

04 第四讲
对外贸易管理制度

特别提示

　　这一讲最为重要的内容就是"两反一保"：反倾销、反补贴和保障措施。这三部分的内容比较庞杂，建议大家在记忆的时候以反倾销为基础，在对比的基础上实现高效记忆。这一讲的内容在最近三年的考试中考查频率较高，大家一定要注意。

知识结构导图

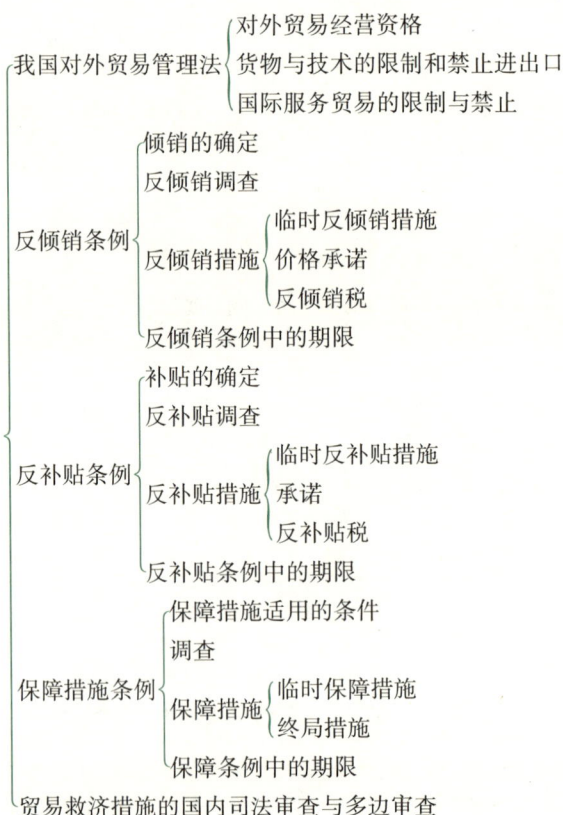

```
                              ┌ 对外贸易经营资格
        我国对外贸易管理法 ┤ 货物与技术的限制和禁止进出口
                              └ 国际服务贸易的限制与禁止

                    ┌ 倾销的确定
                    │ 反倾销调查
                    │               ┌ 临时反倾销措施
        反倾销条例 ┤ 反倾销措施 ┤ 价格承诺
                    │               └ 反倾销税
                    └ 反倾销条例中的期限

                    ┌ 补贴的确定
                    │ 反补贴调查
                    │               ┌ 临时反补贴措施
        反补贴条例 ┤ 反补贴措施 ┤ 承诺
                    │               └ 反补贴税
                    └ 反补贴条例中的期限

                    ┌ 保障措施适用的条件
                    │ 调查
                    │               ┌ 临时保障措施
        保障措施条例 ┤ 保障措施 ┤ 终局措施
                    └ 保障条例中的期限

        贸易救济措施的国内司法审查与多边审查
```

考查频率梳理

频次	考点	真题
2	对外贸易法	2008/1/85；2005/1/87
13	反倾销条例	2018/2；2017/1/43；2016/1/42；2014/1/42；2012/1/41；2011/1/42；2010/1/44；2008/1/83；2007/1/42；2006/1/44；2005/1/42；2004/1/93；2003/1/27
5	反补贴条例	2014/1/82；2009/1/45；2008 川/1/85；2005/1/97；2003/1/24
6	保障条例	2015/1/43；2013/1/44；2011/1/41；2010/1/85；2007/1/95；2003/1/94
2	国内司法审查与多边救济程序	2018/2；2006/1/83

一、对外贸易法

我国的货物、技术和服务的进出口管理以《中华人民共和国对外贸易法》（以下简称《对外贸易法》）为基本框架，以其他相关条例为补充的相对健全的法律、法规体系，构成了我国进出口管理的法律制度（三贸合一）。我国《对外贸易法》不适用于单独关税区（港、澳、台）。这里主要介绍其中关于对外贸易经营资格、货物与技术的限制与禁止进出口以及国际服务贸易的限制与禁止三方面内容。

（一）对外贸易经营资格

外贸经营者是指依法办理工商登记或者其他执业手续，依照《对外贸易法》或其他有关法律、行政法规的规定从事对外贸易经营活动的法人、其他组织或者个人。外贸经营者包括自然人。

我国现行的对外贸易经营资格已经由过去的审批制改为登记制。根据我国《对外贸易法》的规定，外贸经营权的获得实行登记制，法律、行政法规或者国务院对外贸易主管部门规定不需要登记的除外。

（二）有关货物与技术的限制和禁止进出口

我国对货物和技术的进出口实行目录管理，分为禁止进出口、限制进出口和自由进出口。对实行自由进出口许可管理的货物，也实行目录管理，对外贸易主管部门基于监测进出口情况的需要，可以对部分自由进出口的货物实行进出口自动许可并公布其目录。

依《对外贸易法》第16条的规定，国家基于下列原因，可以限制或者禁止有关货物、技术的进口或者出口：

1. 为维护国家安全、社会公共利益或者公共道德，需要限制或者禁止进口或者出口的；

2. 为保护人的健康或者安全，保护动物、植物的生命或者健康，保护环境，需要限制或者禁止进口或者出口的；

3. 为实施与黄金或者白银进出口有关的措施，需要限制或者禁止进口或者出口的；

4. 国内供应短缺或者为有效保护可能用竭的自然资源，需要限制或者禁止出口的；

5. 输往国家或者地区的市场容量有限，需要限制出口的；

6. 出口经营秩序出现严重混乱，需要限制出口的；

7. 为建立或者加快建立国内特定产业，需要限制进口的；

8. 对任何形式的农业、牧业、渔业产品有必要限制进口的；

9. 为保障国家国际金融地位和国际收支平衡，需要限制进口的；

10. 依照法律、行政法规的规定，其他需要限制或者禁止进口或者出口的；

11. 根据我国缔结或者参加的国际条约、协定的规定，其他需要限制或者禁止进口或者出口的。

此外，国家对与裂变、聚变物质或者衍生此类物质的物质有关的货物、技术进出口，以及与武器、弹药或者其他军用物资有关的进出口，可以采取任何必要的措施，维护国家安全。在战时或者为维护国际和平与安全，国家在货物、技术进出口方面可以采取任何必要的措施。

（三）国际服务贸易的限制与禁止

在我国，国际服务贸易遵循的原则是一种管制式贸易原则，而非自由贸易原则。只有在中国根据国际协定承诺的领域，才允许外国服务贸易经营者进入，外国服务贸易经营者和外国服务才有可能获得国民待遇。

依《对外贸易法》第 26 条的规定，国家基于下列原因，可以限制或者禁止有关的国际服务贸易：

1. 为维护国家安全、社会公共利益或者公共道德，需要限制或者禁止的；

2. 为保护人的健康或者安全，保护动物、植物的生命或者健康，保护环境，需要限制或者禁止的；

3. 为建立或者加快建立国内特定服务产业，需要限制的；

4. 为保障国家外汇收支平衡，需要限制的；

5. 依照法律、行政法规的规定，其他需要限制或者禁止的；

6. 根据我国缔结或者参加的国际条约、协定的规定，其他需要限制或者禁止的。

此外，国家对与军事有关的国际服务贸易，以及与裂变、聚变物质或者衍生此类物质的物质有关的国际服务贸易，可以采取任何必要的措施，维护国家安全。在战时或者为维护国际和平与安全，国家在国际服务贸易方面可以采取任何必要的措施。

▌ **坑亲王驾到**

1. 我国《对外贸易法》不适用于上海自贸区。①

2. 为保护人的健康或者安全，保护动物、植物的生命或者健康，保护环境，可以限制或禁止有关的国际服务贸易。②

3. 对任何形式的农业、牧业、渔业产品有必要限制进口的，可以限制或禁止有关的国际技术进出口。③

---

① 错误。我国《对外贸易法》不适用于单独关税区，但上海自贸区不属于单独关税区，属于关税特殊监管区。

② 正确。我国《对外贸易法》不仅是针对货物贸易，也针对服务贸易。

③ 正确。我国《对外贸易法》不仅是针对货物贸易，也针对技术贸易。

二、反倾销条例

倾销是指在正常的贸易过程中，用低于正常价值出口商品的行为。它已经或有可能给进口国生产相同产品的行业或企业造成损害，因而受到进口国的反对。反倾销是进口国依据本国的反倾销法，由主管当局经过立案调查，确认倾销对本国同业造成损害后，采取征收反倾销税等处罚措施的调查程序。我国关于反倾销的规定主要体现在《反倾销条例》中，其中的主要内容可以归纳为反倾销的确定、反倾销调查、反倾销措施和反倾销条例中的期限等4方面主要问题。下面用表格的形式对上述问题进行总结和梳理，方便大家理解和记忆。

反倾销条例	反倾销的确定	倾销
		正常贸易过程中进口产品以低于正常价值的出口价格进入我国市场（出口价格低于正常价值）。 正常价值的确定： （1）出口国（地区）国内市场的正常贸易过程中的可比价格。 （2）出口到一个适当第三国（地区）的可比价格。 （3）原产国（地区）的生产成本加合理费用、利润，为正常价值。 [注意] 上述三个方法第一个和第二、三个是顺序适用，能用第一个就不能用第二、三个。第二、三个为并列关系，没有先后顺序。 例：美国出口到中国产品的正常价值确定首先以该产品在美国国内正常贸易中的价格为基准确定。
		损害
		（1）损害，是指倾销对已经建立的国内产业造成实质损害或者产生实质损害威胁，或者对建立国内产业造成实质阻碍。（实质） （2）国内产业，是指中华人民共和国国内同类产品的全部生产者，或者其总产量占国内同类产品全部总产量的主要部分的生产者。生产者与倾销商品或其进、出口经营者有关联的除外。
		因果
		倾销与国内产业的实质损害或实质损害威胁之间必须有因果关系。
	反倾销调查	启动
		国内企业申请或商务部主动提起。50%以上可以启动，25%以下不得启动。 支持发起调查者的产量占支持调查者和反对调查总量50%以上可以启动，占国内同类产品总产量25%以下的，不得启动。
		主体
		商务部；农产品损害调查会同农业部。其他产品不需要会同。
		主要问题
		（1）在决定立案调查前，应当通知有关出口国（地区）政府。 （2）立案调查的决定，由商务部予以公告，并通知申请人、已知的出口经营者和进口经营者、出口国（地区）政府以及其他有利害关系的组织、个人（以下统称利害关系方）。 （3）商务部可以采用问卷、抽样、听证会、现场核查等方式向利害关系方了解情况，进行调查。认为必要时，可以派出工作人员赴有关国家（地区）进行调查；但是，有关国家（地区）提出异议的除外。 （4）利害关系方认为其提供的资料泄露后将产生严重不利影响的，可以向商务部申请对该资料按保密资料处理。保密资料未经提供资料的利害关系方同意，不得泄露。

反倾销条例	反倾销调查	主要问题	(5) 商务部应当为有关利害关系方、利害关系国（地区）政府提供陈述意见和论据的机会。 **记忆线索**：重点记忆立案前应该通知+无异议时可以出国调查即可，其余属于一般调查都具备的环节，不须特别记忆。
		反倾销调查的终止	(1) 申请人撤销申请的。 (2) 没有足够证据证明存在倾销、损害或者二者之间有因果关系的。 (3) 倾销幅度低于2%的。 (4) 倾销进口产品实际或者潜在的进口量或者损害属于可忽略不计的。 (5) 商务部认为不适宜继续进行反倾销调查的。 **记忆线索**：重点记忆倾销幅度低于2%即可，其余撤销、没有因果、忽略不计或不宜通过常理推断就应该终止。没有因果和忽略不计就不构成倾销，人家都主动撤销和认为不宜了还调查个啥啊。我把这些打酱油的称为"酱油条款"。
	反倾销措施	临时反倾销措施	(1) **方式**：临时反倾销税+担保。 初裁决定确定倾销成立，并由此对国内产业造成损害的，可以采取包括征收临时反倾销税、提供保证金、保函或者其他形式的担保等方式，金额应当不超过初裁决定确定的倾销幅度。 (2) 征收临时反倾销税，由商务部提出建议，国务院关税税则委员会根据商务部的建议作出决定，由商务部予以公告。要求提供保证金、保函或者其他形式的担保，由商务部作出决定并予以公告。海关自公告规定实施之日起执行。 ［注意］"两反一保"中凡是涉及税收的措施都是商务部建议并公告+关税税则委员会决定+海关实施。
		价格承诺	(1) 出口经营者在反倾销调查期间，可以作出改变价格或者停止以倾销价格出口的价格承诺。 (2) 商务部可以提出价格承诺的建议，但不得强迫。 (3) 商务部可以自主决定是否接受价格承诺，认为价格承诺能够接受的，可以决定中止或者终止反倾销调查，不采取临时反倾销措施或者征收反倾销税，由商务部公告。不接受价格承诺的应说明理由。 (4) 商务部对倾销以及由倾销造成的损害作出肯定的初裁决定前，不得寻求（包括建议）或者接受价格承诺。 (5) 违反价格承诺的，商务部可以立即恢复反倾销调查。
		反倾销税	(1) 终裁决定倾销成立，并由此对国内产业造成损害的，可以征收反倾销税，征收反倾销税应当符合公共利益。 (2) 反倾销税的纳税人为进口经营者，应当根据不同出口经营者的倾销幅度，分别确定。 **记忆线索**：问：为什么不向出口经营者收税呢，人家是罪魁祸首啊。 答：人家是外国公司，收不着啊。

反倾销条例	反倾销措施	反倾销税	（3）反倾销税的追溯征收： ①终裁决定确定存在实质损害，并在此前已经采取临时反倾销措施的，反补贴税可以对已经实施临时反倾销措施的期间追溯征收。 ②终裁决定确定存在实质损害威胁，在先前不采取临时反倾销措施将会导致后来作出实质损害裁定的情况下已经采取临时反倾销措施的，反倾销税可以对已经实施临时反补贴措施的期间追溯征收。 实质损害+临时措施=追溯；实质损害威胁+临时措施=追溯。 ③倾销进口产品有倾销历史，或者该产品的进口经营者知道或者应当知道出口经营者实施倾销并且将造成损害的；且倾销进口产品在短期内大量进口，可能会严重破坏即将实施的反倾销税补救效果的，可以对临时反倾销措施之日前90天内的产品追溯征收。立案前的产品除外。
	反倾销条例中的期限		（1）反倾销申请审查期限：商务部应当自收到申请书及有关证据之日起60天内，决定是否立案调查。 （2）反倾销调查期限：应当自公告之日起12个月结束；特殊情况下可以延长，延长期不得超过6个月。 （3）临时反倾销措施期限：自决定公告规定实施之日起，不超过4个月；在特殊情形下，可以延长至9个月。自反倾销立案调查决定公告之日起60天内，不得采取临时反倾销措施。 （4）反倾销税和价格承诺期限：一般都不超过5年；但经复审确定终止征收反倾销税有可能导致倾销和损害的继续或者再度发生的，反倾销税的征收期限可以适当延长。 （5）复审期限：复审程序参照反倾销调查的规定执行，自决定复审开始之日起，不超过12个月。

坑亲王驾到

1. 反倾销和反补贴调查既能由商务部主动发起，也可以通过国内企业申请发起。由于在保障措施中不存在非正常的数量增长，所以保障措施调查只能由商务部主动发起。[①]

2. 初裁确定倾销成立，并由此对国内产业造成损害的，可以采取临时反倾销措施，临时反倾销措施为临时反倾销税。[②]

3. 临时反倾销措施实施的期限，自临时反倾销措施决定公告规定实施之日起，不超过4个月。自反倾销立案调查决定公告之日起60天内，不得采取临时反倾销措施。[③]

4. 中国甲公司从美国乙公司进口一批货物。该批货物由于涉嫌倾销遭到商务部的反

---

① 错误。"两反一保"调查均既可由商务部主动提起，也可以由国内企业申请发起。

② 错误。最终反倾销措施只有反倾销税。但临时反倾销措施除了临时反倾销税还可以要求提供现金保证金、保函或者其他形式的担保。

③ 错误。需要注意临时反倾销措施有三个期限限制。临时反倾销措施实施的期限，自临时反倾销措施决定公告规定实施之日起，不超过4个月；在特殊情形下，可以延长至9个月。自反倾销立案调查决定公告之日起60天内，不得采取临时反倾销措施。

倾销调查。商务部可以裁定让中国甲公司作出价格承诺。①

5. 中国甲公司从美国乙公司进口一批货物。该批货物由于涉嫌倾销遭到商务部的反倾销调查。美国乙公司作出价格承诺，商务部应当接受美国甲公司的价格承诺，如果乙公司违反价格承诺，则商务部可以采取相应的惩罚措施。②

6. 商务部发起反倾销调查后可以到相关国家和地区进行调查，不受任何主体的干涉和影响。③

7. 中国甲公司从美国乙公司进口一批货物。该批货物由于涉嫌倾销遭到商务部的反倾销调查。如果最终裁定存在倾销，则应当向美国乙公司征收反倾销税。反倾销税不得超过倾销幅度，原则上只能向终裁决定公布后的进口产品征收。④

8. 反倾销税的征收期限和价格承诺的履行期限不超过 5 年，均不得延长。⑤

三、反补贴条例（和反倾销最大的区别根源于国家或政府的存在）

《中华人民共和国反补贴条例》（以下简称《反补贴条例》）规定：进口产品存在补贴，并对已经建立的国内产业造成实质损害或者产生实质损害威胁，或者对建立国内产业造成实质阻碍的，依照该条例的规定进行调查，采取反补贴措施。其中的主要内容可以归纳为反补贴的确定、反补贴调查、反补贴措施和反补贴条例中的期限等 4 方面主要问题。下面用表格的形式对上述问题进行总结和梳理，方便大家理解和记忆。

反补贴条例	反补贴的确定	专项性补贴	（1）补贴，是指出口国（地区）政府或者其他任何公共机构提供的并为接受者带来利益的财政资助以及任何形式的收入或者价格支持。包括政府的贷款、拨款和注资等（政府提供+接受者受益）。注意：基础设施建设不属于反补贴中的补贴。 （2）补贴的专项性：只有专项性补贴才是"反"的对象。 ①由出口国（地区）政府明确确定的某些企业、产业获得的补贴； ②由出口国（地区）法律、法规明确规定的某些企业、产业获得的补贴； ③指定特定区域内的企业、产业获得的补贴； ④以出口实绩为条件获得的补贴，包括本条例所附出口补贴清单列举的各项补贴； ⑤以使用本国（地区）产品替代进口产品为条件获得的补贴。 在确定补贴专向性时，还应当考虑受补贴企业的数量和企业受补贴的数额、比例、时间以及给予补贴的方式等因素。 ［注意］上述五点可以总结为：①政府或法律给予少数人的补贴；②附条件的补贴（出口实绩或以本地产品代替进口产品）。

---

① 错误。本题的错误有两处。一是价格承诺只能由出口经营者作出，二是商务部只能建议作出价格承诺而不能决定。另外需要注意，商务部作出初裁前不得接受价格承诺。

② 错误。本题的错误有两处。一是商务部可以自行决定是否接受价格承诺，二是如果违反价格承诺，商务部可以立即恢复反倾销调查。

③ 错误。商务部可以去有关国家或地区进行调查，该国家或地区提出异议的除外。

④ 错误。反倾销税的纳税主体是进口经营者。其余内容正确。

⑤ 错误。反倾销税的征收期限和价格承诺的履行期限不超过 5 年；但是，经复审确定终止征收反倾销税有可能导致倾销和损害的继续或者再度发生的，反倾销税的征收期限可以适当延长。

反补贴条例	反补贴的确定	损害	同反倾销，实质性损害或实质性损害威胁。
		因果	同反倾销，倾销与国内产业的实质损害或实质损害威胁之间必须有因果关系。
	反补贴调查	启动	同反倾销，国内企业申请或商务部主动提起。50%以上可以启动，25%以下不得启动。
		主体	同反倾销，商务部、农产品损害调查会同农业部。
		主要问题	在决定立案调查前，应当就有关补贴事项向产品可能被调查的国家（地区）政府发出进行磋商的邀请。（这是和反倾销的主要区别） 其余均同反倾销，在没有异议的情况下也能出国调查。
		反补贴调查的终止	（1）申请人撤销申请的。 （2）没有足够证据证明存在补贴、损害或者二者之间有因果关系的。 （3）补贴金额为微量补贴的。 （4）补贴进口产品实际或者潜在的进口量或者损害属于可忽略不计的。 （5）通过与有关国家（地区）政府磋商达成协议，不需要继续进行调查的。（区别反倾销） （6）商务部认为不适宜继续进行反补贴调查的。 记忆线索：重点记忆此磋商达成协议即可，剩下的都是类同与反倾销的"酱油条款"。
	反补贴措施	临时反补贴措施	（1）初裁决定确定补贴成立，并由此对国内产业造成损害的，可以采取临时反补贴措施。采取以现金保证金或者保函作为担保的征收临时反补贴税的形式。（只有税，区别反倾销） （2）征收临时反补贴税，由商务部提出建议，国务院关税税则委员会根据商务部的建议作出决定，由商务部予以公告。
		承诺	（1）出口国（地区）政府提出取消、限制补贴或者其他有关措施的承诺，或者出口经营者提出修改价格的承诺。 （2）商务部可以提出价格承诺的建议，但不得强迫。 （3）商务部可以自主决定是否接受价格承诺。不接受价格承诺的应说明理由。中止或终止后应出口国（地区）政府请求或者调查机关认为有必要，调查机关可以对补贴和损害继续进行调查。 （4）商务部对补贴以及由补贴造成的损害作出肯定的初裁决定前，不得寻求（包括建议）或者接受价格承诺。 （5）出口经营者作出承诺的情况下，未经其本国（地区）政府同意的，调查机关不得寻求或者接受承诺。（与反倾销的主要区别） （6）违反价格承诺的，商务部可以立即恢复反补贴调查。
		反补贴税	（1）在为完成磋商的努力没有取得效果的情况下，终裁决定确定补贴成立，并由此对国内产业造成损害的，可以征收反补贴税。

反补贴 条例	反补贴 措施	反补 贴税	（2）反补贴税的纳税人为进口经营者，反补贴税应当根据不同出口经营者的补贴金额，分别确定。 （3）反补贴税的追溯征收（同反倾销）： 实质损害威胁+临时措施=追溯；实质损害+临时措施=追溯。 补贴进口产品在较短的时间内大量增加，且此种增加对国内产业造成难以补救的损害，且此种产品得益于补贴，可以对实施临时反补贴措施之日前90天内进口的产品追溯征收。
	反补贴 条例中 的期限		（1）反补贴申请审查期限：商务部应当自收到申请书及有关证据之日起 60 天内，决定是否立案调查，<u>特殊情况下可以适当延长</u>。 （2）反补贴调查期限：应当自公告之日起 12 个月结束；特殊情况下可以延长，<u>延长期不得超过 6 个月</u>。 （3）临时反补贴措施期限：自决定公告规定实施之日起，不超过 4 个月；自反补贴立案调查决定公告之日起 60 天内，不得采取临时反补贴措施。（注意没有延长） （4）反补贴税和承诺期限：一般都不超过 5 年；经复审确定终止征收反补贴税有可能导致补贴和损害的继续或者再度发生的，反补贴税的征收期限可以适当延长。 （5）复审期限：自决定复审开始之日起，不超过 12 个月。

▍考点提要▶

反补贴和反倾销的差异（政府的存在）。

1. 调查的主要问题	（1）反倾销：立案前应该通知相关国家或地区政府。 （2）反补贴：立案前应该向相关国家或地区政府发起磋商。
2. 调查的终止	（1）反倾销：倾销幅度低于 2%。 （2）反补贴：磋商达成协议，认为不需要调查的。
3. 承诺	（1）反倾销：只有一种出口经营者做出的价格承诺。 （2）反补贴：既有出口经营者的价格承诺，也有政府取消补贴的承诺，并且经营者做出承诺未得到政府同意的情况下，商务部不得寻求或接受。

▍坑亲王驾到▶

1. 如果经调查发现某国对国内企业的补贴以出口实绩为条件，则可以认为该补贴属于专项性补贴。[①]

2. 临时反补贴措施实施的期限，自临时反补贴措施决定公告规定实施之日起，不超过 4 个月。自反补贴立案调查决定公告之日起 60 天内，不得采取临时反补贴措施。[②]

3. 在反补贴调查期间，出口国（地区）政府提出取消、限制补贴或者其他有关措施的承诺，或者出口经营者提出修改价格的承诺的，商务部应当予以充分考虑。初裁确定

---

① 正确。这个条件在认定补贴专向性方面容易被忽略。
② 正确。要注意反倾销与反补贴临时措施期限的不同，反倾销最长可以延长到 9 个月，反补贴没有延长的规定。

成立补贴的，商务部可以向出口经营者或者出口国（地区）政府提出有关价格承诺的建议。[1]

4. 当某种产品的增加对国内产业造成难以补救的损害，且此种产品得益于补贴的，必要时可以对实施临时反补贴措施之日前90天内进口的产品追溯征收反补贴税。[2]

四、保障措施条例（保障措施和反倾销最大的区别根源于"正常"二字）

如果根据《保障措施条例》进行的保障措施调查，确定进口产品数量增加，并对生产同类产品或者直接竞争产品的国内产业造成严重损害或者产生严重损害威胁，可以采取保障措施。我国《保障措施条例》的主要内容可以分为保障的确定，调查、保障措施、保障条例中的期限4个方面。下面用表格的形式进行总结和梳理，方便大家理解和记忆。

[注意] 保障措施针对的产品是"正常"的产品。

保障措施条例	保障措施的确定	数量增加	进口产品数量增加，指进口产品数量的绝对增加或者与国内生产相比的相对增加。
		损害	对生产同类产品或者直接竞争产品的国内产业造成严重损害或者严重损害威胁。 [注意] 因为针对"正常"的产品，所以在后果上要求"严重"。
		因果	（同反倾销）
	调查	启动	（同反倾销）国内产业申请或者商务部主动提起。没有数额要求。
		主体	（同反倾销）商务部，涉及农产品的会同农业部。
		主要问题	（1）商务部应当将立案调查的决定及调查结果及时通知世界贸易组织保障措施委员会。 （2）对严重损害威胁的确定，应依据事实，不能仅依据指控、推测或极小的可能性。 （3）商务部应为进口经营者、出口经营者和其他利害关系方提供陈述意见和论据的机会。 （4）调查可以采用调查问卷的方式，也可以采用听证会或者其他方式。 （5）资料提供方认为需要保密的，商务部可以按保密资料处理。按保密资料处理的资料，未经资料提供方同意，不得泄露。 [注意] 因为对象是"正常"产品，所以不能出国调查。
	保障措施（没有承诺）	临时保障措施	（1）有明确证据表明进口产品数量增加，在不采取临时保障措施将对国内产业造成难以补救的损害的紧急情况下，可以作出初裁决定，并采取提高关税形式的临时保障措施。 （2）在采取临时保障措施前，商务部应当将有关情况通知保障措施委员会。

---

[1]　正确。注意反倾销和反补贴价格承诺主体的差别，反补贴除了出口经营者外，还有出口国政府。

[2]　错误。一定注意反倾销税和反补贴税的回溯征收的几个条件必须同时满足。反补贴回溯征收的三个条件是：补贴进口产品在较短的时间内大量增加；此种增加对国内产业造成难以补救的损害；此种产品得益于补贴。

保障措施条例	保障措施（没有承诺）	保障措施	（1）终裁决定确定进口产品数量增加，并由此对国内产业造成损害的，可以采取保障措施。实施保障措施应当符合公共利益。可以采取提高关税、数量限制等形式。 （2）商务部应当将采取保障措施的决定及有关情况及时通知保障措施委员会。 （3）采取数量限制措施，需要在有关出口国（地区）或原产国（地区）之间进行数量分配的，商务部可以与有关出口国（地区）或原产国（地区）就数量的分配进行磋商。 （4）保障措施应当针对正在进口的产品实施，不区分产品来源国（地区）。 （5）在采取保障措施前，商务部应当为与有关产品的出口经营者有实质利益的国家（地区）政府提供磋商的充分机会。
	保障条例中的期限		（1）商务部应当及时对申请人的申请进行审查，决定立案调查或者不立案调查。 （2）临时保障措施的实施期限：自临时保障措施决定公告规定实施之日起，不超过200天。 （3）保障措施的实施期限不超过4年。符合条件的，保障措施的实施期限可以适当延长，一项保障措施的实施期限及其延长期限，最长不超过10年。 ［注意］不能一开始就超过4年，只有符合条件时才能延长。

▌考点提要

保障措施和反倾销的主要区别（正常）。

1. 调查的主要问题	反倾销：立案前通知相关国家或地区政府； 保障措施：及时通知世界贸易组织保障措施委员会。
2. 出国调查	反倾销：可以，相关国家或地区提出异议的除外。 保障措施：不可以。本来就是正常的，你出去干什么？
3. 承诺	反倾销：出口经营者做出价格承诺。 保证措施：没有承诺制度。本来就是正常的，你让人家承诺个啥？

▌坑亲王驾到

1. 如果某类产品的进口数量激增、对我国同类产业造成了实质性损害或实质性损害威胁且二者之间有因果关系，则应当采取保障措施。①

2. 根据《保障措施条例》的规定，商务部可以建议出口经营者作出价格承诺，也可以采取提高关税的临时措施。②

3. 保障措施的最终形式为提高关税和数量限制，实施期限不超过4年，符合一定条件可延长，但最长不超过10年。③

---

① 错误。"两反一保"中保障措施的条件更为严格，必须对国内产业造成严重损害或严重损害威胁。
② 错误。保障措施中没有价格承诺。
③ 正确。要注意保障措施在方式上和期限上都有不同于反倾销和反补贴的特点。

五、贸易救济措施的国内司法审查和多边审查

(一) 反倾销和反补贴的国内司法审查

根据世界贸易组织反倾销协议和反补贴协议，各成员应建立对反倾销措施和反补贴措施的司法审查制度。2002 年 11 月 21 日，最高人民法院发布了《关于审理反倾销行政案件应用法律若干问题的规定》和《关于审理反补贴行政案件应用法律若干问题的规定》，从行政诉讼的角度正式确定了我国对反倾销、反补贴措施的司法审查制度。

简而言之，对反倾销和反补贴不服的可以提起行政诉讼，保障措施不行。

［注意］保障措施没有针对性的国内司法审查措施。

(二) 多边审查

对于反倾销措施、反补贴措施或保障措施，除利害关系方通过进口国的程序申请行政复议或向法院提出诉讼外，产品的出口商或生产商还可以通过其政府，对这些贸易措施通过世界贸易组织的多边争端解决程序进行审查。

05 第五讲
世界贸易组织法律制度

> **特别提示**
>
> 　　这一讲涉及的内容较为零散而且平时接触不多，容易为大家所忽略。复习的时候要多加关注，其中关贸总协定、基本原则和争端解决程序是重点。

知识结构导图

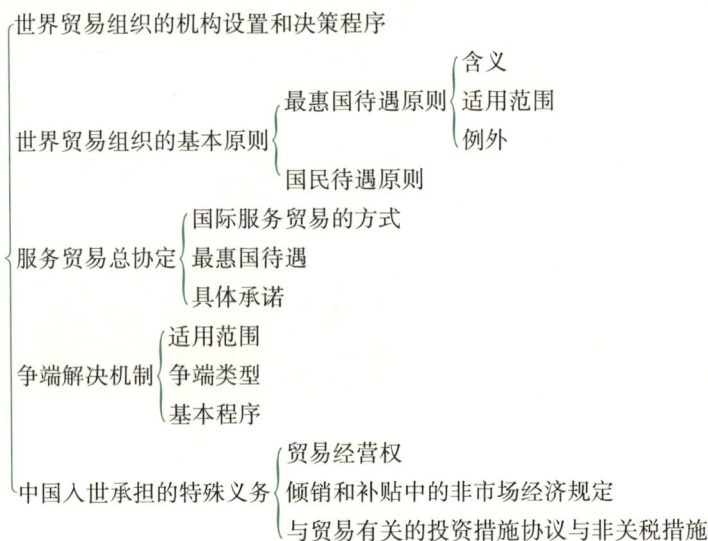

- 世界贸易组织的机构设置和决策程序
- 世界贸易组织的基本原则
  - 最惠国待遇原则
    - 含义
    - 适用范围
    - 例外
  - 国民待遇原则
- 服务贸易总协定
  - 国际服务贸易的方式
  - 最惠国待遇
  - 具体承诺
- 争端解决机制
  - 适用范围
  - 争端类型
  - 基本程序
- 中国入世承担的特殊义务
  - 贸易经营权
  - 倾销和补贴中的非市场经济规定
  - 与贸易有关的投资措施协议与非关税措施

考查频率梳理

频次	考点	真题
3	WTO 的成员和文件体系	2012/1/44；2011/1/43；2007/1/84
2	最惠国待遇原则	2014/1/100；2006/1/42
6	与贸易有关的投资协议	2015/1/44；2013/1/80；2009/1/84；2004/1/43；2003/1/69；2002/1/68
3	服务贸易总协定	2016/1/82；2013/1/42；2012/1/40
10	争端解决机制	2017/1/80；2015/1/80；2013/1/43；2012/1/42；2010/1/46；2009/1/44；2008 川/1/86；2005/1/44；2004/1/44；2002/1/98

一、世界贸易组织的决策程序

1. 协商一致原则

世界贸易组织是由其成员共同管理的国际组织。它继承了 1947 年《关税与贸易总协定》（GATT）所遵循的协商一致作出决定的做法。世界贸易组织在就有关事项作出决议时，如在场的成员未正式提出异议，则视为一致作出决议。

尽管世界贸易组织协定中有投票表决的规定，但协商一致决策是世界贸易组织的惯例。世界贸易组织成立运作以来，还没有发生过投票表决决定重大事项的情况。

2. 具体的投票规则

一般而言，部长级会议和总理事会的决定以简单多数表决通过，但有以下例外：（1）对最惠国原则的修改，必须经全体成员国一致同意；（2）任何协议条款的解释，需要成员方 3/4 多数通过；（3）一般条款的修改，须经成员方 2/3 多数通过，涉及权利义务条款的修改，对接受修改的成员生效；不涉及权利义务条款的修改对全体成员生效；（4）豁免某个成员国的义务须经成员方 3/4 多数同意；（5）接受新成员的决定需要成员方 2/3 多数通过。

二、世界贸易组织的基本原则

世界贸易组织的基本原则包括最惠国待遇原则和国民待遇原则两个方面，由于国民待遇原则在诸多协议中表现不一，最惠国待遇原则考查的概率更高。

（一）最惠国待遇原则

最惠国待遇是世界贸易组织多边贸易制度中最重要的基本原则和义务，是多边贸易制度的基石。世界贸易组织法律制度之所以成为多边贸易制度，最重要的依据就是其最惠国待遇。最惠国待遇原则包括含义、特点、GATT 中的适用范围、例外及修改要求五方面主要内容。下面用表格的形式进行总结，方便大家梳理和记忆：

最惠国待遇原则	含义特点 GATT 中的最惠国待遇		最惠国待遇原则要求成员将在货物贸易、服务贸易和知识产权领域给予任何其他国家（无论其是否为 WTO 成员国）的优惠待遇，应立即、无条件地给予其他所有成员。在不同协议中最惠国待遇的原则并不完全相同，各有各的适用范围和例外。最惠国待遇原则表现出普遍性、相互性、自动性和同一性的特点。
		适用范围	（1）与进出口有关（包括进出口产品的国际支付转移）的任何关税和费用； （2）进出口关税和费用的征收方法； （3）与进出口有关的规则、手续； （4）国内税或其他国内费用； （5）影响产品的国内销售、许诺销售、购买、运输、经销和使用的法律规章和要求方面的待遇。 只有原产于其他成员的同类产品，才能享有最惠国待遇。
		例外	（1）边境贸易； （2）普遍优惠制度（对发展中国家的优惠待遇）； （3）关税同盟和自由贸易区（区域经济安排）；

| 最惠国待遇原则 | | 例外 | （4）允许以收支平衡理由偏离最惠国待遇义务；
（5）允许对造成国内产业损害的倾销进口或补贴进口征收反倾销税或反补贴税；
（6）可对某一成员或某些成员豁免最惠国待遇义务；
（7）允许因一般例外或国家安全例外偏离最惠国待遇义务。
上述一般例外主要包括保护公共道德所必需的措施；保护人类、动植物的生命或健康所必需的措施；与保护可用尽的自然资源有关的、与限制国内生产或消费一同实施的措施；为保证不违反该总协定的国内法律的实施所必需的措施。
援引一般例外不得造成任意或不正当的歧视。 |
| | | 修改 | 对最惠国待遇原则的修改，必须经全体成员同意才有效。 |

（二）国民待遇原则

世界贸易组织的三个主要协定《关税与贸易总协定》、《服务贸易总协定》和《与贸易有关的知识产权协议》，都有关于国民待遇的规定。国民待遇原则是世界贸易组织的基本原则。但每一协定中国民待遇义务的具体适用条件并不相同，特别是《服务贸易总协定》中的国民待遇在性质上不同于另外两个协定中的国民待遇义务。

关税与贸易总协定中的国民待遇，指外国进口产品所享受的待遇不低于本国同类产品、直接竞争或替代产品所享受的待遇。该义务基本可以分成两类：一类涉及国内税费；另一类涉及影响产品销售等的国内法律、规章。

《关税与贸易总协定》第 3 条中规定了货物国民待遇义务的两项例外：第一项是政府采购例外，第二项是仅对某种产品的国内生产商提供的补贴例外。

▌坑亲王驾到〉

最惠国待遇原则贯穿于所有协议，经全体成员同意，方能修改。但该原则也允许例外：如区域经济一体化安排（关税同盟或自由贸易区）、边境贸易优惠、反倾销措施或反补贴措施等。[①]

三、服务贸易总协定

《服务贸易总协定》（CATS）是第一个调整国际服务贸易的多边性、具有法律强制力的规则。它规定了服务贸易的一般原则和义务及各成员的具体承诺。《服务贸易总协定》明显地表现出了框架性协定的特点，目前还缺乏有关的具体义务和规则，这些具体义务和规则在以后签订的相关协议中将有所规定。《服务贸易总协定》不适用于为履行政府职能而提供的服务，既不是在商业基础上提供的，又不与任何一个或多个服务提供者相竞争的服务。

（一）国际服务贸易的方式

《服务贸易总协定》通过四种服务贸易方式来调整服务贸易。

1. 跨境供应，从一国境内直接向其他国境内提供服务——服务产品的流动（不需要提供

---

① 正确。要特别注意最惠国待遇和国民待遇的例外情形。

者和消费者的实际流动）。

2. 境外消费，在一国境内向其他国的服务消费者提供服务——消费者的流动。

3. 商业存在，外国实体在另一国境内设立附属公司或分支机构，提供服务，即外国服务提供者通过在其他国境内设立的机构提供商业服务——设立当地机构，如银行、保险。

4. 自然人存在，一国的服务提供商通过自然人到其他国境内提供服务——自然人流动，如工程承包。

[注意]　上述四种方式经常结合具体案例进行考查，简单的判断方法是看究竟哪个要素发生了跨国流动。自然人存在和商业存在都是服务的提供者跨越国境；境外消费是服务的消费者跨越国境；跨境供应是服务本身跨越国境。

▌▌坑亲王驾到▷

中国公民甲某到美国拉斯维加斯赌场进行消费，拉斯维加斯赌场为甲某提供博彩服务的行为属于国际服务贸易中的商业存在。①

（二）最惠国待遇

WTO 各成员应立即和无条件地给予任何其他成员的服务和服务提供者不低于其给予任何其他国家相同的服务和服务提供者的待遇。服务贸易中的最惠国待遇适用于服务产品和服务提供者而不适用于货物产品。

最惠国待遇的义务在一定条件下可以得到豁免。发展中国家在履行最惠国待遇义务方面，享有一次性的一定期限的过渡期，在此过渡期内，其最惠国待遇义务得到豁免，该期限最长为 10 年。在其他情况下，应按照一般的义务豁免规则豁免最惠国待遇义务。

最惠国待遇义务的规定不妨碍毗邻国家优惠。《服务贸易总协定》不阻止服务贸易自由化的协议，不阻止劳动力市场一体化的协议。此外，该协定中规定的义务的一般例外、安全例外，对最惠国待遇都适用。最惠国待遇义务不延及政府的服务采购。

四、争端解决机制（只有世界贸易组织成员方才能提起）

作为世界贸易组织多边贸易制度的一部分，《关于争端解决规则与程序的谅解》（DSU），在世界贸易组织框架下，建立了统一的多边贸易争端解决制度。依规则解决争端，遵循正当法律程序，迅速、有效、满意地解决争端，是世界贸易组织的争端解决制度的基本原则。主要包括适用范围、争端类型和争端解决的基本程序三方面问题。

（一）适用范围

根据下列协议提起的争端，都适用《关于争端解决规则和程序的谅解》：《世界贸易组织协定》、附件一 A《货物贸易多边协议》、附件一 B《服务贸易总协定》、附件一 C《与贸易有关的知识产权协议》和附件二《关于争端解决规则和程序的谅解》。另外，根据附件四《诸边贸易协议》提出的争端，也适用这一争端解决制度。

一言以蔽之，除了因附件三《贸易政策审查机制》提起的争端都应该适用 WTO 争端解决机制。

---

① 错误。要注意区分国际服务贸易的几种形式。可以从越境主体的不同进行记忆。跨境服务是服务本身跨越国境，境外消费是服务的消费者跨越国境，商业存在和自然人流动是服务的提供者跨越国境。

（二）争端类型

1. 违反性申诉。这是争端的主要类型。申诉方须证明被诉方违反了有关协议的条款。在确立了存在违反有关协议条款的措施后，推定申诉方据相关条款的利益受损或丧失。对这种争端的裁定，被诉方往往需要废除或修改有关措施。

2. 非违反性申诉。对这种申诉的审查，不追究被诉方是否违反了有关协议条款，而只处理被诉方的措施是否使申诉方根据有关协议享有的预期利益受损或丧失。申诉方需要证明其根据有关协议享有合理的预期利益，该合理预期利益因为被诉方的措施受损或丧失。被诉方没有取消有关措施的义务，只需作出补偿。

3. 其他情形。关于上述两种类型以外的其他争端类型及其所适用的程序和规则，并没有明确的规定，迄今为止也还没有出现过上述两种类型以外的案件。

▍考点提要

1. 证明内容	（1）违反性申诉：仅证明违反； （2）非违反性申诉：仅证明损失。
2. 处理结果	（1）违反性申诉：修改或废除； （2）非违反性申诉：补偿。

▍坑亲王驾到

WTO 争端可以分为违反性申诉和非违反性申诉两种，其中违反性申诉中申诉方须证明被诉方违反 WTO 相关协议并造成了损失。申诉成功，被诉方需要废除或修改有关措施并赔偿损失。[①]

（三）争端解决的基本程序

WTO 争端解决的基本程序包括磋商程序、专家组程序、上诉机构审查程序、专家组和上诉机构争端解决报告的通过程序以及执行和监督程序。下面先对上述五个程序进行说明，之后再通过图表的形式进行总结，方面大家理解。除上述基本程序外还包括斡旋、调解和仲裁等非必经程序。

1. 磋商程序

磋商是申请设立专家组的前提条件。但磋商事项以及磋商的充分性，与设立专家组的申请及专家组将作出的裁定没有关系。磋商是 WTO 争端解决的必经程序，为期 60 天，并且是秘密进行，但没有充分性的要求。

2. 专家组程序

专家组程序是争端解决机制中的核心程序，往往关系着案件最终的处理结果。自提出磋商请求之日起 60 日内没有解决争端的，可以申请设立专家组。专家组是一个非常设机构。一般由双方当事人从专家组名单中选定 3 人组成，经双方当事方同意也可以由 5 人组成。如果双方无法达成一致，则可以由 WTO 总干事任命。

设立专家组的申请决定专家组的权限范围，同时它具有满足正当程序目标的价值，使被

---

① 错误。注意两种争端的证明条件和最终结果的不同。违反性申诉：申诉方须证明被诉方违反；申诉成功，被诉方需要废除或修改有关措施。非违反性申诉：申诉方只须证明其利益受损或丧失；申诉成功，被诉方需要作出补偿。

诉方和有利害关系的第三方有机会了解申诉方提出的问题并为自己辩护。

专家组的最后报告一般应在 6 个月内提交争端各方，报告中应列明对事实的调查结果，有关 WTO 规则的适用以及裁定和建议的基本理由。

3. 上诉机构审查程序

上诉机构是争端解决体系中的常设机构。在专家组报告发布后 60 天内，任何争端当事方都可以向上诉机构提起上诉。上诉案件由 7 名成员中的 3 名组成上诉庭审理，但上诉庭的最后报告由上诉机构集体审查讨论。

上诉机构则只审查专家组报告涉及的法律问题和专家组作出的法律解释。上诉机构可以推翻、修改或撤销专家组的调查结果和结论，但没有将案件发回专家组重新审理的权力。在推翻有关裁决和结论时，为了使争端得到有效解决，如果专家组裁决的事实和专家组程序记录中的争端方无争议的事实比较充分，上诉机构可以继续对双方间的争议进行审查，对争议问题作出裁决和结论。

4. 专家组和上诉机构争端解决报告的通过程序

争端解决机构通过专家组、上诉机构的解决争端报告，构成世界贸易组织争端解决机构的裁决和建议。除非争端解决机构一致不同意通过相关争端解决报告，该报告即得以通过。该通过方式实际上是一种"一票通过制"，是一种准自动通过方式。这种通过方式可以称为反向协商一致：除非全体一致否决，否则即通过。也可以理解为一票通过。

5. 执行和监督程序

裁定败诉的一方应当在合理时间内自动履行争端解决机构的裁定和建议。如果没有履行，胜诉方可以经争端解决机构授权报复，对败诉方中止减让或中止其他义务。相同产业部门不足以实现报复水平的，可以跨产业部门报复，最后可以跨协议部门报复，报复的水平应与受到的损失相当。

▌▌坑亲王驾到

WTO 争端解决程序中，磋商是必经程序。专家组和上诉机构是常设机构。①

下面将上述程序通过图例的形式进行说明，帮助大家理解。

磋商（必经程序、60天、保密）

专家组审理（非常设）⟶ 上诉机构审查（常设；只能审理法律问题；无权发回重审）

报告的通过（适用否定性协商一致原则）

裁定的执行和监督

不执行，争端方将获权交叉报复（逐步升级的报复）

---

① 错误。磋商是必经程序。上诉机构是常设机构，但专家组不是常设机构。

五、中国入世承担的特殊义务

（一）贸易经营权

总体来说，我国加入世界贸易组织承担的义务高于一般发展中国家，在贸易经营权方面主要体现在经营权的放开和国家专营企业两个方面。

1. 经营权的放开。《中国加入议定书》专门对贸易权作了规定。中国承诺逐步放开贸易经营权，在中国正式加入世界贸易组织后的 3 年内，除国家专营商品外，所有中国企业都有权进行所有货物的进出口。同时，除议定书另有规定外，外国个人和企业，包括没有在中国进行投资或注册的外国个人或企业，在贸易经营权方面也享有不低于在中国的企业的待遇。

2. 国家专营企业。《关税与贸易总协定》第 17 条允许国家专营企业经营进出口。国家专营企业可以是国家设立或维持的企业，也可以是政府授予特权的私营企业，其特征是对某些商品实行专营。《中国加入议定书》要求中国的专营企业的进口程序充分透明，在商品的质量、价值或产地方面，政府不应采取措施影响或直接指示专营企业。专营企业的出口商品的定价机制，应向世界贸易组织提供全面的信息。

（二）倾销与补贴中的非市场经济规定

1. 倾销中的非市场经济因素

（1）如果受调查的生产商能够明确证明，生产同类产品的产业在该产品的制造、生产和销售方面具备市场经济条件，则进口成员应使用中国受调查产业的价格或成本，以此来确定价格可比性。

（2）如果不能提供以上方面具备市场经济条件的证明，则进口成员可以使用不严格依据中国的国内价格或成本的方法。（替代国方法）

（3）在《中国加入议定书》生效时，如果进口成员的国内法含有市场经济标准，一旦中国根据进口成员的国内法，确立中国在某一产业或部门方面是市场经济，上述倾销确定中有关方法的选择的规定应终止。即，某国承认中国市场地位的问题。

（4）无论中国能否证明市场经济这一点，上述选择方法的规定在《中国加入议定书》生效 15 年后终止。如果中国确立某一具体产业或部门通行市场经济条件，上述非市场经济的规定对该产业或部门不再适用。

2. 国有企业补贴

根据世界贸易组织反补贴规则，非专向补贴不受世界贸易组织多边贸易体制的约束。但如果中国政府提供的补贴的主要接受者是国有企业，或者接受了补贴中不成比例的大量数额，该补贴视为专向性补贴，从而可以发起反补贴调查。

（三）与贸易有关的投资措施协议（TRIMs 协议）及非关税措施

本部分包含两方面内容，一是与贸易有关的投资措施协议（TRIMs 协议）的一般性规定，二是我国加入该协议时的特殊承诺。

1. TRIMs 协议的一般规定

TRIMs 协议规定，各成员不得实施任何与 1994 年《关税与贸易总协定》规定的国民待遇和一般性禁止数量限制原则不一致的与货物贸易有关的投资措施。具体内容通过图例的形式总结如下，方便大家进行梳理和记忆。

不得采取的措施
- 与国民待遇不符
  - 要求企业购买或使用本国产品（当地成分要求）
  - 要求企业购买或使用的进口产品限制在与其出口的当地产品的数量或价值相当的水平（贸易平衡要求）
- 与普遍取消数量限制不符
  - 限制企业用于当地生产所需或与之相关产品的进口（限制进口）
  - 限制企业进口需要使用的外汇（限制使用外汇）
  - 限制企业出口或供出口产品的销售（限制出口）

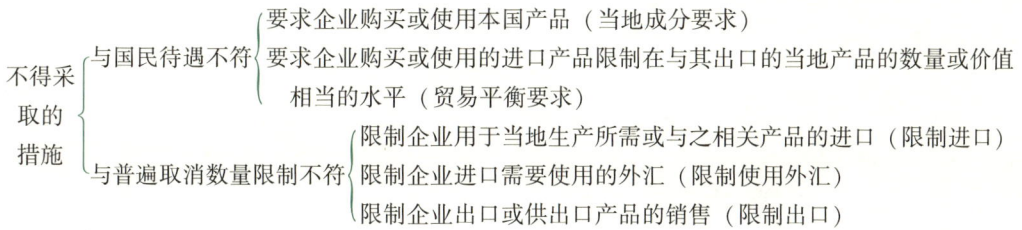

2. 中国加入 TRIMs 时的特殊承诺

中国承诺，在加入时，完全遵守该协议的要求，而不诉诸过渡期的规定。

中国承诺，取消并停止实施贸易和外汇平衡要求、当地含量和出口实绩要求。这不仅包括通过法律、规章和其他措施实施的要求，也包括对含有此类要求的合同条款不予强制执行。

06 第六讲
国际经济法其他领域的法律制度

特别提示

这一讲的内容较杂。总体来说包括国际知识产权保护、国际投资法、国际融资法和国际税法四大部分，其中每一部分又有自己的特点。上述内容的考查频率不低，仅仅2017年一年就考了三道题。在学习的时候也不要因为2017年已经出过题而有所忽略。别的不说，光是独立保函一项就可以出五六年的题而且不重样。

知识结构导图

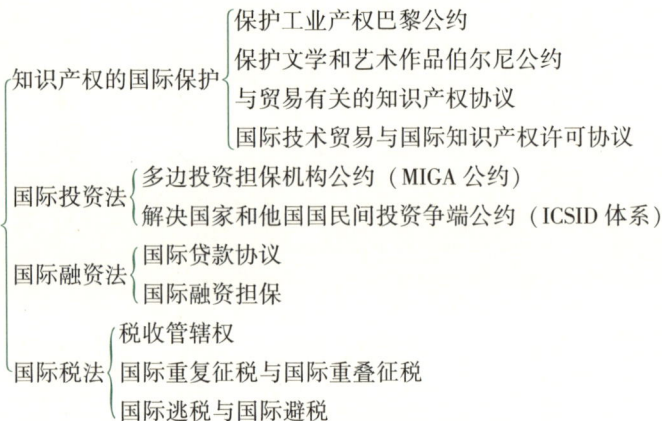

- 知识产权的国际保护
  - 保护工业产权巴黎公约
  - 保护文学和艺术作品伯尔尼公约
  - 与贸易有关的知识产权协议
  - 国际技术贸易与国际知识产权许可协议
- 国际投资法
  - 多边投资担保机构公约（MIGA公约）
  - 解决国家和他国国民间投资争端公约（ICSID体系）
- 国际融资法
  - 国际贷款协议
  - 国际融资担保
- 国际税法
  - 税收管辖权
  - 国际重复征税与国际重叠征税
  - 国际逃税与国际避税

考查频率梳理

频次	考点	真题
5	巴黎公约	2013/1/41；2009/1/42；2008川/1/43；2007/1/45；2006/1/43
6	伯尔尼公约	2017/1/44；2014/1/43；2012/1/82；2007/1/45；2004/1/46；2003/1/67
5	TRIPs协议	2015/1/81；2010/1/41；2008/1/43；2006/1/85；2002/1/100
1	我国知识产权保护的边境措施	2009/1/86
1	知识产权转让	2016/1/43

频次	考点	真题
9	多边投资担保	2018/2；　2016/1/44；　2014/1/99；　2013/1/80；　2011/1/44；2009/1/100；2008/1/45；2005/1/46；2003/1/28
7	ICSID	2017/1/81；　2013/1/80；　2012/1/43；　2011/1/81；　2007/1/47；2004/1/77；2002/1/27
5	国际融资担保	2018/2；2017/1/82；2016/1/81；2011/1/82；2008/1/86
4	税收管辖权	2015/1/82；2014/1/44；2010/1/84；2009/1/87
3	国际重复征税	2016/1/82；2014/1/44；2005/1/84
1	特别提款权	2009/1/85

一、知识产权的国际保护

知识产权的国际保护主要是通过互惠、双边条约和多边公约的途径进行。多边公约的保护是目前国际上保护知识产权最有效、影响最大、也是最主要的途径。《保护工业产权巴黎公约》（以下简称《巴黎公约》）、《保护文学和艺术作品伯尔尼公约》（以下简称《伯尔尼公约》）和《与贸易有关的知识产权协议》（以下简称 TRIPs）是目前影响最大的几个国际知识产权保护公约。

（一）《保护工业产权巴黎公约》

《巴黎公约》于 1883 年签订，1884 年 7 月 7 日生效。生效后曾进行了六次修改。中国于1985 年 3 月 19 日正式成为《巴黎公约》的缔约国。《巴黎公约》是知识产权领域第一个世界性多边公约，也是在知识产权领域影响最大的公约之一。公约的内容主要包括公约的基本原则、对专利的保护和对商标权的保护三个方面。下面将用表格的形式进行总结，方便大家梳理和记忆。

保护工业产权巴黎公约	公约的基本原则	国民待遇原则	（1）缔约国的国民。 （2）在一个缔约国领域内设有住所或真实有效的工商营业所的非缔约国国民。
		优先权原则	（1）定义：优先权是指申请人在某缔约国提出申请后，又在其他缔约国提出申请的，在法定期限内，以第一次在某缔约国的申请日为申请日。需要当事人提出并证明。 （2）适用对象：发明专利、实用新型、外观设计和商品商标。 （3）期限：发明专利和实用新型专利为 12 个月，外观设计和商标为 6个月。 （4）效力：在先申请的撤回、放弃或驳回不影响该申请的优先权地位。 例：中国和美国都是公约缔约国。中国人甲 2020 年 1 月向我国提出专利申请，同年 11 月又向美国就同一技术提出专利申请，如果甲主张优先权且能够证明，则美国的申请日为 1 月。

保护工业产权巴黎公约	公约的基本原则	临时性保护原则	临时性保护原则要求缔约国应对在任何成员国内举办的或经官方承认的国际展览会上展出的商品中可取得专利的发明、实用新型、外观设计和可注册的商标给予临时保护。<u>上述知识成果的优先权日是从展品公开展出之日起算。</u>
		独立性原则	外国人的专利申请或商标注册，应由各成员国依本国法决定，而不应受原属国或其他任何国家就该申请作出的决定的影响。
		最低保护原则	公约对各成员国相关工业产权的保护水平属于最低要求。
	对专利的保护		（1）不得因禁止或限制产品的销售而拒绝提供专利的保护； （2）进口物品与专利维持：专利权人将在任何成员国内制造的物品输入到对该物品授予专利权的国家，不应导致该专利的撤销； （3）方法专利权人的权利：当一种产品输入到对该产品的制造方法给予专利保护的成员国时，专利权人对该进口产品应享有进口国法律对该制造产品所给予的方法专利的一切权利； （4）成员国有权在专利权人滥用权利时颁发强制许可证等。
	对商标的保护		（1）商标独立性原则的例外：在本国正式注册的商标，除有下列情况之一，否则其他成员国应依在其本国的原样接受申请并给予保护： ①商标具有侵犯第三人在申请受理国的既得权利的性质； ②商标缺乏显著特征，或完全是商品的说明或商品的通用名称的； ③商标违反道德或公共秩序的； ④商标构成不正当竞争行为的； ⑤申请注册的商标与其在本国注册的商标式样有实质性差别的。 （2）驰名商标的保护：驰名商标的认定不以注册为前提，<u>使用亦可成为认定的依据。</u>对易与已在该国驰名的商标产生混淆的商标，成员国有义务拒绝或取消其注册并禁止使用。

（二）《保护文学和艺术作品伯尔尼公约》

《伯尔尼公约》缔结于 1886 年，1887 年生效，是版权领域第一个世界性多边公约。我国于 1992 年加入该公约。依中国政府的声明，自 1997 年 7 月 1 日起，该文本也适用于中华人民共和国香港特别行政区。依世贸组织的 TRIPs 第 9 条第 1 款的规定，世贸成员即使不是《伯尔尼公约》的缔约国，也应遵守《伯尔尼公约》1971 年巴黎文本的实质性条款，但非《伯尔尼公约》缔约国的世贸成员，不受《伯尔尼公约》精神权利条款的约束。公约的主要内容可以分为基本原则与版权保护两个方面，下面用表格的形式进行总结，方便大家梳理和记忆。

保护文学和艺术作品伯尔尼公约	公约的基本原则	国民待遇原则	（1）"作者国籍"指公约成员国国民和在成员国有惯常居所的非成员国国民，其作品无论是否出版，均应在一切成员国中享有国民待遇。 （2）"作品国籍"针对非公约成员国国民，其作品首先在任何一个成员国出版，或者在一个成员国和非成员国同时出版（30天之内），也应在一切成员国中享有国民待遇。也称为"地理标准"。
		自动保护原则	享有及行使依国民待遇所提供的有关权利时，不需要履行任何手续，也不论作品在起源国是否受到保护，即应自动予以保护。
		版权独立性原则	享有国民待遇的人在公约任何成员国所得到的著作权保护，不依赖于其作品在来源国受到的保护。
		特别授予权利原则	对于受公约保护的作品，作者在除作品起源国外的其他各成员国，除按国民待遇享有权利外，还享有公约特别授予的权利。
	版权保护规定	客体范围	包括文学艺术作品、演绎作品以及实用艺术作品和工业品外观设计。
		权利内容及保护期限	（1）经济权利有复制权、翻译权、公演权、广播权、公开朗诵权、改编权、电影权和录制权八项。 （2）作者的精神权利不受经济权利的影响，在上述经济权利转让之后，作者仍保有主张作品表明其作者身份的权利，并有权反对对其作品的有损声誉的歪曲、割裂或其他更改或损害行为。 （3）一般文学艺术作品最低保护期为作者有生之年加死后50年。电影作品的最低保护期为电影公映后或摄制完成后50年。不具名作品或匿名作品，最低保护期为作品合法向公众发表后50年。能够确定作者身份，或者作者在保护期内公布身份的，适用作者死后50年的规定。摄影作品和实用美术作品的最低保护期为作品完成后25年。
		权利限制	（1）合理使用：合理地引用作品，为教育目的的利用作品，报刊、广播转载或转播其他报刊、广播上讨论经济、政治或宗教的时事性文章，以及报道时事时使用作品。 （2）法定许可：只适用于对广播权和录制权的限制。

（三）《与贸易有关的知识产权协议》（TRIPs 协议）

《与贸易有关的知识产权协议》（英文简称 TRIPs）是在世贸组织范围内缔结的知识产权公约。该协议订立于 1994 年，1995 年生效，我国 2001 年加入世界贸易组织以后受协议约束。与以前的知识产权国际公约相比，TRIPs 是一个更高标准的公约。公约要求成员对知识产权提供更高水平的立法保护；要求成员采取更为严格的知识产权执法措施；并将成员之间知识产权争端纳入 WTO 争端解决机制。公约首次将最惠国待遇原则引入到知识产权保护领域。公约主要保护以下七种知识产权：

1. 版权和相关权利

在版权保护方面，TRIPs 对《伯尔尼公约》的补充表现在两个方面：在保护客体方面，将计算机程序和有独创性的数据汇编列为版权保护的对象；在权利内容方面，增加了计算机程序和电影作品的出租权；在版权相关权利方面，TRIPs 在《罗马公约》的基础上延长了权利保护期限，规定了对表演者和录制者的保护期限为 50 年，广播组织的保护期限为 20 年。

2. 商标

TRIPs 规定了商标的定义，扩大了对驰名商标的特殊保护。一方面将相对保护扩大为绝对保护，即对驰名商标的特殊保护扩大至不相类似的商品或服务；另一方面将驰名商标的保护原则扩大适用于服务标记。在商标的转让上，协议比《巴黎公约》的规定更灵活，允许商标权人自行决定是否连同商标所属的经营一道转让其商标。

3. 地理标志

TRIPs 要求各成员有义务对地理标志提供法律保护。禁止将地理标志作任何足以使公众对该商品来源误认的使用，即禁止利用地理标志的任何不正当竞争行为。禁止利用商标作虚假的地理标志暗示的行为，即应拒绝商标注册或使注册无效。

4. 工业品外观设计

成员可自行确定用工业产权法或通过版权法来保护工业品外观设计，但其保护期至少为 10 年。受保护设计的所有人应有权阻止第三人未经其许可，为商业目的而制造、复制或进口载有或体现有受保护的外观设计的复制品或实质上是复制品的货物。

5. 专利

各成员可拒绝对疾病的诊断方法、治疗方法和外科手术方法提供专利的保护。植物新品种的保护方法各国可以自主确定。

6. 集成电路布图设计

将保护对象由只保护布图设计和含有受保护布图设计的集成电路，扩大到了含有受保护集成电路的物品；将保护期由 8 年延长为 10 年，并允许成员将布图设计的保护期限规定为自创作完成之日起 15 年；规定善意侵权人在收到该布图设计系非法复制的通知后，仍可就其现有存货或订单继续实施其行为，但应向权利持有人支付报酬。

7. 未披露信息

未披露的信息要得到保护必须符合三个条件：其一，信息是秘密的；其二，该信息因为秘密而具有商业上的价值；其三，合法控制信息的人为了保守该信息的秘密性，已经根据情况采取了适当的措施。保护方式也表现为三个方面：第一，制止他人未经其许可，以违反诚实的商业惯例的方式，将该信息向任何人公开；第二，制止他人未经其许可，以违反诚实的商业惯例的方式获得该信息；第三，制止他人未经其许可，以违反诚实的商业惯例的方式使用该信息。

（四）国际知识产权许可协议

国际技术贸易主要通过国际知识产权许可协议进行，国际知识产权许可协议又称国际许可证协议，指知识产权出让方将其知识产权的使用权在一定条件下跨越国境让渡给知识产权受让方，由受让方支付使用费的合同。此种合同中禁止出现可能限制技术进步、限制竞争、限制经营和可能造成垄断的条款。

本部分的重点考查内容在于许可的种类。国际许可证协议依许可权利的大小不同可以分为独占许可、排他许可（又称独家许可）和普通许可。独占许可证协议下只有受让人能够使用，包括出让人在内的其他人都不能使用。

排他许可证协议下出让人和受让人都有权使用，但出让人不能再将相关技术转让给第三人。

普通许可证协议指在协议约定的时间和地域范围内，被许可方拥有受让技术的使用权，许可方仍保留在该时间和地域内对该项技术的使用权，且能将该项技术使用权另行转让给第三方，即被许可方、许可方和经许可的第三方都可使用该项技术。

坑亲王驾到

1. 工业产权国际保护意味着缔约国有受理其他缔约国国民工业产权申请的义务，但是否授权须根据其国内立法个案审查；著作权国际保护则意味着享有国民待遇的作品一旦创作完成，在所有缔约国自动获得著作权保护。[①]

2. 中国甲公司和美国乙公司协议购买一项技术，乙公司在合同中提出甲公司不得在乙公司技术的基础上进行改造。这种约定受我国相关法律保护。[②]

二、国际投资法

（一）多边投资担保机构公约（MIGA 公约）——4 险种+3 合格

为了缓解或消除外国投资者对政治风险的担心，世界银行于 1984 年制定了《多边投资担保机构公约》的草案，几经修订后于 1985 年在韩国汉城通过，因此又简称《汉城公约》。依公约于 1988 年 4 月建立了多边投资担保机构（Multilateral Investment Guarantee Agency，简称 MIGA），该机构是世界银行集团的第五个新成员，直接承保成员国私人投资者在向发展中国家成员投资时可能遭遇的政治风险。中国于 1988 年 4 月 30 日批准该公约，是创始会员国。

1. 公约的宗旨和法律地位

多边投资担保机构的目的是通过自身业务活动来推动成员国之间的投资，特别是向发展中国家会员国投资，以补充国际复兴开发银行、国际金融公司和其他国际性开发机构的活动，并对投资的非商业性的风险予以担保，以促进向发展中成员国的投资流动。

在法律地位上，多边投资担保机构是具有完全法律人格的国际组织，有权缔结契约，取得并处理不动产和动产，进行法律诉讼。多边投资担保机构内设理事会、董事会、总裁和职员。

2. 承保风险

多边投资担保机构主要承保四种非商业风险，分别是货币汇兑险、战争内乱险、政府违约险及征收和类似措施险。此外，依公约规定，应投资者和东道国联合申请和经机构董事会特别多数票通过，承保范围还可扩大到上述险别以外的其他非商业风险。

（1）货币汇兑险，承保由于东道国的责任而采取的任何措施，使投资人无法自由将其投资所得、相关投资企业破产的清算收入及其他收益兑换成可自由使用的货币，或依东道国的法律，无法将相关收益汇出东道国的风险。

（2）征收和类似措施险，承保由于东道国政府的责任而采取的任何立法或措施，使担保人对其投资的所有权或控制权被剥夺，或剥夺了其投资中产生的大量效益的风险。

（3）战争内乱险，承保影响投资项目的战争或内乱而导致的风险。

---

① 正确。要注意著作权保护的自动获得。

② 错误。这属于技术进出口合同中的禁止性条款。此类条款一般包括两类，一是禁止技术进步的条款，二是不正当竞争条款。

（4）政府违约险，即东道国对担保权人的违约，且担保权人无法求助于司法或仲裁部门对违约的索赔作出裁决，或司法或仲裁部门未能在合理期限内作出裁决，或有这样的裁决而不能实施。东道国的违约行为包括东道国作为主权者的违约行为和作为一般商业伙伴的违约行为。

［注意］政府的违约行为如果构成其他三个险别，则应定性为其他险别。简而言之，看效果。

例：甲国政府和外国投资者签订协议，规定投资者可以随时将赚取的钱兑换成外汇并汇出境外。后来甲国政府撕毁了上述协议。该行为属于货币汇兑险的范畴，因其实际上产生了禁止汇兑的效果。

在下列情况下，机构可以免除其保险责任：投保人认可或负有责任的资本输入国政府的任何行为或懈怠导致的损失；在 MIGA 签订保险合同前，资本输入国政府的任何行为或懈怠或其他任何事件已经发生并导致了损失；任何情况下发生的货币贬值或定值的降低。

3. 承保的条件

多边投资担保机构承保的条件主要分为三个方面，分别是合格的投资者、合格的投资与合格的东道国。

（1）合格的投资者

符合下列条件的自然人和法人均有资格取得机构的担保：其一，该自然人不是东道国的国民；其二，该法人不具有东道国的法人资格或在该东道国没有主要营业地点；其三，相关法人的经营以商业营利为目的。

但如投资者和东道国联合申请，且用于投资的资本来自东道国境外，经机构董事会特别多数票通过，可将合格投资者扩大到东道国的自然人、在东道国注册的法人以及其多数资本为东道国国民所有的法人。

（2）合格的投资

在投资形式上，包括股权投资、非股权投资，经机构董事会特别多数同意，可将担保投资的范围扩大到其他任何形式的中长期投资。但出口信贷不在 MIGA 的担保范围之内。

在投资性质上，合格投资必须是经济上合理的投资；能对东道国经济发展作出贡献的投资；符合东道国和投资者本国法律的合法投资；与东道国经济发展目标和重点相一致的投资。

在投资开始的时间上，MIGA 要求有权取得担保的投资项目限于投保人提出申请注册之后才开始执行的投资项目。

（3）合格的东道国

多边投资担保机构只对向发展中国家成员领土内的投资予以担保，且要求外资必须能够在这些发展中国家得到公正平等的待遇和法律保护。

4. 索赔和代位求偿制度

《公约》规定，被保险人在索赔之前，应当寻求在当时条件下适合的，按东道国法律可以随时利用的行政补救方法，即赔付以用尽当地"行政"救济为条件。多边投资担保机构一经向投保人支付或同意支付赔偿，即代位取得投保人对东道国或其他债务人所拥有的有关承保投资的各种权利或索赔权。各成员国都应承认多边投资担保机构的此项权利。东道国对机构代位权的承认意味着对东道国主权豁免的一种限制。

考点提要

4+3（4个险种+3个合格）。

1. 4个险种	（1）货币汇兑、征收和类似措施、战争内乱、政府违约（违约+司法救济缺位）。 （2）联合申请+特别通过＝其他非商业风险。
2. 3个合格	（1）合格投资者：原则上不能是东道国自然人和法人。 联合申请+境外资金+特别通过＝可以将合格投资者扩展到东道国的自然人和法人。 （2）合格东道国：发展中国家+公平待遇和法律保护。 （3）合格投资：无论如何，出口信贷不在承保范围内。

（二）解决国家和他国国民间投资争端公约（ICSID体系）

《解决国家和他国国民间投资争端公约》（也称《华盛顿公约》）于1965年3月在华盛顿通过，1966年10月生效。中国于1993年加入公约。依该公约设立的"解决国际投资争端中心"（ICSID），作为世界银行下属的一个独立机构，为解决缔约国和其他缔约国国民之间的投资争端提供调解或仲裁的便利。公约的主要内容为ICSID的管辖权。下面将相关内容用表格的形式进行总结，方便大家梳理和记忆。

中心的管辖权	（1）主体条件	①原则：一缔约国政府（东道国）——另一缔约国的国民（外国投资者）。 ②例外：东道国政府——受外国投资者控制的东道国法人（要件：双方均同意）。
	（2）主观条件	双方书面同意ICSID管辖。东道国政府可以要求投资者在提交ICSID之前用尽当地救济。单纯加入公约不等于书面同意。
	（3）争端性质	由于直接投资而引起的法律争端。
管辖权的特点		（1）一旦当事方同意中心仲裁，有关争端不再属于争端一方缔约国国内管辖，而属于中心管辖； （2）中心的管辖排斥投资者本国的外交保护； （3）任何一方不得单方撤销对提交中心仲裁的同意； （4）对中心作出的裁决，只能向中心秘书长提出撤销请求。
裁决的承认与执行		（1）裁决具有终局性，不得进行上诉； （2）各成员国有义务承认裁决，并赋予该裁决等同于国内法院终审判决的效力； （3）如果当事国政府不执行，投资者本国政府可恢复行使外交保护或提起国际要求。

坑亲王驾到

1. 根据国际多边投资担保机构的规定，只要符合特殊的条件，具有东道国国籍的自然人也可以成为合格投资人进行投保。例如，只要符合特殊条件，中国公民李某可以将其向中国北京的一笔投资在国际多边投资担保机构进行投保。①

2. 美国甲公司在中国有一笔投资，后因和中国乙公司发生冲突向工商局投诉乙公司

---

① 正确。须经投资者和东道国联合申请，经MIGA董事会特别多数票通过。

要求工商局对其进行处罚，工商局经调查后拒绝处罚。如甲公司向国际多边投资担保机构投保，则可以政府违约为由请求赔偿。①

3. 中国加入了解决投资争端国际中心并且承诺可以将外国投资者和我国政府之间的争端提交中心解决。即使存在上述承诺，中国仍然享有逐案审查权，依然可以要求外国投资者用尽当地救济措施。②

4. 如果当事人不服解决投资争端国际中心的裁决可以向世界投资银行提起上诉。③

三、国际融资担保

国际融资担保主要有物权担保和信用担保两种方式，其中信用担保是考查的重点。

1. 物权担保

国际融资的物权担保是指借款人或第三人在其特定的财产或权利上设定优先受偿权，向贷款人提供还贷保证的担保形式。其特征是以财产或代表一定财产的权利为标的而设定的担保。物权担保主要包括动产担保、不动产担保和浮动抵押等几类形式。

浮动担保，又称浮动抵押，是一种很特殊的物权担保方式，是借款人以现有的和将来取得的全部资产，为贷款人设定的一种担保物权。一旦债务人无法还债，出现破产、清算等约定事件，浮动担保则转化为固定担保。此时，贷款人可对借款人的全部现有财产，包括应收债权，行使担保特权。

2. 信用担保

信用担保是指借款人或第三人以自己的资信向贷款人作出的还款保证，主要包括见索即付的保证、备用信用证和意愿书三种方式。

（1）见索即付的保证

见索即付的保证又称见索即付保函或独立保函，是指一旦主债务人违约，贷款人无须先向主债务人追索，即可无条件要求保证人承担第一偿付责任的保证。这里的担保人通常是银行。见索即付担保是担保人与收益人之间以保函为根据而形成的独立的债权债务关系，具有无条件性、单一性和独立性的特点，是最普遍的国际融资担保方式。

（2）备用信用证

备用信用证是指担保人（即开证银行）应借款人的要求，向贷款人开具备用信用证，当贷款人向担保人出示备用信用证及借款人违约证明时，担保人须按该信用证的规定支付款项的保证。备用信用证的保证人是银行；保证人在向贷款人付款时，只需贷款人出具信用证要求的违约证明，而无须对违约的事实进行审查；开证行作为保证人承担第一位付款责任，而非次位债务人；在借贷协议无效时，开证行仍须承担保证责任，即备用信用证独立于国际贷款协议。

▌考点提要▷

1. 备用信用证和信用证的区别	（1）性质不同。信用证是支付手段，备用信用证是担保手段。
	（2）适用的法律不同。

---

① 错误。要严格把握可以投保的几种险种。不得随意进行扩大解释。
② 正确。逐案审查权不受一般承诺的影响。
③ 错误。ICSID 的裁决不能上诉。

续表

2. 备用信用证、独立保函和见索即付保函的关系	都是担保手段。见索即付的保函就是独立保函。信用证和独立保函高度类似，作用相通，但具体制度和适用的法律有所不同。

（3）意愿书

意愿书是指一国政府为其下属机构或母公司为其子公司向贷款人出具的表示愿意帮助借款人偿还贷款的书面文件。意愿书又称安慰信。意愿书只具有道义上的约束力，而不具有法律上的执行力。

▌坑亲王驾到▷

在一国际贷款中，甲银行向贷款银行乙出具了备用信用证，后借款人丙公司称贷款协议无效，拒绝履约。则乙银行必须先向丙公司起诉并主张还款后才能要求甲银行偿付。①

（4）独立保函

根据《最高人民法院关于审理独立保函纠纷案件若干问题的规定》，独立保函是指银行或非银行金融机构作为开立人，以书面形式向受益人出具的，同意在受益人请求付款并提交符合保函要求的单据时，向其支付特定款项或在保函最高金额内付款的承诺。根据上述司法解释，独立保函主要包括概念、适用范围、开立、认定标准、单据审查、开立人的追偿、独立保函的转让、独立保函权利义务的终止、独立保函欺诈、申请中止执行、独立保函的终止支付、独立保函案件的管辖权、独立保函案件的法律适用、保全措施和溯及力等问题，下面用表格的形式进行总结和梳理，方便大家进行记忆。

①独立保函的常规流程（定义、适用范围、开立、审单、转让和终止）

概念		独立保函，是指银行或非银行金融机构作为开立人，以书面形式向受益人出具的，同意在受益人请求付款并提交符合保函要求的单据时，向其支付特定款项或在保函最高金额内付款的承诺。（独立于基础交易、见单付钱）
适用		国际、国内交易均能适用。
开立	开立主体	银行或非银行金融机构。
	开立方式	可依保函申请人的申请而开立，也可依另一金融机构的指示而开立。开立人依指示开立独立保函的，可以要求指示人向其开立用以保障追偿权的独立保函。（反担保） 例： ①甲向乙借钱，乙要求开具独立保函，甲遂申请工商银行开立了独立保函，这属于依申请开立。 ②甲向乙借钱，乙要求开具独立保函，甲向工商银行申请，由于工商银行和建设银行有资金往来，工商银行遂指示建设银行向乙开具了独立保函，这就是依指示开立。但建设银行不放心啊，所以就要求工商银行再给他开一份独立保函，这就是担保法里面的反担保。

---

① 错误。备用信用证的出具者与债务人一同承担第一位的付款义务。

开立	开立与生效	独立保函一经开立即生效，但独立保函载明生效日期或事件的除外。
	开立与撤销	未载明可撤销＝不可撤销。
独立保函的认定	应予认定的情形（符合其一即可）	（1）保函载明见索即付； （2）保函载明适用国际商会《见索即付保函统一规则》等独立保函交易示范规则； （3）根据保函文本内容，开立人的付款义务独立于基础交易关系及保函申请法律关系，其仅承担相符交单的付款责任。
	除外情形	保函未载明据以付款的单据和最高金额。
	一般或连带	独立保函不适用《担保法》关于一般保证和连带保证的规定。
独立保函的单据审查	独立审查	开立人独立审单、并自行决定接受或拒绝接受不符点。
	审查标准	单据与独立保函条款之间、单据与单据之间表面相符。
	审查依据	应当根据独立保函载明的审单标准进行审查；独立保函未载明的，可以参照适用国际商会确定的相关审单标准。
	例外情形	单据与独立保函条款之间、单据与单据之间表面上不完全一致，但并不导致相互之间产生歧义的，人民法院应当认定构成表面相符。
追偿		可以，但受益人提交的单据存在不符点的除外。
转让		有约定，从约定。无约定时，独立保函未同时载明可转让和据以确定新受益人的单据＝不可转让。
独立保函的终止	终止条件	（1）保函载明的到期日或到期事件届至，受益人未提交符合独立保函要求的单据； （2）独立保函项下的应付款项已经全部支付； （3）独立保函的金额已减额至零； （4）开立人收到受益人出具的免除独立保函项下付款义务的文件； （5）法律规定或者当事人约定终止的其他情形。

②独立保函的非常规流程"四喜丸子"（欺诈、申请中止支付、不应中止、终止）

独立保函欺诈的认定条件		（1）串通，虚构基础交易的；（2）第三方单据系伪造或内容虚假的；（3）法院判决或仲裁裁决认定基础交易债务人没有付款或赔偿责任的；（4）受益人确认基础交易债务已得到完全履行或者确认独立保函载明的付款到期事件并未发生的；（5）其他情形。 记忆线索：之所以上述第③④会被认定为欺诈是因为独立保函本质上是一种担保，主债务不存在还问担保人要钱当然不行。
申请中止支付	主体	独立保函的申请人、开立人或指示人。
	时间	（1）提起诉讼或申请仲裁前； （2）在诉讼或仲裁过程中提出申请。

申请中止支付	条件（同时）	（1）具有欺诈的高度可能性； （2）情况紧急，不立即采取措施，将给止付申请人造成难以弥补的损害； （3）止付申请人提供了足以弥补被申请人因止付可能遭受损失的担保。
	赔偿	止付申请错误造成损失，当事人请求止付申请人赔偿的，人民法院应予支持。
	程序	（1）时间：人民法院受理止付申请后，应当在48小时内作出书面裁定。 （2）内容：应当列明申请人、被申请人和第三人、初步查明的事实和理由。 （3）执行：裁定中止支付的，应当立即执行。 （4）解除：裁定作出后30日内未提起欺诈纠纷诉讼或申请仲裁的，应当解除。（同民诉中的诉前保全）
	救济	可在裁定书送达之日起10日内向作出裁定的（原）法院申请复议。复议期间不停止裁定的执行。人民法院应当在收到复议申请后10日内审查，并询问当事人。
不应做出中止支付裁定		（1）止付申请人以受益人在基础交易中违约为由请求止付的，人民法院不予支持。 （2）开立人在依指示开立的独立保函项下已经善意付款的，对保障该开立人追偿权的独立保函，人民法院不得裁定止付。
终止支付		人民法院经审理独立保函欺诈纠纷案件，能够排除合理怀疑的应认定构成独立保函欺诈，且不存在按指示开立保函的开立人已经善意付款的情形，应当判决开立人终止支付独立保函项下被请求的款项。

③独立保函案件的管辖权及法律适用

管辖法院		受益人和开立人之间的独立保函纠纷案件 （1）当事人能够在独立保函中选择管辖法院或提交仲裁。 （2）没有选择的由开立人住所地法院或被告住所地法院管辖。 （3）基础交易中的争端解决条款不予考虑。
		独立保函欺诈案件 （1）当事人能够通过专门的书面协议选择管辖法院或提交仲裁。 （2）没有选择的由申请中止支付的开立人住所地法院或被告住所地法院管辖。 （3）独立保函中载明的和基础交易中的争端解决条款均不予考虑。 （之所以欺诈案件中连独立保函中的争端解决条款都不行了，是因为欺诈的存在使得整个独立保函都不靠谱。） [注意] 所有的独立保函案件中都可以选择法院，但条件不同，没有涉外性的要求。
法律适用	交易示范规则	独立保函载明适用《见索即付保函统一规则》等独立保函交易示范规则，或开立人和受益人在一审法庭辩论终结前一致援引的，人民法院应当认定交易示范规则的内容构成独立保函条款的组成部分。（不具有优先性） 例：双方当事人在独立保函中明确约定适用国际商会《见索即付保函统一规则》。由于双方当事人在保函中明确载明，可以适用，但当该规则和保函其他条款发生冲突时，不能说该规则优先于其他条款。具体谁优先由当事人自行商定。

续表

法律适用	法律	（1）涉外独立保函纠纷 ①开立人和受益人之间可以选择所适用的法律； ②没有选择的，适用开立人经常居所地法律； ③保函由依法登记设立的分支机构开立的，适用分支机构登记地法律。 （2）涉外独立保函欺诈纠纷 ①当事人可以选择所适用的法律； ②没有选择，有共同经常居所地的，适用共同经常居所地法律； ③没有选择也没有共同经常居所地的，适用开立人经常居所地法律； ④分支机构开立的，适用分支机构登记地法律。 ［注意］ 只有涉外案件中才能对法律进行选择。
		涉外独立保函止付保全程序，适用中华人民共和国法律。
溯及力		规定施行后尚未终审的案件，适用本规定；本规定施行前已经终审的案件，当事人申请再审或者人民法院按照审判监督程序再审的，不适用本规定。

四、国际税法

国际税法是调整国家间税收分配关系，以及国家与跨国纳税人之间的税收关系的各种法律规范的总称。国际税法具有主体多重性、客体的跨国性和规范多样性的特点。

（一）税收管辖权

税收管辖权是指一国政府对一定的人或对象征税的权力，即一国政府行使的征税权力。税收管辖权中最重要的基本理论是居住国原则和来源国原则，由此引出居民税收管辖权和来源地税收管辖权。

1. 居民税收管辖权

居民税收管辖权是指一国政府对于本国税法上的居民纳税人来自境内及境外的全部财产和收入实行征税的权力。居民税收管辖权的行使，是以纳税人与征税国之间存在税收居所的法律事实为前提的，纳税人承担的是无限纳税义务。

例：定居在北京的张某从美国赚了 100 万美金，中国政府有权对其征税。因为张某属于居民，承担无限纳税义务。中国政府有权对其从世界上任何地方取得的收入征税。

（1）自然人居民身份的认定

主要有住所标准、居所标准、居住时间标准和国籍标准等。

我国《个人所得税法》第 1 条第 1 款规定："在中国境内有住所，或者无住所而在境内居住满 183 天的个人，从中国境内和境外取得的所得，依照本法规定缴纳个人所得税。"我国兼采住所标准和居住时间标准。

（2）法人居民身份的认定

主要有法人注册成立地标准、实际控制与管理中心所在地标准和总机构所在地标准等。

我国《企业所得税法》第 2 条第 2 款规定："本法所称居民企业，是指依法在中国境内成立，或者依照外国（地区）法律成立但实际管理机构在中国境内的企业。"我国实际采用了法人注册地和实际控制两个标准。

2. 来源地税收管辖权

来源国税收管辖权是指一国政府针对非居民纳税人就其来源于该国境内的所得征税的权力。依来源国税收管辖权，<u>纳税人承担的是有限的纳税义务</u>。征税国对纳税人主张来源地税收管辖权的基础是认定纳税人有来源于该征税国境内的所得。各项所得或收益一般可划分为四类：营业所得、劳务所得、投资所得和财产所得。

（二）国际重复征税和国际重叠征税

1. 国际重复征税和国际重叠征税的含义

国际重复征税是指两个国家各自依据自己的税收管辖权按同一税种对同一纳税人的同一征税对象在同一征税期限内同时征税。

国际重叠征税主要是指一国对位于本国境内的公司、另一国对居住于该国境内的股东就同一来源所得分别征税。

［注意］二者的区别在于纳税主体，重复征税只有一个纳税主体，重叠征税是两个不同的纳税主体。

例：寰寰老师作为美国苹果公司的小股东，美国苹果公司2020年收入10000亿美金，分红给寰寰老师100亿美金。中国政府对寰寰老师的100亿美金征税，美国政府对苹果公司的10000亿征税。由于纳税人有两个，所以构成国际重叠征税。如果中国政府和美国政府均对寰寰老师的100亿美金征税，则属于国际重复征税。

2. 国际重复征税的解决方法

国际重复征税的解决方法主要有两种，一种是通过协议将双方的征税权完全划分给另一方，另一种是将征税权在两国之间合理地进行分享。这里主要介绍第二种方法，具体包括免税法、抵免法和扣除法三种。

免税法是对本国居民来源于外的所得与位于国外的财产放弃居民税收管辖权，只按收入来源地税收管辖权从源征税。

抵免法是纳税人可将已在收入来源国实际缴纳的所得税税款在应向居住国缴纳的所得税额内抵免。实行抵免制的国家都承认收入来源地税收管辖权优先的原则，同时，不放弃本国的税收管辖权。

［注意］饶让抵免，是指居住国政府对其居民在国外得到减免税优惠的那一部分，视同已经缴纳，不再按居住国税法规定的税率予以补征。

扣除法是指居住国在对纳税人征税时允许从总应纳所得税中扣除在国外已纳税款，从而在一定的程度上减轻了纳税人的纳税负担。

例：

纳税人是中国居民	从中国赚了100万人民币，税率10%。	从美国赚了100万人民币，税率5%。
1. 不考虑解决重复总共25万	向中国交税20万。注意居民无限纳税义务。（100+100）×10%＝20万	向美国交税5万。100×5%＝5万
2. 免税法，共15万	向中国交税10万。100×10%＝10万	向美国交税5万。100×5%＝5万

3. 抵免法，共 20 万。饶让抵免为 15 万，美国的不用交了	向中国交税 15 万。 （100+100）×10% = 20 万，再抵免在美国已经缴纳的 5 万。	向美国交税 5 万。100×5% = 5 万
4. 扣除法	向中国交 19.5 万。 （100+100−5）×10% = 19.5 万。在美国交的 5 万从税基中扣掉。	向美国交税 5 万。100×5% = 5 万

（三）国际逃税和国际避税

1. 概念和性质

国际逃税是指跨国纳税人采用非法手段或措施，逃避或减少就其跨国所得本应承担的纳税义务的行为。国际避税是指跨国纳税人利用各国税法的差异或国际税收协定的漏洞，以形式上不违法的方式，躲避或减少就其跨国所得本应承担的纳税义务的行为。

国际逃税与国际避税的性质不同，前者是违反国际税法的行为，而国际避税则只是一种不道德的行为，因而两者的处理方法也不尽相同。逃税行为如查证属实，纳税人应承担相应的法律责任。而避税行为是钻了法律的空子，一般不追究纳税人的法律责任。（逃违法，避不德）

2. 国际逃税和国际避税的主要方式

国际逃税的主要方式有：隐匿应税所得和财产，不向税务机关报送纳税资料；谎报所得额；虚构扣除；伪造账册和收支凭证等。

国际避税的方式是多种多样的，主要有下列几种方式：（1）纳税主体的跨国移动；（2）转移定价；（3）不合理分摊成本和费用；（4）利用避税港。

例：转移定价。甲公司是乙公司的子公司，乙公司本来出售一件产品给甲公司收费 10 元。但由于甲公司所在地税率较高，乙公司所在地税率较低。为了实现利润转移。现在出售一件产品收费 1 亿，这样就讲甲公司的钱转移到乙公司，实现了避税。实际上就是通过价格的确定机制转移利润。

3. 国际逃税和国际避税的防止

各国都努力通过国内立法和加强国际合作等方式防止国际逃避税。

（1）在国内立法方面，国内法防止国际逃税和避税主要有一般国内法律措施和特别国内法律措施。一般国内法律措施主要包括加强国际税务申报制度，强化对跨国交易活动的税务审查，实行评估所得或核定利润方式征税等。

特别国内法律措施是指除一般国内法律措施外，针对惯常的几类国际逃税与国际避税采取的特别国内法律措施。主要包括：采取"正常交易原则"，防止利润不正常转移等措施。

针对跨国纳税人利用国际避税港逃避税的行为，各国采取的法律管制措施有：通过法律禁止纳税人在避税港设立基地公司；禁止非正常的利润转移；取消境内股东在基地公司未分配股息所得的延期纳税待遇等。

（2）在国际合作方面，各国主要通过建立国际税收情报交换制度、在税款征收方面相互协助、在国际税收协定中增设反滥用协定条款等国际合作方法来防止国际逃避税。

4. CRS 共同申报准则

其本质是一种各国之间的税收信息交换系统，重点关注其特点。

CRS 共同申报准则	内容特点	以税收居民身份为基础。
		自动的、无需提供理由。
		每年 1 次。
	不受影响或影响较小	（1）境外税务居民控制账户在 25 万美金以下； （2）投资海外房产、珠宝、艺术品、贵金属等不属于金融资产的品类，不需要申报； 不具有现金价值和不产生现金流的资产不需要申报。

坑亲王驾到

1. 中国公民张某长期居住在日本，张某在美国开设了家政服务公司。该家政服务公司在美国每年有 100 万美元左右的收入。美国可以依据收入来源地管辖权对这笔钱征税。日本可以依据居民税收管辖权对该笔收入征税，中国可以依据公民税收管辖权对该笔收入征税。[①]

2. 中国公民张某是美国苹果公司的大股东，2016 年从苹果公司的营业收入中获取了 1000 万美元的红利。如果中国政府对这 1000 万美元进行征税，则就这 1000 万美元来说构成国际重叠征税。[②]

3. 虚构成本和谎报账目是国际避税的主要方式。[③]

[①]　正确。注意国际税收的几种管辖权可以共存，这也是国际重复征税的根源。

[②]　正确。国际重复征税是不同国家针对同一主体，同一收入，在同一时期征收相同或类似的税收。国际重叠征税是不同国家针对不同主体，同一收入，在同一时期征收相同或类似的税收。关键的区别在于纳税主体。

[③]　错误。国际避税的主要方式有纳税主体的跨境移动、转移定价和利用避税港等。要注意区分国际逃税和国际避税。